文化和传播译丛

周宪 许钧 主编

媒介、传播、文化

一个全球性的途径

〔美〕詹姆斯·罗尔 著

董洪川 译

2018年·北京

MEDIA, COMMUNICATION, CULTURE

A Global Approach

First edition published 1995

Reprinted in 1995, 1996, 1999

This edition published 2000 by Polity Press in association with Blackwell Publishers Ltd.

This edition is published by arrangement with Polity Press Ltd., Cambridge

本书根据波里蒂出版社2000年版译出

James Lull

MEDIA, COMMUNICATION, CULTURE

A Global Approach

文化和传播译丛

总　　序

人类学的研究表明,人与动物的根本差异,就在于人的未特定化,因而人有超越自然的文化。哲学家深信,人不但生活在物理的世界中,同时也生活在符号的世界中。所以,亚里士多德"人是逻各斯的动物"这一经典定义,可作如下新解:人是符号和文化的动物。

人创造文化,又被文化所创造。于是,人是文化主体,同时又是文化的对象。人生存于世界上,也就意味着人在文化中。这种复杂的依赖关系,或许可以通过稍稍修改一下康德的著名公式来表述:"我在文化中,文化在我心中。"

文化总是体现为各种各样的符号,举凡人类的器具用品、行为方式,甚至思想观念,皆为文化之符号或文本。文化的创造在某种程度上说就是符号的创造。从符号的角度看,它的基本功能在于表征(representation)。符号之所以被创造出来,就是为了向人们传达某种意义。因此,从根本上说,表征一方面涉及到符号自身与意图和被表征物之间的复杂关系,另一方面又和特定语境中的交流、传播、理解和解释密切相关。这么来看,所谓文化,究其本质乃是借助符号来传达意义的人类行为。所以一些文化学家坚持文化的核心就是意义的创造、交往、理解和解释。

无论从什么意义上看,文化总是和传播密不可分,是一枚硬币的两面。

文化史家把文化传播的漫长历史做了精致的分期。大约可以分为三个不同阶段:口传文化阶段、印刷文化阶段和电子文化阶段。在口传文化阶段,面对面的在场交流形式与语境,既使得交流是双向互动的,又使得传统的权威得以维持;印刷文化阶段,信息不再依赖于在场,它贮存在可移动的媒介(印刷物)中,使得不在场的交流成为可能。印刷文化出现,在跨越时空限制的同时,也动摇了传统的权威。由于读者和作者不在同一时空里,阅读活动较之于面对面交流,更加带有批判、怀疑和"改写"原本的倾向。20 世纪电子媒介的出现,是人类文化传播历史上的一次空前的革命,它极大地改变了文化传播的方式,遂改变了文化自身的形态,甚至改变了生存于其中的人类生活。毫无疑问,古往今来,没有一种传播媒介像电子媒介这样深刻地影响到整个社会。

电子媒介导致了一系列新的现象。首先,它加速了全球化和本土化的进程。通过时—空分离或时—空凝缩,"地球村"应运而生。一方面是本地生活越来越受到远处事件的"远距作用";另一方面本土化和民族化的意识异常凸显。我们—他者、本土—异邦、民族性—世界性等范畴,不再是抽象的范畴,而是渗透在我们的日常生活中。其次,电子媒介在促进文化的集中化的同时,又造成了不可避免的零散化和碎片化。再次,电子媒介一边在扩大公共领域的疆界和范围,将越来越多的人卷入其中,但同时它又以单向传播、信息源的垄断以及程序化等形式,在暗中萎缩和削弱潜在的批判空间。复次,电子媒介以其强有力的“符号暴力”摧毁了一切传统的边界，文化趋向于同质化和类型化，但它又为各种异质因素的成长提供了某种可能。最后，电子媒介与市场的结合，必然形成消费主义意识形态以及被动的文化行为，这似乎都和口传文化和印刷文化判然有别。

晚近一些有影响的研究，主张把媒介与文化这两个关键词连用，或曰“媒介文化”，或曰“媒介化的文化”。这是一种全新的文化，它构造了我们的日常生活和意识形态，塑造了我们关于自己和他者的观念；它制约着我们的价值观、情感和对世界的理解；它不断地利用高新技术，诉求于市场原则和普遍的非个人化的受众……。总而言之，媒介文化把传播和文化凝聚成一个动力学过程，将每一个人裹挟其中。于是，媒介文化变成我们当代日常生活的仪式和景观。这就是我们所面临的现实的文化情境，显然，我们对它知之甚少。

有鉴于此，本丛书着力于译介晚近西方传播和文化领域中的代表性论著，旨在拓宽视野，深化理解，进而推进本土化的研究。

周 宪 许 钧

1999 年 9 月序于古城南京

目　　录

第六章　文化

第七章　象征性权力与大众文化

第八章　变化中的意义

第九章　全球化与文化领域

第十章　文化、超文化、感觉

致　谢

有世界上许多杰出人士的贡献，我的这本书才可能完成。看来要向每位影响过此书的人表示谢意似乎是不可能的，因为本书是职业和个人经验的积累，这种积累要回溯到我开始写作第一版以前很久。

那些理所当然的应该提及的人士有：阿戈尼斯·达·席尔瓦、詹尼特·布雷特、乔·维尔伯里丝、艾都阿多·内瓦、赫廖莎·阿戈尔、佩笛·迪赫伦、美尔佳·里卡伦、卡塔琳娜·艾斯柯拉、特尔西·蓝塔伦、珠哈·基托玛基、达尔摩·帕切柯、托马斯·佩雷拉、基雷摩·奥洛柯·戈麦兹、克劳思·布鲁恩·津申、利井·高桥·佐藤、德比·约翰逊、迈克尔·马克斯、斯迪夫·辛勒曼、玛利亚·伊马克拉塔·瓦萨萝·洛佩司、戴夫·摩里、莱恩西奥·巴里奥斯、波·雷摩尔、卡·埃里克·洛森格里恩、里那塔·维洛索、史蒂芬尼·古伯曼、特德·古伯曼、戴夫·伊利奥特、丹尼丝·杰赫尼、蒂姆·赫格斯托姆、赛琳娜·斯坦福德、迈克·里尔、保罗·梅萨里丝、伊恩·昂、托马斯·图夫特、费德里柯·瓦洛娜、劳拉·恩古因、沃特·尼拉、张力芬、露西卡·喀斯特伦·阿古奥约、玛西亚·特拉耶拉萨丝、史蒂芬尼·伊祖弥、米格尔·德·阿基雷拉、罗马尔多· 洛佩兹、萨姆· 柯普洛维次、玛莎· 希菲尔特、布莱恩· 斯帕克斯、布里特· 佳兰德、帕特里希亚· 马丁内丝 · 伊古勒兹、赫克托· 戈麦兹、里卡多· 奥索· 莫拉尔丝、安德鲁· 古德温、特雷萨· 维拉丝奎斯、胡安· 乔丝 · 佩罗娜· 帕厄兹、安帕洛· 胡厄尔塔丝· 柏伦、胡安· 刘易司· 曼福雷蒂、尼尔萨· 瓦尔德克、玛里萨· 里尔、里塔· 蒙德洛、罗伯特· 阿维里、布莱恩· 莫兰、克劳蒂奥· 阿温达诺以及埃里奥罗拉· 派勒司。

约翰· 汤姆林森和夏洛塔· 克拉茨曾对本书的早期手稿提出过富有洞见的评论。

波里蒂出版社的员工一贯地给予我极大的帮助。我希望再次感谢约翰 · B. 汤普森对我的不断启发,学术指导以及个人的友谊。另外,给予我鼓励和帮助的编辑有朱丽亚· 哈桑特、林· 顿洛普、费奥娜· 希维尔和桑德拉· 彼亚特。还有,苏· 雷一丝不苟地负责此书的出版。我还要感谢本书的北美联合出版者,哥伦比亚大学出版社,尤其是安· 米勒和亚历山大· 索普在编辑过程中的热情指导与支持。

最近几年我在巴西和墨西哥度过了很长时间,这让我了解了许多有关媒介、传播和文化方面的东西。我特别希望感谢墨西哥科利马大学文化研究所所长乔治· 冈萨雷斯,感谢他与我分享其对当代墨西哥及拉美文化热爱及在此领域渊博的知识,感谢他在工作中不知疲惫,与人为善。科利马大学文化研究所的成员,特别是艾玛· 阿尔卡拉丝、安娜· 乌雷彼、安娜· 伊莎贝尔· 泽门诺、安吉里卡· 洛查以及基那诺·

曾太诺都曾极大地拓宽了我的知识面，并使我的生活如此丰富多彩。

詹姆斯·罗尔
圣何塞，加利福尼亚

我已经尽各种努力寻找版权所有者。然而，若有任何无意忽略的细节，出版者将非常乐意在第一时间作出必要的调整。

第一章

引　　言

1　我在这里长大，那时，整个加利福尼亚全是本地人，而现在，它却是国际性混居地。

我的管道修理工人，圣何塞，加利福尼亚，1999

全球化是真实的客观存在。

弗里德曼，1994：3

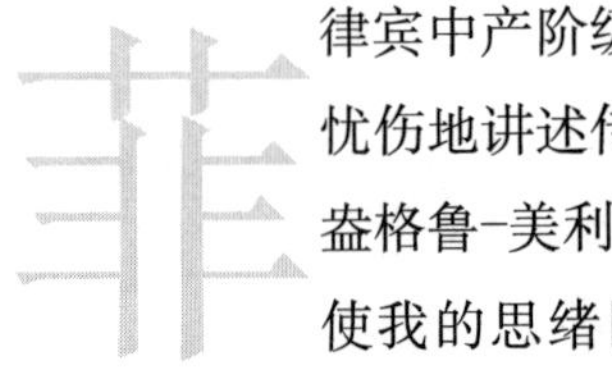

律宾中产阶级的中年教授们，以低沉的声音充满忧伤地讲述传统的半岛音乐如何被来自马尼拉的盎格鲁-美利坚音乐和现代流行音乐所代替时，这使我的思绪回到了童年，回忆起我的少年时代。那时，我几乎绝望地想走出生我养我的这个小“岛”——明尼苏达南部的一个北欧移民聚居的小农庄。我十分依赖明尼阿波利斯和芝加哥的顶级的四十家广播电台，感觉自由、性感，与外界相连。我想探索未知世界，打破锁链，感受生命活力。我喜欢冷酷的音乐，音色圆润谈锋流畅的 DJ（流行音乐播音员），我喜欢舞蹈，服装，城市女孩——尤其是马丽安· 菲茨杰拉德，她是迄今为止明尼苏达的九级评价中最聪颖的歌手，同时也是明尼阿波利斯版本《美国乐队》中经常露面的舞者之一。

大都市的强音强有力地与我的身体,我的感觉,我的梦想相连。听着音乐,随着大城市的节拍跳舞,我想象着更丰富,更令人激动,更充满乐趣的生活会是什么样。我做得对！我那时就想当另一个美国中西部的孩子,而他从未离开过家乡。

醒来吧！回到现实——一个流行音乐学术会议正在进行。2
菲律宾人正在哀悼他们想象的失去的乌托邦,它消失于腐化的国际音乐产业和来自马尼拉的现代音乐。我知道它们来自何方,但是……

本书从郁闷的菲律宾教授论述的结尾开始,得出的结论却更富乐观。我们以一个真正全球化的人物——一位来自芬兰却住在美国的篮球运动员为例,开始此次复杂的旅程,进入 21 世纪的媒介、传播与文化。然后,我们将总结世界各国人民之间在社会经济地位、技术运用、信息和知识领域的差异已经达到如何令人不安的程度。我们还要简略介绍结构理论,因为它可运用
于媒介、传播与文化。结构理论是一个有用的框架,可分析人们 3
的生活如何被伴随它的强有力的意识形态和文化力量建构而不是被限制的。

国际体育运动与全球化的芬兰人

（以下基于我与国家篮球协会 NBA 球员汉诺· 摩托拉的个人交流……）

他十岁时第一次穿上一双飞人乔丹牌球鞋,看着 NBA 电视节目长大。特别喜欢湖人队,讨厌凯尔特人。真正喜欢迈克尔· 乔丹和哈西姆· 奥拉朱温,但魔术师约翰逊是他最钟爱的球员。在当地青年基督教协会与其哥哥和朋友们磨练球技,听

U2，斯普林斯廷和滚石乐队的歌。

来自堪萨斯城的某个孩子？

再试试赫尔辛基。

低着头，拳头紧握，手臂前后挥舞，脸上露出坚毅神色，汉诺·摩托拉在球场上奔跑，充当防守队员。在内线闪身投篮，两分命中，这是其精彩外线投篮的一个致命的补充。这个金发白肤的大个子是来自遥远、人口稀少的芬兰在NBA效力的第一人。

篮球已经成为一项真正的国际运动，只有足球和曲棍球能与之媲美。NBA使许多球员成为明星，他们来自尼日利亚、委内瑞拉、澳大利亚、德国、法国、塞尔维亚、克罗地亚、墨西哥、新西兰、加拿大、立陶宛、荷兰、俄罗斯以及几个加勒比岛屿等的许多全球性赛场。

NBA多国籍球员的现象绝好地表明，作为特例的国际体育运动和作为普遍现象的大众文化已经在21世纪来临之际国际化了。汉诺·摩托拉的故事正好揭示了我们已越过时空界限相互联系起来。

4 汉诺不仅在孩提时代穿上了飞人乔丹牌球鞋，观看电视节目，在赫尔辛基收听Bono和U2乐队的立体声节目，他还学会说英语、瑞典语，为芬兰国家篮球队征战世界，并作为外籍交流学生在得克萨斯州圣安大略学习一年。他的父亲作为国际关系顾问供职于芬兰外交部，他的母亲是赫尔辛基主要日报文化版的编辑。

这位全球化的芬兰人通过电子邮件、电话与家人朋友经常保持联络，他每天上网关注曲棍球、足球比赛结果。他的家人通过芬兰卫星超级频道和因特网观看他在 NBA 的比赛。

篮球运动本身又如何呢？看汉诺在 NBA 打球就是观察一种比赛风格的惊人对照。在美国，篮球是“黑人的运动”，超过 80% 的职业选手拥有非洲血统。在汉诺看来，“那使得这项运动变得更有趣……更快，更粗犷，更具职业性。”汉诺仍然看中并展示强烈的纪律性、粗犷、成熟和团队合作——这些都是从芬兰带来的，以及参与大学球队（犹他大学）比赛时在教练里克·玛雅鲁斯的调教下养成的品质。

与温顺谦恭的芬兰文化形成强烈对照的是，大型美国大众文化展示已经抓住了心存犹豫的汉诺的心——大笔钱财，尖叫的球迷，拉拉队队长，不惜一切代价获胜的压力。还有民族主义：“在美国，每场比赛的每个角落，你都听见国歌，你看见到处飘动的国旗。回到家中，这些事物却不那么明显……它们是神圣的。”

耀眼、魅力和大笔的金钱能永远臣服人的灵魂吗？当然能。但迄今为止芬兰的第一位 NBA 选手却顶住了这些诱惑。他说，他的篮球生涯结束后，他将回到赫尔辛基去。他热爱那里的历史和传统。漂亮而古老的建筑。那里的人民。那里的文化。那种宁静。作为一个极大地受惠于这个超现代国家、全球化的真正的大都市的孩子，汉诺·摩托拉仍然相信一件事情：

“你总是属于你的故乡……”

那个地方是世界上网络最为密集的地方。芬兰拥有世界上最高比例——超过一半的人口与因特网相连。芬兰人也是世界上最多使用蜂窝电话的人，芬兰是诺基亚——著名的手机生产

5 商的故乡。[1]如果芬兰人民以其宁静，或有些人说的“失去联系的”社会生活方式著称的话，那么，芬兰人对最新个人传播手段的追求更为显著。芬兰也是世界上素质教育居于前列的国家之一。尽管最近几年日子不太好过，这个国家已经发展成为一个对绝大多数人来说生活水平相当高的国家。

全球性的差距

> 全球化将世界分化又将其联合；在联合时，它也在分化。
>
> 鲍曼 1998：2

芬兰是世界上的“富”国之一。芬兰人有钱，有高技术。他们有很高的脱盲率，有完善的教育制度。他们有就业机会和社会保障。芬兰的社会财富分配在全世界最平等。[2]

但是当我们考察所有国家及其人民时，却发现芬兰真是一个例外，它毕竟是一个人口不足六百万的小国。作为地球上的居民，当我们朝着21世纪迈进时，这几年一个令人头疼的倾向困扰着我们。[3]简单说来，就是世界上的富人变得越来越富，穷人却越来越穷。世界上社会和文化间的差异一分一秒地在拉大，并且，这种差异伴随每一次技术进步而变得更为惊人。

世纪之交，欧洲与北美占有世界财富的一半以上，而非洲、亚洲、拉丁美洲（巴西、智利、中国除外）的发展中国家却仅仅占有很少一部分财富。但是，这种情形正在变化。世界各国间的差距事实上正在缩小而非拉大。作为拥有世界财富一极的欧洲、北美的经济正在萎缩。

社会阶层

我反对那种全球化——允许一个美国绅士拥有九百亿美元,而另一个人却睡在大桥之下。

菲德尔·卡斯特罗 1999 年被授予里约热内卢荣誉市民称号

在世界上,社会经济地位的真正差距,存在于中产阶级与真 6
正的贫穷人口之间。这在所有国家都一样。全球中产阶级的规模在扩大,但是世界上的下层人口同时也在上升,而且比例更高。穷人变得相对更穷。

第三世界(或“新兴工业化的国家”)内社会经济的不同特别尖锐。例如,在亚洲和拉丁美洲,极少数巨富受惠于国际贸易和现代信息技术,而穷人——以高于富人许多的速率繁殖,因此,无论是绝对数量还是相对数量都比富人增长得快——则越来越落后。

中国、印度、印度尼西亚、巴西和俄罗斯已被世界银行划为最大的新近涌现的世界经济实体。然而,它们作为国家未来可能的成功并不意味着这些国家的大多数人民会得到多大实惠。那些国家的经济发展创造了爆炸性的社会条件,而这些地方的社会经济基础的差异巨大。世界银行预测,到 2020 年,随着中国、印度、印度尼西亚、巴西和俄罗斯的经济总量翻番,从占世界总量的 8% 到 16%,严峻的“社会混乱”会相伴而生。事实上,广泛的社会不安的症状在上述国家已明显显现。因此,未来若干年，随着经济发展，许多国家间的差距将逐渐缩小，所有涌现出的经济实体的中产阶级规模将扩大，同时贫困也会以惊人的速度增长。当然，这不是一定的后果，因为这些国家会采取减轻痛苦的方法来支配财政和资源。但是，上述五个大的经济实体中，中国的社会制度也许是惟一能为其最贫困人口提供有效社会安全保障体制的。

美国人、英国人、日本人和澳大利亚人都将毫不例外地卷入这种全球性的趋势。相同的内部差距正在扩大。世界所有工业化大国中，美国已经成为收入和财富分化最严重的国家。菲德尔·卡斯特罗在巴西所指的“绅士”是世界首富比尔·盖茨。美国的富人与穷人的差距是巨大的。统计显示，大约美国公众的20%现在控制着80%以上的国家财富，这种趋势还在继续。

技 术 差 距

7 技术的作用从来都与社会关系相干。在我们的国家内部，或全球性的语境下，有些人比其他人更易获得传播技术。社会经济阶层是这种差异的最明显的指示器。

蜂窝电话、传真机、数码影碟播放机和其他所有现代传播技术不成比例地集中于相对富裕的人手中，与此同时，个人电脑真正地将富人与穷人分开。世纪之交北美的50%以上的家庭拥有一台电脑，而信息技术很大程度上却依然是一种白领现象。高收入、高学历、年轻男性职员最有可能拥有和使用一台电脑，尤其是联网电脑。

一份美国商务部的报告解释了美国的富人穷人间的差异如

何与种族和技术相关。美国任何种族的穷人家用电脑的拥有量要少得多。黑人和西班牙人不成比例地构成美国的贫穷人口，因此，与白人或亚洲人相比，他们拥有电脑的可能性要小得多。那很明显地限制了他们的发展机会。

然而，这种趋势不仅仅与社会阶级相关。在美国，各个社会阶级的黑人和西班牙人的电脑拥有率都相对地低。1998 年没有个人电脑的北美人中，超过三分之一的人说，他们对拥有一台个人电脑绝无兴趣。这样，游离于高技术，抵制高技术（和高等教育）与社会低层阶级带来的劣势紧密相关，而且，也与文化价值观和生活方式相关。

高等教育、电脑以及所有形式的高技术是个人、家庭、国家经济成功的关键。那些在当今全球化语境下不使用电脑的人在很多方面落后于人。这就是诸如技术差距、信息差距和知识差距这些术语的意义所在。这种世界范围的社会危机不会轻易得到解决，即使技术资源丰富，人人可以享用，而实际上这是不可能的。人们的基本需要没有满足，人们的发展机遇受到极大限制，人们的文化价值观没有与高技术的像刀片一样尖锐的理性 8
和全球资本主义竞争的需要相一致，在这种情形下，技术的开发是不能简单下命令的。

用全球性的眼光来看，当印度、中国和大多数非洲及东南亚国家的家庭连电话都没有，我们又怎能向他们奢谈电脑、因特网和信息技术的潜在力量？除了南非、津巴布韦等国的相对较小的中产阶级人口以外，撒哈拉以南的非洲人民根本没有电脑。非洲及其他一些地方，没有纳入全球性的网络设施，仍然在那里生息。在非洲，技术差距与政治动荡、腐败、艾滋病危机和贫困相互交织，极大地限制了经济增长——信息高速公路仍是一个需要实现的目标。

同时，发展中国家的上层阶级是非常老练的高技术使用者。他们中的许多人在家中或办公室有卫星接收器、与因特网相连接的电脑、蜂窝电话、DVD、传真机，以及其他所有传播设备。他们以第一世界的标准在孟买、拉各斯、圣保罗、墨西哥城和吉隆坡操纵这些设备，非常安全地躲在防备良好的要塞里，而这些要塞将他们与充斥大街的富于威胁性而不知名的穷人隔离开来。在发展中国家确实存在的少量电脑和其他信息技术主要被用于赚钱，而不是用于改善全体人口的健康、教育条件、居家环境和经济发展。

迄今为止，我们将主要精力放在讨论经济技术差距上，这是一个必要的关键所在，而整个世界在这方面的情形显然令人担忧。但是，生活并不局限于金钱和电脑，社会集团间的差距不应该主要以这些术语来解释。例如，当我们严格地用经济、技术和信息这些术语集中讨论人们之间的差距时，爱、美、快乐、情感、浪漫等就没有纳入考虑。若把分析扩大到包括生活的理性和感性两方面的文化，我们就开辟了大量有趣的领域。这些将是接下来几章探讨的内容。

结构与潜能

9 本书中我们将努力解决一个关键性的理论问题。对于目前的分析，这个关键的问题毫无疑问具有典型意义。长久以来，社会科学各门类的理论家和作者都试图以某种方式理解两种基本的、强有力的、并且似乎相互对立的力量间的变动不居的关系。这两种力量反映了这个简短的引言已经提出的紧张关系。

这个问题的一方面，我们谓之结构。有许许多多的结构，但是，总的说来，我们可以说“结构是系统地限制或抑制人们的任意一种力量”。结构可以相当抽象，甚至可以是无形的，因为它们可以很大，因而被人们想当然地构建。例如，政治学，经济学，意识形态和文化等领域，都建构出社会交往的关系，它有利于一部分人的利益，而不利于另一部分人的利益。比如，前面所引西格蒙特·鲍曼和菲德尔·卡斯特罗的评论提醒人们，他们考虑的问题就是全球化和社会经济关系中结构上的不平等。

这个问题的另一方面是人类潜能。这种正面的力量指精力、创造力、目的性和遗传下来的能力，在个人或小团体有意无意地用于生活，使之更有意义，充满快乐。潜能是解放和成长的力量。潜能在个人层次和社会集体层次上被实施。

显然，我们在此得到一对经典的“好人坏人”的相互对立的力量。用简单的话来说，人类能够通过行使他们的潜力——潜能来克服围绕他们限制他们的禁锢性结构。这种对立的、变动着的紧张关系为我们提供了一个有效的平台，据此，我们现在可以开始我们有关全球性的媒介、传播和文化的探索与评价。

结 构 理 论

著名的英国社会学家安东尼·吉登斯的结构理论（尤其参见吉登斯 1984；罗尔 1992b），将结构与潜能作为出发点来分析社会权力的矛盾性，意义深远，方法全面。对这套相当复杂的社会理论的详尽解释非本书目的。但是，该理论的精神能帮助我们在构成这个文本的碎片中找到我们的方法。从根本上来说，吉登斯的理论将“宏观社会”状况（反映结构的压抑性）与“微观社会”过程（潜能在此成型）融为一体。结构理论特别有价值，因为它解释了结构和潜能如何不必被认为是完全对立的
10 力量。这是观念和方法最关键的进步。因为，结构理论在认识到结构施加于个体与社会的限制的同时，它没有程序化地斥责引起世上任何错误事件的外部力量，一种“批判性的”学术理论化经常出现的过于简化的结论。

在思考结构与潜能时，我们必须保持一种平衡，以便公允地评价在全球性的层次上，媒介、传播与文化领域正在发生的真实事件。我们想把社会权力问题放在分析的最前面，但是，我们当然不想简单地设定一个先入之见，这种先入之见在社会权力公式的任意一边增加分量。过分强调结构夸大了抑制，使得如下事实显露出来，即已经建立的社会机构和制度在某种程度上以一种不透气的方式决定着我们的现实。但是，以同样的方法过多地注意潜能，会天真地赋予个体无保障的权力，并且低估了居于支配地位的力量和规则如何事实上影响个体和社会，通常甚至与他们的最大利益相悖。

传播与联结性

传播对于文化创新是必要的。而文化创新对于人类生存是必要的。四万多年以前就的确如此，那时，第一个洞穴艺术和其他象征性的工艺品出现于欧洲和非洲；四十万年以前也的确如

此，那时，人类第一次有了发声并通过言语交流的生理功能（凯，卡特弥尔，和巴娄 1998）。

通过交流，我们创造文化，而当我们交流时，我们在交流文化："文化可以理解为生活的秩序，在此秩序中，人类通过象征性表征实践建构意义……［那是］通过与他人交流"（汤姆林森 1999：18）。在当今复杂的社会交往中，人际关系和技术创新，政治经济动机和社会文化抱负，轻松的娱乐和严肃的信息，地方环境和全球影响，形式和内容，实质和外貌，都互相依赖，相互作用，相互影响。

今天人类交流正如几百个世纪以前那样必要，但社会交流与人类相互作用的文化领域帮助形成了全球化时代的不同形式 11
和格式。正如英国社会学家戴维· 查尼指出的那样，"从传统看来，社会机制，诸如家庭和宗教已被看做［文化］连续性的首要媒介。最近……确保连续性的角色已越来越让位于……传播和娱乐的形式"（查尼 1994：58）。

我们今天生活在一个不断加速超级内部连接的世界，一个"全球性的世界都市"，充斥着激发深刻复杂的文化转换和重新结盟的传播互动和交流系统（汉内兹 1996：7）。任何对我们生活其中的全球性的、大众传媒的、受因特网影响的世界的文化的研究，必须严肃地考虑传播的最普遍的方面——连接性。不可思议的社会机遇伴随着因特网和信息技术而来。这是因为传播最终是一种开放的不确定的空间，在那儿，人们可以发挥无限的创造力。

甚至最基本的，非传媒的，最低程度连接的传播信号和过程都以交换符号确保覆盖巨大的范围。加拿大人类学家格兰特·

麦克拉肯将语言结构与人们使用语言方式进行类比，以揭示结
12 构与社会日常交往中潜能活力的局限性：

> 说每一种语言的每一个人既受语言代码的约束，又被赋予权利使用语言代码。他或她无法选择，只能接受某种已经限定过特征的方法构成音素。他或她无法选择，只能接受某种已经限定过特征的音素构成词素。由词素造句同样被限制了，但说话人在此享有一种有限的可自由决定的权力和组合的自由。当说话人连句成篇时，这种自由决定权力则增大。到这个阶段，必须的联合规则的控制则完全停止。(1990:63)

关 于 本 书

带着一种包罗万象的哲学—— 生活的轨道不是事先注定的——继续前进，我们现在可以探讨构成本书核心的三个主题间动态的互动关系：大众传媒与信息技术，人类传播的模式和过程，不同文化的社会建设。

本书探讨的问题是国际性的、多元文化的和跨学科的。许多例子取自北美、英国和欧洲大陆以外的文化。我们研究资本主义和共产主义制度，第一世界和第三世界，富国和穷国，主流和边缘。我们评价从加利福尼亚到中国的媒介、传播和文化，也评价英国、巴西、墨西哥、新西兰和其他若干地区的文化。来自北半球以外的理论家为下列章节观点的形成做出了极大的贡献。我们将从传播研究、社会学、文化研究、政治经济学、心理学和人类学的角度，对关键性的概念及问题在理论领域做一巡礼。

我们的研究涉及前现代时期、现代时期、盛现代时期以及后现代时期。

我们在努力阐释当代媒介、传播和文化领域的结构和潜能的力量时,对复杂而尖锐的问题,本书不会提供容易获得而简便的答案。然而,假如在选择结构压制潜能还是潜能压制结构时,我会选择后者。我宁愿站在阳光下,而不站在阴影中。并且,我希望在我们的旅行结束时,本书的读者将会受鼓舞而作同样的抉择。

第 二 章

意识形态和意识

13 我们从任何一位大学生都应当掌握的概念开始，继续对媒介、传播和文化进行批判性分析。意识形态和意识是本章的主要话题，而另一个相关联的观点——霸权，则是另一个焦点。意识形态、意识和霸权将贯穿于我们全书的讨论。尽管每一个概念在社会学理论中各有侧重和功能，但是这些概念很复杂并有重叠之处。关于前两个概念，我们可以说，意识形态是传播过程中表达的观念系统，而意识则是个体或群体所抱有的态度、观念和感觉的本质或整体。

意 识 形 态

从总体意义上讲，意识形态是有秩序的观念—— 一整套的通过技术化的媒介和人际交流而表达的价值观念、方法论和假设。意识形态是内部连贯的思维方法。它们是可能也可能不“正确”的观点；也就是说，意识形态并不必要以历史或经验的可以验证的事实为基础。意识形态组织或紧密或松散，有些复杂但结构严谨，而有些则是碎片式的。有些意识形态的经验教

训是暂时的，而有些则是经得住考验的。有些经受强有力的抵
抗，而有些则有当即的深刻的影响力。但是，意识形态的不同特
性并不能掩盖它的重要性。系统的思想从来就不单纯，而总是
有其目的。意识形态由于其拥有的起源、习惯联想及服务目的 14
而纷繁复杂，尽管这些历史和关系也许从来不完全清晰。事实
上，社会权力的拥有者经常更愿意人们不闻不问观念从何而来，
意识形态为谁的利益服务，不为谁的利益服务。

意识形态是一个用于描述价值观念和日常生活的术语，它们涉及国家、宗教团体、政党、竞选人和运动、商业组织、学校、工会，甚至职业体育运动队、城市帮派、摇滚乐队以及犯罪集团。但是，这个术语更常用于指涉大范围的政治经济语境下的系统的观念与社会权力之间的关系。所以，意识形态根本上是一个大范围的、“宏观”层次的概念。思想的有选择性是那些在社会上有广泛的政治经济权力的人们以各种渠道鼓吹出来的。社会权力拥有者对公共信息和形象进行处理，构成一种特殊的意识形态——一种居支配地位的意识形态，它帮助其创造者维持自身的物质文化利益。

作为观念的一个系统，意识形态只有在可以被表达和交流传播时才有说服力。那么，自然地，大众媒介和所有其他大规模的社会机构在意识形态的传播中扮演着重要的角色。主导意识形态的创造者成为“信息精英”。他们的权力或支配地位直接来源于他们能够公开的说出其青睐的观念体系的能力。具有讽刺意义的是，在当今世界，社会上的许多精英必须依赖非精英文化形式——大众媒介和大众文化——传播他们的意识形态以便维护他们的已经很高的社会地位。

作为社会学理论中批判性概念的意识形态，其起源可上溯至18世纪晚期的法国（汤普森1990）。从那时起，通过某种定义，意识形态已经成为几乎所有人文社会科学领域的理论家关注的中心——历史学家、文学批评家、社会学家、哲学家、符号学家、政治学家、修辞学家。特别是欧洲知识分子给了意识形态一个明确的批评界限。例如，英国社会学理论家——生活于一个阶级划分明显的社会中，这种社会以其国王和王后、王子与公主、贵族与淑女而著称于世——经常给意识形态这样界定，即以信息如何为一个社会集团（“精英”或统治阶级）利用并支配其他社会阶级——尤其是穷人阶级和工人阶级。雷蒙德·威廉姆斯，前几年最受尊敬的传播理论家之一，称意识形态为“一套源于既定*物质*利益，或更广泛地说，源于一定阶级或集团的观念”（1976:156；斜体字为作者所加）。他是在说，意识形态与经
15 济利益紧密相连。拥有政治或经济权力的人或机构将不惜一切代价地利用意识形态以维护他们的特权地位。举一个特别有效的例子，在60年代至70年代早期的越南战争期间，军事武器、军事装备、军事物资的联合生产商们起劲的支持“支持我的国家正确，否则错误”的意识形态主张，以便尽可能地使这场有利可图的战争继续下去。

因为“观念的体系”以对一些人有利而对另一些人不利的方式被人使用，所以我们绝不能小看意识形态的意义。由于这个原因，英国社会学家约翰·B.汤普森坚持认为，意识形态最好以比上述更狭义的“主导的意识形态”来理解。在那儿，“象征性的形式”包括源于政府、学校、宗教团体等被拥有权力的人

用以建立和维护“支配地位”关系的语言、媒介内容、政治平台和机构信息(1990:58)。然而，汤普森辩解道，“具体的象征性形式不那么具有意识形态性:它们仅在特殊条件下为系统地建立和维护不平衡的权力关系时,才具有意识形态性”(汤普森1995:213)。社会经济精英们以他们青睐的意识形态方式对社会大加赞颂。其部分原因在于,他们对社会机构施加巨大影响,常常拥有所有权,而这些机构创造并分配传播的象征性形式,包括文化工业和大众传媒。

那么,意识形态便是开始媒介、传播和文化批评的很好的起点。我们的思索从术语本身开始。简单地把任何观念体系指称为意识形态,会引起人们对这个观念体系性质的注意,并为意义分析打开方便之门。例如,“资本主义意识形态”与“社会主义意识形态”的表述让人注意到构成这二者相互对立、相互竞争的政治经济文化制度的原则。使用“意识形态”将注意力直指资本主义和社会主义的价值观念和实践,视这二者为建构的和表征的,而非自然的不言而喻的。它使资本主义和社会主义成为一整套有疑问的价值观、看法和社会实践。例如,一种看似较小的语言转换——从“资本主义”到“资本主义意识形态”——因此促使分析与争议。这就是为什么批评观察家和理论家喜用意识形态的一个主要原因。然而,这个术语也可能以一种阻碍思索的方式为人使用。比如,有的美国政治家,公民和媒介抱怨“卡斯特罗”和“红色中国”的“共产主义的意识形态”。当以这种贬义使用时,“意识形态”这个术语几乎成了“共产主义”的同义词。根据这种解释,共产主 16
义者遭受意识形态之苦,似乎美国及其他“自由世界”不用对任何此种政治操作担忧。

意识形态与大众媒介

大众媒介提升、延展了一些意识形态观念。通过它们,这些意识形态变得非常合法,传播起来很有说服力,甚至是富有魔力的。在这个传播过程中,这些观念进一步确立了其重要性,强化了它们最初的意义,扩大了它们的社会影响。电视有极强大的能力去展示、渲染以及广为传播各种文化信息碎片。在日常的娱乐节目、新闻和商业广告中,电视就是这样做的。然后信息碎片变成了社会交流中意识形态的货币。人们谈论他们从大众媒介和因特网上所读到的、看见的、听到的东西。传媒信息碎片并不孤立——不存在于媒介也不存在于我们的交谈中。各种各样的信息片段凝结形成意识形态系统,它过多地代表了权势人物的利益而忽视了不太富裕的人和不太起眼的人的利益。电视可能是主导意识形态最显著的传播工具,但是所有的大众媒介,包括较少被人认识到的媒介形式如邮票、橱窗、早餐麦片粥盒、汽车保险杠标识 、T 恤衫、杂货店收据、高尔夫球座、火柴纸板封面、餐馆菜单甚至便壶底部都携带着服务于一些群体不服务于其他群体的信息。例如,想一想,这些熟悉的美国汽车保险杠上所包含的(居支配地位的)意识形态意义。

· 有 Most 玩具伴随着死去的人是赢家。

· 我负债,我负债,所以我去远处工作。

· 我的另一部轿车是保时捷。

· 我的老板是个犹太木匠。

形象系统

形象是一切的一切[这是网球运动员安德·阿加西在为日本照相机生产商做电视广告中说的话]。

形象什么也不是[这是篮球职业明星格兰特·希尔在为美国一家软饮料公司做电视广告中说的话]。

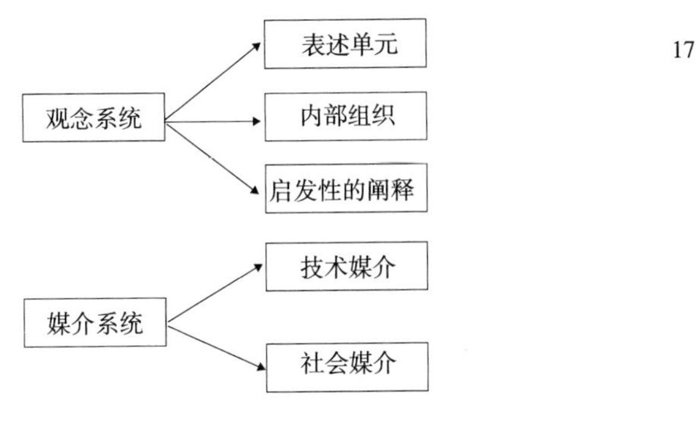

17

图表 2.1　形象系统

当然,商业广告很具有讽刺意味。这个软饮料公司依靠格兰特·希尔的形象声称“形象什么也不是!”外貌在一个大众媒介的社会极其重要。支配性的意识形态的有效传播——那些强化社会地位的主流观念——依赖于形象系统的战略性使用,形象系统有两种基本的类型:观念系统和媒介系统(图表 2.1)。观念形象系统指观念如何成型。媒介形象系统指观念如何在社会中流传。两种情况中的关键词都是“系统”。意识形态之所以有意义,是因为它们的内部要素以系统化的模式结合在一起。那些模式接着为人所熟悉和接受,因为它们通过大众传媒系统化地传递给我们，并且进一步地在我们与家人、朋友、同事、老师、同学、邻居、电子邮件接收者、聊天室的伙伴及其他人之间传播。因此，形象系统指意识形态表征的各个层面的传播，以及现代传播技术在传播这些表征时的策略性使用。这样一旦成功，就会鼓励受众对支配性主题的接受和复制，由此强化已经建立起的权力关系。我们使用“形象系统”这个术语强调，意识形态依赖思维方式的模式化的建构、表征和传递以便具有影响力。

观念形象系统

让我们首先集中注意力于观念。正如我们了解的那样，观
18 念从来就不是中性的，也很少单独存在。它们为战略目的组合在一起，相互指代，相互强化。与语言的比较也许能帮助澄清观念系统是如何起作用的。当人们说一种语言时，他们发出组成词汇、短语、句子等等的声音。作为一个系统的语言激励回应和理解，而不是其他。它不是一个封闭的系统——为误解、异议和创造留有空间——但它是一个构建得非常高效的系统，以便分享代码的人们能够根据相互传达的假设和规则进行交流和合作。这一基本过程正是观念系统成型和运作的特征。

让我们思考一个有关观念形象系统的扩展了的例子——商业广告——一个在美国独自拥有 2000 亿美元的产业。商业广告商销售的不只是产品、服务或孤立的观念。广告商销售多层次的、复合的思想系统，这些系统包括、解释并反映相互依赖的形象，它们是产品，从这些产品获益的情绪高昂的消费者，因销售产品获利的公司，而最重要的是最强大的政治－经济－文化

结构——以及其包括的价值观念和社会活动——它也许使所有的消费活动成为可能。广告商们想要人们不仅喜欢他们推荐销售的品牌和产品,而且相信隐于那种“消费就是好样儿的”观念之下的经济系统。这样有些观念被资助广告的经济精英所接受,而其他的则不为接受。例如,一个不适合广告的观念形象系统的观点是被科学研究证据证实的,它宣称目前全球范围的自然资源消费模式——尤其在北半球更发达的国家以一种更快的速度——正在毁灭地球的生态平衡并正威胁着这个行星本身的生存。

对环境或社会后果考虑不多,广告商们试图将媒体受众转变为消费者。广告鼓励人们卷入到商业产品中,在想象层面上——可以使用产品的物质条件、充满人情味的环境、现行社会体制等。这种设计出来的想象情景建立在消费者已经熟悉的价值结构上。广告的成功与否,在很大程度上,依赖于对这种看似真实的凭空设想及消费情境和熟悉的、已接受的价值结构之间相互作用的和谐。例如,尼桑汽车鼓励观众去买他们的一种看起来豪华但价格便宜的轿车的广告语是:“因为富人不该占尽其乐”。这几个字使尼桑汽车获得了很好的销量。这几个字用 19
来构建一个想象的情景,而这个情景主要由价值结构构成。它不需要物质的竞争,重新定义了快乐的含义,加强了自然形成的社会阶层,并设想社会的野心是男人专利,允许为了欺骗其他人相信你有了一部代表高层社会经济地位的汽车而使用这种产品。这个例子表明电视广告的各种内部要素——视听提示、文化价值观以及各种假设——何以相互作用,营造一种观念形象体系。

重复相当重要。不断重复表达的主导意识形态信息继续界定或“表明”文化，尤其为经常接触媒介的人们。例如，电视的“长时间观众”（每周观看 30 个小时或以上），与那些每周观看电视节目少于 10 小时的人们相比，更容易将现实世界想象成电视屏幕上的世界（盖博纳 1973；盖博纳和格洛斯 1976）。大众媒介极大地影响人们理解其社会乃至其最基本的特征。比如，媒介强烈地重复给人施加有关社会种族性别构成及诸如功能、职业选择、政治选择和暴力程度的方面的印象。在美国，人们在电视里经常看见的是许许多多的白人和黑人，而较少看见西班牙人、亚洲人或中东人。大多数人工作显然十分有魅力，男人单身而女人已婚，少有小孩与老人，仅有两个政党，几乎人人都是异性恋者，而你极有可能在走出自家前门时即被射杀。电视的共同主题往往使人和事物定型化，强化社会地位，支持隐于这些观念背后的主导意识形态。正如盖博纳和格洛斯所说的，“电视是已经建立的秩序的代理人，因此尽可能地为扩大维护传统的观念、信念、行为服务，而非改变、威胁或削弱它们……它的主要文化功能是传播和稳定社会模式”（1976：175）。与本章观点相一致，盖博纳和格洛斯认为电视内容是一个承载着意识形态的“信息系统”。

伴随着 20 世纪 90 年代早期海湾战争，美国利用民族情绪所做的广告泛滥，清楚显示出文化地利用基本的价值结构能够帮助销售产品。伊拉克投降之后，民族主义、爱国主义、军国主义情绪充斥着整个美国，商业广告人、策划人就在这些情绪中定位自己的产品——“走在光彩中 ”就是广告中的用语。战后政治上的伎俩和相应的商业广告，不断地颂扬所谓的美国热爱自

由的精神，及它无私的决定，技术的领先。正如我们看见的那 20
样，公司广告的基本目标是通过在抽象的、包含性的意识形态之中插入特定的信息，增加和维持可信度，从而创造观念形象系统。就拿海湾战争后来说，商业广告几乎每天都在加强前总统乔治·布什设想的关于美国在“新的世界秩序”中的显著角色。这种“新的世界秩序”实际上是人为创造的意识形态术语，用于在世界范围促进美国的政治经济利益。

在电视商业广告中民族主义花言巧语和高高飘扬的国旗就 21
迫不及待地等着自我放纵的欢庆日的到来，电视密切关注着海湾战争以及日本和中国当前演习中所遭受的重创。一个普遍的策略就是不断地嘲笑其他的民族和其他民族的人民。电影、电视节目、商业广告在二战之后谴责了德国和日本许多年。实际上，柏林墙的倒塌，苏联的最终解体之前冷战时期意识形态的抗衡为美国的宣传提供了政治的语境。通过明目张胆地否定社会主义国家和人民的形象，美国的民族主义和资本主义形象得到了提升。其典型的策略是通过引导观众嘲笑其他被丑化民族文化（或种族）的无能，创造或促进对美国文化的好感（产品只是文化的一部分）。20 世纪 80 年代，俄罗斯是美国经常嘲讽的目标（里尔：1989）。

红白蓝相间国旗形的汤米· 希尔费格线条形运动服装的标识是值得一提的最近例子，它表明熟悉的爱国象征符号如何被用作销售策略。但是，在当今多元文化的现实之中，那种“为了忠诚的市场”（普赖斯 1994）是复杂的。例如，加利福尼亚州圣何塞的西班牙语广播电台之一使用红白绿三色相间的墨西哥国旗于各种公共促销宣传，以便与其他电台竞争。在墨西哥国内,红白绿三色相间的墨西哥国旗被掌权的政党 PRI 所使用,一种被某些观察家视为诱骗半文盲选民的把戏,让他们认为当他们把票投给 PRI 竞选者时,他们则正为墨西哥投票。

商业广告不仅主张、指引、加强它优先选择的意识形态,而且它经常建议产品和服务去持续地帮助创造一个更好的世界,虽然在许多方面有力的证据显示出它已走向了反面。为了使公司的形象既有社会责任感,又能促销产品,公司常常策划一些很独特的广告形象。这种间接性的策略被称作社会事业性质的广告。热情的、模糊的、不完整的、经常是误导性的宣言——所有这些设计都使我们对商家和我们自己产生好感(像美国人在这种情形中一样)——不断地出现在电视屏幕上,去实现其完满形象、促销产品的目标。例如,国际商业机械公司(IBM)宣称
22 “帮助人们处理信息”,但它没有指出人们将得到什么好处,用什么方式,付出什么代价。西海岸电话公司声称“技术将为人提供更多的时间,使人生活得更像人”,所以我们有必要求助于他们去掌握技术。道氏化学公司,一个曾经用燃烧弹把越南烤焦了的公司和其代理奥伦纪,现在在它的电视广告中提供令人喜爱的自然地理环境的音像资料。同时,这个公司还宣称它是保护野生动物的。施乐公司不动声色地说,它“对世界进行了文献记载”。西蒂科银行认为它的服务是必要的,“因为美国人不仅仅要生存,更想要成功”。联邦快递是“世界运作的方式”。广告协会,美国广告代理商的一个联盟组织,打出的一个电视广告“公共服务宣言”,它告诉市民们“人们导致污染,人们也能制止污染”。在这里,忽略了最严重的环境污染是工业公司导致的这个事实,而工业公司拒绝承担责任。

通过象征性地对工人付出的劳动表示一点儿感谢，广告能够加强这个以阶级为基础的社会结构并使其更加合法化。在美国的电视中，美国的工人阶级是经常获得赞美的。在电视节目中，尤其在情景喜剧中，强化美国工人及其家庭持有的许多基本的信仰与价值观，效仿他们的幽默与生活方式，因此，他们在收看有关自己的表演中享受到了乐趣。而与此同时，他们被鼓励着继续劳动和消费。工人阶级的精神——伟大的西方文化之谜，在国内的啤酒商业广告中尤其深受赞美。在解说员赞美“把啤酒献给所有为伟大民族做贡献的男男女女”或者“买自己生产的产品吧”的时候，蓝领工人工作和休息活动的背景就出现了。

鲜明的广告宣言有时频繁地重复了一遍又一遍以至于使受众信以为真，“拜尔”牌阿司匹林可能是这种情形的最好的例子。除了其他的营销策略，多年来，“拜尔”一直被宣称为“最好的阿司匹林”，这使它战胜竞争对手，成为家喻户晓的名牌。虽然它和其他品牌一样，仅仅含有5个阿司匹林微粒。与此相似，虚构的、友好的、强劲的、曾经如此有竞争力的通用汽车的“好扳手先生”之所以成为美国最普及的修理工具，应归功于多年来持续的广告运动。甚至人的身体也被意识形态标准化。在一则波茜拉尔化妆品（一种祛除红褐色小点的乳霜）广告中，一个女人把手背上的小点称为“美人斑”。这位产品的代言人很快 23
地解释：“一些人把这些小点叫做老年斑！”通过纠正一种对于女性皮肤（健康）的理解去顺应赞助商的目的。当市场和广告运作出现失误时，面对批评（商业的石头墙），完全重复有事实依据的信息不失为挽救被破坏的印象的一种方法。被控告不负责任地乱砍伐美国大西北绿色山野的一个木材公司，却用他们多年来在电视广告中被称为“种树公司”来作为反证；几年以前，阿拉斯加石油开采出现危机，在虚情假意的觉醒中，埃克森公司仍然还在吹嘘自己“环境意识”的形象。

主导意识形态反映了社会上在政治或经济领域有权力的机构和个人的价值观，无论哪一种体制类型，莫不如此。在资本主义国家中，公司的执行者通过资助节目和用广告宣传产品极大地影响了媒介的内容。因为这些国家的媒介的内容并不是由政府部门直接资助，在大多数人的头脑中，它也并不与行政官员相联系。媒介的意识趋向为谁说话不大容易检查出来，这有助于扩大意识形态的影响。另一方面，专政政体的领导，为了维护其统治，对信息和传播技术进行限制。

意识形态的来源及其所创造的形象系统常常不为人察觉。把一个有利可图的计算机软件运用称为“杀手申请”，或者说一个销售计划是“瞄准目标”，则将这种商界活动置于一个微妙的强化进攻和军国主义的熟悉词汇中。城市蓝天的轮廓，摩天大楼的高度和外形，桥梁、主题公园和旅游胜地，为全球性的商业
24 旅游利益竞争所激励，都发展创造出一定的印象和情感。在墨西哥的乡村集市上，孩子和成人能够经历的最高的、最激动人心的、最昂贵的活动是“神风”（有时候在美国被称作“锤子”）。这个巨大的钟摆以两个相对的银色的滚筒似的盒子为特征，这两个大盒子将游人装在里面，当它们剧烈摆动时，先是向右上，然后翻转朝下，飞速转动，令人心惊胆战。当这些盒子穿越而过，挂在杆子上的巨大的国旗，庄严地迎风飘扬，站在地上的人感受到强烈的视觉效果，并吸引骑手。哪些国旗被选作这种令

人畏惧的权力的展示？美国、德国和日本。

媒介的形象系统

任何政治—经济—文化语境中的意识形态都是部分地由语言表征，通过语言阐释，同时，也由其他一些更高级精致的符号与模式进行表征——如视觉形式和音乐，然后，再由大众在日常交际中阐释和应用。这些传播过程都有助于意识形态产生影响。它们也包括媒体形象系统，并且可进一步划分为技术性媒介和社会性媒介。

技术传媒指信息传播技术对社会交往的干预，我想仍然用前面提到的商业广告的案例来说明我的观点。热衷于追逐利润的商业广告大户每年花费数十亿美元寻找最佳的媒体，他们的战略是最大限度地利用所选择的大众媒体的诱惑煽动的潜力。对所合作的代言人的选择、视觉效果、音响效果、上口的广告语、商业形式程序、特别的技术效果、编辑协定、商品包装以及印刷和电子媒体及电子媒体竞争的协合，这仅是几个关键性的要素，它们一起合力达到一种期望效果：销售资本主义制造出来的大量的色彩斑斓的消费品，以及与之相随的政治—经济—文化三位一体的内在结构。

甚至大众传媒的展示模式也暗示着某种期待和反应。例如，当商业广告最初出现在美国的电视上的时候，赞助商们严格认真地把注意力投入到他们的产品的品质上。除了偶尔提及别的商家的某产品以作比较之外，他们一般不会提到竞争对手的产品。这一广告实践在20世纪70年代发生巨变，结果是商场 25

上的竞争对手常常在广告中被提到。对这种现象，公众的反应是大呼“恶心！”许多人认为即使这种指责他人产品的伎俩未被视为非法，它也是很不道德的。从公众对这一转变的反应，我们可以发现大众传媒重要的一面：作为传播和塑造意识形态的这样一种社会工具，媒体的力量不仅可以通过重复性地引起对特殊事物积极注意建立一种广为流传的新的思考方式，也可以通过塑造标准化的展示方式来规范事物的内涵，做到这一点。这种习性不仅影响了受众，而且也影响了大众文化的创造者。例如，许多流行音乐制作者已经采用一种作曲体式——把一些可预计的程式——韵文/合唱/韵文/合唱——变成一种范式。如今，全球的广告和新闻节目程序、谈话节目和音乐电视格式正越来越走向结构上的相似、相互模仿以及可预见的表现形式。

现代传播技术向各种文化背景、社会阶层和年龄段的人们传递着价值观、思想。当然，年轻人尤其热衷于享用媒体。一些大众文化形象（人或其他事物，那并不重要）如麦当劳、威尔·史密斯、麦当娜、老虎托尼、迈克尔·乔丹、辣妹组合以及忍者神龟、许撒等都纷纷成为仪式庆典中的熟面孔和意识形态的承载者，而且，他们的影响力还不止在传媒发达的北美地区和欧洲。迪斯尼公司的卡通片《米老鼠和唐老鸭》在 20 世纪 80 年代晚期成为中国最流行的电视节目。这类传媒中走红的形象向传统的中国传奇人物形象如疯和尚济公等发出了挑战。在今天的中国文化环境中，济公为了保持其知名度就必须搬上电视屏幕。唐老鸭及其迪斯尼家族在南美一些国家的儿童中的知名度也超过了他们自己国家历史上的英雄人物和民间传说中的人物（多夫曼和马特拉特：1972）。巴西的村民可以在一张照片中轻易地认出迈克尔·杰克逊，对其熟悉程度超过对本国最近一轮选举的任何一位总统竞选者，尽管在总体上巴西媒体更多时候都是在宣传自己本民族的文化英雄而不是外国人（科坦克：1990）。不管其形象化资源来源于何处，一股从印刷媒体到电视媒体对民间传奇人物和故事的转化正在进行着。

大众传媒不仅仅是这种转化的载体，它本身更是一种活跃的，富于阐释性的意识形态样式（马丁-巴贝罗 1993：102）。正如著名的媒体理论家马歇尔· 麦克卢汉指出的那样："媒介即 26
信息。"这意味着如果不是更重要的话，过去将信息从一个地方传到另一个地方的技术形式传递至少与媒介明显的"内容"一样重要。举美国文化的一个简单例子，在母亲节那天，寄张卡片给母亲，或打电话问候，这二者之间有区别。信息到达的方式本身对于老妈妈来说很重要。然而，这种意义对于每个人不都一样。有的母亲宁愿收到卡片，因为卡片可以表达送卡人深思熟虑的想法。有的妈妈却更愿意听到孩子的声音，而可能把卡片当作"冷淡的"问候方式。各种喜好因文化而异，全世界以印刷为主导的北方人偏好卡片，而南部地区的口头信息传统则表明，对于别人来说，口头信息更好。新兴的全球化个人传播手段——电子邮件——将印刷（书面的、私下的）与口头（及时的、非正式的）的特征融为一体，甚至使得选择哪种手段更加复杂。

就像语言和其他交际代码在日常社会交往中学习并加强一样，意识形态同样通过常规的社会活动为人熟悉并正常化。这些是社会媒介过程。在受众成员的日常生活的社会结构中，人们认识、解释、编辑并使用大众传媒的意识形态表征。例如，孩子们有规律地将电视上人所共知的形象运用于其日常交往。他们常常借用电视人物、节目、主题来解释或澄清现实生活场景，进入成年人的交谈中，和同龄人做游戏。但是，电视和电影同样为成年人提供同样多的日常交往中有用的形象。例如，人们普遍地复述他们在电视上看到的新闻故事。男人重新讲述体育赛事，而女人则对戏剧人物表示同情。甚至随着 1990 年代早期第一次海湾战争的白热化，伊拉克总统萨达姆·侯赛因警告美国说，这场战争将“不会是另一部蓝波影片”。相反他许诺是“所有战斗之母”。当“所有战斗之母”没能实现时，美国人捡起并使用了这个短语，甚至用于商业广告。多少年来，我们在运动场上听到“所有反击之母”，教室里听到“所有考试之母”，地方零售店听到“所有销售之母”的说法。那场战争结束十年后比萨店仍在做着“所有比萨饼之母”的广告。

27 商业广告、新闻、娱乐节目及电影看似琐碎，但当它们在社会交往中流传时，都会施加意识形态影响。约翰·汤普森(1990)将此称为意识形态的“散漫的阐释”。由于意识形态信息从一个人传给另一人，一个媒介到另一个媒介，它所包含的观点则是经过修饰的、强化的和扩展的。试看以下媒介信息的影响如何经过交际过程中的复制而得到强化的：

·有线电视新闻网展示了 20 世纪 90 年代一架联合国飞机准备轰炸波斯尼亚塞族。阿诺德·施瓦辛格的著名台词“你好，宝贝”(摘自电影《终结者 2：审判日》)涂写在飞机一侧。

·在马萨特兰豪华的宾馆前的海滩上，墨西哥狡猾的小贩用典型的英语媒体的表达招揽北美游客购买小商品：

“嗨，凯马特（K-Mart）的顾客……”

“女士们，快来买呀……快来买呀，让我开张！”

“祝您愉快……花一只的钱买一对手镯。”

·在我家附近的一个超级市场中，我向收银员解释，我一个下午都在一家糖果店里吃东西，因为“这是吃快餐的时间。”她记下了我吃的东西，问道：“难道这不该是间餐吗？”暗示糖果公司的广告吹嘘其糖果可为两顿饭间的间餐。

·一些商标变成正式的语言，用来指超越产品的思想或行为。

“让我们喝可乐（Coke）！”

“我必须复印（Xerox）这份报告。”

“这是一个柯达（Kodak）时刻。”

·美国国防部召开记者招待会，敦促向索马里增兵，以“给和平一个机会”。

·多·萨顿，亚特兰大勇敢者棒球队的发言人在广播中说：“是勇敢者棒球队投掷 Visine 球的时候了”。Visine 是一个产品名称，声称此产品可以除去眼中的血丝（the red），而此时亚特兰大队正在与辛辛那提激进者队（Reds）对垒。

·波士顿凯尔特人篮球队教练瑞克·皮蒂纳声称当他们球队赢了所有比赛之后，“我们开始做丰田促销”（在那所有的人都欢呼雀跃）。

·当遇到不能解释的事情时，美国人经常哼唱电

28

视剧《黄昏地带》中的音乐“do - do - do - do, do - do - do - do”。

· 圣弗兰西斯科湾的妇女被警告小心“雷达”，据说是个像电影和电视剧《陆军野战医院》中的性格温柔的角色的连环强奸犯。

· 当听完飞机机长起飞前的讲话后，一个乘客说“呕，他听起来多像哪个晚上在电视上看到的喜剧演员呀！”

这些看似无伤大雅的例子有助于证明媒介传播的意识形态碎片是怎样被创造性地用于社会日常交往中——有时被大众群体，包括其他媒体进一步传播开去——在这一过程中，它所选择的价值、观念、口号和产品就得到了普及。在上述事例中，意识形态的社会性媒介对形成它的广泛、互联、系统等的特点有重要作用。所有的上述描写（和社会意识形态媒介）都“起作用”，因为它们所指涉的形象都耳熟能详，而这种情况又都可归功于大众传媒技术的传播能力。当人们在日常交谈中提及媒介形象时，占优势的意识形态主题再次得到清楚的表达和社会的确认。复杂的观念通常被简化为容易记忆的声音和广告口号。更有甚者，现实是按照先前的媒介表征和它们强调的假设、类比建构的。例如，这种插播广告都在一定时间给孩子播放，孩子们的主要知识储备来自电视、录像节目、流行音乐和其他媒介。所以，媒体化的形象表现变成了现实的参照系。在这里分析的例子和意识形态的具体化承载了巨大的社会意蕴。不仅仅是信息有这样的效应，例如当观众重复从电视中得来的短语时，媒体自身技术的用途和信用又再一次被强化。

意　　识

意识形态形象系统不能将意义强加给人们。传播的结果也往往与信息发布人最初的意图不一致。但对媒体机构的控制者来说,仍有不可否认的好处。世界上较先进的社会的大多数人民不仅处于媒体包围之中,而且在许多方面依赖于媒体。例如,在美国典型的家庭中,一天至少让一部电视开7个小时,三分之 29
二的美国人通过电视了解信息。因此实际上美国人对待重要社会问题的态度基本上是与发布者的估计、意图一致的,总是在主流文化政治的意识形态的框架之内活动。大众媒介传播的具有充分选择余地的形象,实际上是早已被设计好了的观点。而对此,大多数观众并不知情。至于全球性的政治事件,更是如此。例如,世界各地的人民完全是根据媒体和政府(通过媒体报道)的描述知道过去十多年间美国对黎巴嫩、格拉纳达、巴拿马、伊拉克、索马里、海地、波斯尼亚—黑塞哥维那和塞尔维亚入侵的情况的。

主导意识形态的传播对人的意识产生深刻影响,乃至社会权力机构可以通过传播渗透人的思想,影响人的行动。本章开头提出的定义表明意识是个体或群体所持态度、观点和理智的本质。那听起来相当模糊而概括,但这就是意识的特性。意识是一个思想集——一个有关个人或群体所知所想或如何思考的假设。很明显,大众传媒在意识形成过程中起着非常有影响力的作用。甚至,当受众成员简单地抛弃媒介表达的观点时,他们也仅仅在了解、在某种程度上认识并想象出信息中的意识形态主题后，才这样做。当然，意识不是一成不变的，它是变化的，可塑的。它是通过媒介成型的，但也通过其他信息渠道。然而，意识以激发一致的思想和社会行为的方式，反映主流媒介所承载的意识形态主题的无法避免的不可计算性。更进一步，意识的形成不总是自我确定的。就像鱼不会搅浑其游泳的水一样，人们当然不会总是分析其生活环境包括媒介信息如何形成思想。这样，意识大体上反映了大众传媒意识形态表征的主要话题和模式。

单一的信息来源从来不能决定我们思考什么以及我们怎么思考。意识形态主题的简单重复更进一步将观点深入地传给个体意识和集体意识。例如，商业广告制作者就依赖这种重复。
30 广告业的首要目的之一是确定信息重复频率的最大化，以此避免在获得渗透性影响力时浪费钱财。拥有与广告商不一样的动机的教师、家长和其他人也依赖主要信息的重复，以达到他们的目的。例如，著名的美国儿童电视节目“*芝麻街*”的制作者利用不断的重复手段教授字母表和其他基本课程。这种观点是用你想保留的信息“浸透”你的对象——潜在的消费者、学生、孩子，以及任何人。

这种“浸透效果”一直在起作用。他们所拥有的特别的表达、价值观念和假设，像观念的逆行的衍生物居于人们记忆系统之中。在一定语境下，这些意识形态的记忆被唤起。人们听流行音乐及其反应方式可以用来说明特定信息的清晰传达和个体意识之间的动态关系。如果要求你背诵流行音乐的歌词，你可能背不出来；但假如播放这首歌，你就可以跟着它很完美地唱下来。当音乐开始的时候，非常有趣、非常重要的事也就随之发生——音乐的语境建立起来，就像一个暗示系统，不仅能够使人重新回忆起歌词，而且把它们应该怎样唱、它们的曲调以及人和事的各种感情联想、观念化表征相互作用的各个层面都一起回忆起来。意识还反映人们的“集体记忆”，即人们以复杂的方式运用的共享意识源。

那么，意识形成的两个重要因素是导向和重复。通过导引人们的注意力至一定的观念以及重复关键信息，特别是假如它能用聪明的方式包装，那种创造为人所想要的潜能就会被开发出来。这就是意识形态与意识相联系的方式。意识形态主要指观念的表征，意识则是那些观念留在个体与群体思想中的印象。因为意识不是一个封闭的或永恒不变的思想状态，所以我们时常听到诸如“意识产生”或“改变人们的意识”之类的术语。然而，意识不容易改变。大多数人更容易一直相信他们已经思索的东西是正确的、真实的，而不愿意挑战他们的价值观和信念。例如，这就是为什么政治分裂集团和候选人、环境组织、争取同
性恋权利组织遭受不同一般的疾病，而其他人则常常遭遇来自 31
主流社会的冷漠和抵制。

我们都记得英国王妃戴安娜的人道主义计划之一，是对波斯尼亚、安哥拉、柬埔寨等地由于地雷造成的灾难表达极大的公众关怀。她利用电视及其他媒介引起公众对此问题的注意，因此把此问题带入主流意识。地雷问题引起的怜悯（最大的受害者是儿童）和戴安娜的积极的公众形象以一种有利的方式抓住了人们的兴趣。这位王妃也许已经察觉了媒介介入她的私生活——有些人甚至（错误地）责备导致她死亡的追逐偷拍的记者——但是将不光彩的地雷问题加于世界的道德程序，只能通

过将一个名人及技术能力与大众媒介的影响力连接起来而得到完成。

让我们考察一个意识形态,媒介和意识相互作用的更为深远的例子。直到20世纪80年代中国政府的"现代化"计划付诸实施时,电视才成为中华人民共和国普通家庭的家用电器。尽管当局试图控制电视节目播放,以达到传播共产主义价值观和政策的目的,但是人们却突然见到他们以前从来没有看见过的形象。例如,中国人第一次通过电视看到了东京、香港、纽约、伦敦和巴黎。他们可以调节频道收看美国的职业棒球比赛,英国和欧洲的国际足球比赛,收看日本的肥皂剧,学习有关服饰、化妆品、摇滚乐、受西方影响的生活方式和通俗文化。在中国,人们对这种新的媒介最普遍的反映是将它看做一种"思想的开启器"。从一开始,中国人就利用电视激发想象性的旅游并将中国与其他国家比较(罗尔1991:170—7)。

电视通过扩展国民的文化意识"打开"中国大陆人的眼界,引导到约翰·汤普森所谓的一种"象征性远离日常生活时空语
32 境"(汤普森1995:175)。事实上,推翻构成前苏联——尤其东德——的共产主义很大程度上由于媒介诱发,特别是电视,它的星点式的形象与这些地方的恶劣现实生活相互作用。对于共产主义的意识形态的挑战,是最近的最引人注目的表明电视扩展人类意识的例证之一。比如,在20世纪50年代,当电视首次成为美国文化的一部分时,尤其在更为遥远的农业地区,人们对于这个新兴的媒介扩大了他们的世界给予极大的热情。我可以给你讲述在明尼苏达州农场我个人的经历,在观看电视节目"*道路66*"以后,在收听立体声节目"*沙滩男孩*"专辑以后,我迫不及

待地要去加利福尼亚。

潜　意　识

意识是非常复杂的心理，但不必包含全部的或当下的感觉。而且，许多媒介信息也是非常含蓄而非直露的。这些信息一开始就不打算被人很理性地去解释。间接的意识形态影响的一个极端的例子是潜意识的劝导——渗透人的潜意识，从而控制人的行为企图。在最近几年，人们对潜意识劝导开始感兴趣，并且在感知心理学中开始了一些有关这一课题的一些研究。对潜意识劝导的兴趣主要是由不久以前三本具有很大煽动力、而理论性很强的书引起来的（基，1973；1976；1980）。不幸的是，这三本小册子的题目（《潜意识的诱惑》、《传播性娱乐》、《养蛤盘的狂欢》）和作者耸人听闻的处理手法毁坏了对这个论题的严肃的思考。

在广告文本和其他媒介内容中，镶嵌着潜意识信息。传媒利用潜意识信息来激发潜意识的、朦胧的欲望从而提高产品的吸引力。潜意识信息的劝导力源于以弗洛伊德精神分析理论的动机原则，能够刺激潜意识释放被压抑了的性能量并诉诸于"死亡希冀"。根据这种思维方式，广告商如果能将其产品与我们的强大有力而饱受压抑的性欲结合起来，或与我们自身身体的消亡的诱惑结合起来，那么他们就已经高度触及了情绪的和潜意识的（居于意识层次以下的）通道，这种通道可以帮助加速他们期待的消费者的反应。

在媒介文本中，潜意识信息以公然反抗意识知觉的形式存 33

在。例如：视觉的潜意识信息镶嵌在电影、电视和录像中，并且在屏幕上总是一闪而过，为的是观众接受了但是事实上没“看清”这些没有上下文的信息。在录制的音乐中，口头叙述的信息以一种不能有意识地听到或只能通过重放才能发现的方式，镶嵌于光碟和磁带中。印刷的媒体，特别是杂志广告，在照片和图形艺术中包含着低于意识层面的暗示。当我们扫视形象时，我们得到一个印象，一种感情，但是我们不会停下来为微妙信息而挑剔地观看内容。我们在全然不知，或未能以一种理性的方式保护自己的情况下，就被这些信息所影响。

34 虽然潜意识的劝导说受到了相当普遍的关注，还在几个国家的政府机构和工业组织引起争论、遭受禁令，但我们都没有关于这方面的科学知识。分析潜意识信息的作用很困难，因为受众未能认识到这些图像。这是最关键一点。潜意识导引依赖于潜移默化的影响。尽管这种现象本身有虚假本质，又因利益关系而被扭曲，但潜意识信息完全不是虚幻。在竞争如此激烈、各种可能的影响渠道都被运用上了的信息/传媒环境中，它们是大众媒介影响的最精妙而不易察觉的形式之一。

时空意识

至此，我们已经主要从媒介形式、信息内容、国家文化和政治历史的角度来讨论了意识。但是现代大众媒介，尤其是电子媒介，以对人类更为根本的方式影响着人类意识。意识不止是有关“感觉”，或如我们普遍了解的东西，而且有关“感觉形成”。因为意识同时反映为什么世界如此表现以及我们如何看待世界。有什么可能比我们建构时空和利用时空的方式更重要？这是我们的环境最基本的结构特征。

我们此处关注两个基本的过程。首先,媒介产业有能力通过运用技术以提高利益的方式,克服非媒介的(“真实的”)时间和空间的局限。其次,受众成员以给他们带来利益的不同于非媒介的“真实时间”经历,解释和利用媒介时空。因此,生活在不断强化的媒介社会中,产业和受众联合起来“产出”时空的新的意义。在这种假设的转换和日常生活的流动过程中,产业领域与受众之间仍然存在根本的差异。

媒介产业如何利用技术以影响人类的时空观及人类与时空的关系,是一个重要而持久的理论问题。加拿大社会理论家哈罗德·伊尼斯的评论文章与电视一同出现并赞美二战后的北美,他是第一位对这一问题进行系统研究的人(1950;1951;1952)。但伊尼斯并没有对现代媒介技术的神奇能力进行赞美,相反,他为现代媒介对经济、政治、文化的进攻感到焦虑。他 35
尤其关注电子媒介极端改变时空意义的能力。他从检测大众传播暗含的意义开始——信息脱离了信息的发送者、脱离了时间、脱离了它的产生语境而存在。传递的信息可以在不同时间、不同地点和背景下被大量的人接收到。这种考察对于已经习惯于大众传媒世界的我们,似乎是老生常谈。在这个世界中,时间和空间能为即兴念头和舒适而例行地改变。

大众传媒对于意识的渗透性影响力的起源,可以追溯到电子传播技术引进以前的时代。高速滚筒印刷机、整行铸排机的发明和大型印刷术的开始,拉大了富人与穷人之间的差距,因为这些技术的印刷水平大不一样。接着出现了铁路和公路,紧随其后的是电报、电话、无线电和电视。与此同时，银行和金融机构扩展了贸易和投资的产业技术基础。充满竞争地运输货物、传递信息已经是工业资本主义和后工业资本主义的中心特征；今天它正在全球性的规模上发生着。

现代大众媒介——尤其是电子形式——使征服时间和空间的独特技术成为可能。然而，这种成功必须加以限制。在以史无前例的速度和效率跨越时间和空间的过程中，传播技术也影响着日常生活的潮流和设定。而这影响是从在巨大的时空压缩和重构中获得利益的人们身上体现的。根据伊尼斯的理论，传播媒介更像刺激城市工业经济腾飞的20世纪先进的交通形式一样，用组织商业和影响社会控制的方式来约束空间。交通和传播的现代形式给一定的个体以优势，因为这些少数人有足够的钱购买设备，能够比其他任何人更有效地处理时间与空间。

作为一个批评观察家，哈罗德·伊尼斯对这样一个世界感到焦虑。在那儿，时空可以为了不公平、不健康的经济政治文化特权而被媒介工业家处理；特别是，一种控制生活的两种基本资源的措施被转向城市商业精英集团，而他们的惟一动机就是赚取利益。在资本主义意识形态的扩张主义趋势下以及大众媒介
36 的发展中，时间和空间就这样在人口中变得越来越分布不均。根据这种思维方式，现代传播媒介的业主能以给自身牟利的方式，缩短空间距离，压缩时间长度，这是一种“经济新殖民主义”的形式。

37 马歇尔·麦克卢汉的地球村生活

哈罗德·伊尼斯的著作，更多地为对技术形式、时空和社会

之间重要关系的评论提供了平台。最著名的是他的加拿大朋友,文学教授和媒介理论家麦克卢汉(1962;1964; 麦克卢汉和费奥列,1967)的著作。

伊尼斯对现代传播技术给社会带来的危险提出了明确的警告,然而麦克卢汉却对此没有进行多少批评。虽然如此,麦克卢汉有关大众媒介的理论已经世界闻名。令人着迷、互相矛盾的观点充斥着他的书籍、文章、录像带和其他作品。他发明了许多时髦的短语,描述他是怎样理解传播技术形成意识的。他做出最为重要的贡献是,注意力集中于媒介形式而非媒介内容。麦克卢汉声称,传播技术带有的形式与信息内容一样地或更多地影响人们自其媒介社会互动中带走的意义。用今天的术语,我们或许可以说麦克卢汉更强调硬件而非软件。

马歇尔・麦克卢汉撰文讨论传播媒介的社会历史发展。他声称每一个新的传播媒介都以独特的方式操纵着时空("媒介就是信息"、"流行和不流行的传播")。因此,每一种媒介都是以它自己的方式极大地影响着人类的知觉和社会结构(参阅图表2.2)。麦克卢汉特别提出以线装形式强调理性的印刷媒介如书籍、报纸等导致世界文化离开了其口语化的、非线性的、历史的根。麦克卢汉指出,当印刷机、印刷技术和读写活动成为西方社会的一部分时,世界如何戏剧化地改变着。他说,印刷媒介使文化"失去特色"。

图表 2.2　交流的阶段

38

口头	印刷	电子	数字化
部落的	非部落化的	重新部落化的	彻底部落化
非线形的	线形的	非线形的	主要线形的

续表

推	拉	推	拉
口头的	书面的	视觉的/口头的	书面的/所有感觉
少量受众	大量读者	极大量的受众	全球化的受众
地方的	逐渐地全球化	全球化的	全球化的
社区的	私下的	社区的	私下的/彻底的
讲故事, 修辞的, 口述的	书籍, 报纸, 杂志	收音机,电视, 电报, 卫星	电脑, 信息技术
集体的记忆, 传统, 历史, 文化礼节	文学, 新闻业, 档案, 图书馆, 出版业	电子的, 讲故事, 通俗文化, 媒介产业, 听觉的/录像带, 时间转换	全球化的数据库, 非调节性的, 潜在性地民主的, 连接性
无读写	印刷读写	视觉读写	电脑读写
情感	理性	情感	理性
即时的	编辑的	编程的	即时的
流行的	精英	流行的	精英
互动的	单向	主要单向	互动的
“真实的”时间	延时的	即时的/延时的	互联网时间

但是,根据麦克卢汉,当电子媒介出现于21世纪初时,他们
使人们“失去部落特色”,进入一个全球化的社会。他宣称,电
(和电子媒介)极端地“取消时间与空间”。尾随这种奇妙的技
术进步的是一个布满网络的“地球村”。麦克卢汉认为电子媒
39 介,尤其电视活化感觉通道,就像那些在面对面的“部落”社会
中有特色的交流方式一样。他承认全世界的人,通过电子传播
技术的突破将广泛共享的人类情感和经验联系并统一在一起。

这个由麦克卢汉描述的“地球村”成了一个感觉良好的术

语，它听起来似乎在任何地方每一个人都通过收音机、电视、电报和卫星连接在一起。这个术语激发一种“我们就是世界”的形象，人们手挽手，唱着和谐的歌曲，为终止世界的饥饿、缔造永久的和平而奋斗。然而，许多媒介批评家尖锐地批判麦克卢汉的观点，因为他们相信，电子媒介所做的正好相反——电子媒介更多地分裂世界而非统一世界：

> 世界的重新部落化没有创造部落。地球村不是村庄，电视屏幕上也没有村庄的广场。我们以其自身的术语更好地理解目前的媒介世界（或有媒介的世界，不太对其重要性想当然），而不是通过这些隐喻（汉内兹，1992：28）。

另外，因为麦克卢汉认为电子媒介使时空重新流行，已然拥有社会的隐含意义。他的媒介传播理论从来就不一贯，当然就缺乏批判性。例如，他没有多少有关谁是这个地球村的村长的说法，他们给他们的工人支付多少薪水，或者将垃圾倾倒在何处。

马歇尔·麦克卢汉在当今因特网爆炸之前就撒手人寰。无论他的作品招致了多少批评，听到他的关于“数字化革命”的论述一定仍令人着迷。在图表 2.2 中，我已经对比了麦克卢汉的口头、印刷和电子媒介阶段的特征。循着他的逻辑，我也已经将交流阶段扩展到了数字化时代。

美国一位传播理论家，约· 梅罗维茨尽力扩展麦克卢汉理论的社会学层面。梅罗维茨（1985）试图通过对自从电子媒介迅速发展之后，实际社会环境的改变的讨论来具体说明和界定大众媒介对我们的时空感产生了什么样的根本性改变。根据梅 40

罗维茨的看法,社会环境不再受自然地理位置的束缚,作为结果,我们的社会类别和规范以及相互作用之处开始变得模糊。电子媒介产生新的社会秩序:少年与成年的区别被重新组合、性别的和种族的地位和角色开始融合、政治权威与权力关系以更民主的方式进行了改造。最后,梅罗维茨声明,电视独特的权力是"打破了此与彼、现场的与转播的、个人的与公共的区别"(308)。梅罗维茨认为,人类经验的传播总的来讲是一件非常好的事情,因为它破坏了传统的差异和等级。

在梅罗维茨看来,电子传播的时代,物理空间转变的意义包含了公众(在前台)与私人(在后台)行为的实质性转变。根据欧文·戈夫曼(1959;1963;1967;1969)的著作,这个看法与剑桥社会科学家吉登斯和汤普森的理论著作有相似之处。吉登斯(1984)的结构理论与汤普森(1990;1995)的中介理论都尽力说明在现代社会中如何体验时空。但在时空如何被觉察和利用方面,英国理论家更倾向于伊尼斯而非麦克卢汉或梅罗维茨,把注意力放在了社会结构上并将其作为批评的因素。例如:当梅罗维茨作出我们的世界现在是"相对无距离"的结论时,汤普森,为了"建立和维持统治关系"(106),在对大众媒介如何"在时空中扩展象征形式的可接受度"(221)方面做出了新的阐释。

与此同时,汤普森(1995)和其他人都认识到,电子媒介也在社会上拥有政治经济文化的代理人,以任何其他的支票或结算体系不能匹敌的方式与其成员、客户和公众相吻合。电视让掌权的人看得见,这在以前从来没有过。如今,很难有政治家、千万富翁、体育明星、电影明星、流行歌手或皇家成员隐身于大众,保持他们的幕后行为不为人所知。谁能提出异议,说媒介只赞美并给权力于比尔·克林顿、O. J. 辛普森、休· 格兰特、吉姆·巴克尔、理查德·尼克松、查尔斯王子、马拉多纳或卡洛斯·塞林那斯·德·格塔里?即使共产党的最高级官员——在电视诞生以前,他们完全隐身于公众视线及监视之外——现在也必须在公众面前频频露面以安抚人民。

家庭的时间、空间和位置

电子媒介不仅传播意识形态的主题,促使我们重新思考、安 41
排全球的时间、空间,而且还从文化方面影响了家庭生活 ——包括我们如何感知、安排、并利用我们的生活场所以及如何与居住在那儿的其他人相处等。正是在家庭场所和日常惯例的一些偶发现象中,新形式的交际媒介的引进改变人们的世界,有时,这种改变十分剧烈。不过,这里时间和空间当然并没有废止,社会范畴也并不总被融合,并且权威的传统构架还常被维持,甚至伴随着消费技术的引进变得更强大。例如,在世界上技术更发达的国家中,家庭收看电视模式的出现、个人电脑和盒式磁带录像机的应用以及盒式录像电视和袖珍的盘状遥控装置的运用等,都能折射出性别和代沟的差别。

新的传播设施的引进必定会使家庭改变生活空间,并且面临着如何解释和如何运用新的生活空间的问题。例如,一个家庭不管处于何地,一旦把第一台电视机搬进来,这个家庭的空间和空间意义就改变了。当我父母在 20 世纪 50 年代初从美国带回第一台电视机时,他们把它放在房子前部的长方形的起居室内。但我父母都认为:在开头几年内,电视成为我们家庭生活的一个不受欢迎的入侵者。我母亲坚持在房间里再加一个小房间——电视房,用这种方式放置电视使起居室恢复了它原本的功能——没有干扰的阅读、休闲以及接待客人。

这个例子至少从五个根本的方面揭示出家庭与大众媒介遭遇的经历如何与家庭的空间、时间和位置相互作用:电视节目的接受,是一个浓缩了的社会行动,这一行动与以深受社会结构影响的文化语境为背景的人际关系有力地搀和在一起。于是我们家庭富有特色的电视收看活动——这将影响我们对电视节目的解释——受制于这样一个环境:父母决定电视应该在家庭生活中扮演的角色,财政条件允许在何种范围内进行相关选择。

43 今天,个人电脑在发达国家已经成为家庭中一个有重要意义的东西。电脑成为家庭"媒介系列"的一个部分(罗格和詹森:1988)。电脑在多大程度上进入家庭,这得由多个因素决定。首要的也是最重要的因素是经济。个人电脑对于世界绝大多数家庭而言是可望而不可即的。根据世界银行和货币基金组织的数据,非洲撒哈拉以南的地区,家庭电脑非常之少,平均200个家庭还拥有不到一条电话线(这是大多数的电脑联系必需的)。中国、印度及南亚地区的电脑和电话也很少。与此相反,在北加利福尼亚的硅谷地带,人们富有,高科技发达,几乎每一个家庭都有电话,而且2/3的家庭有电脑。大体上,美国的家庭一半以上有电脑,这个数字还在增加,很多家庭还不止一部电脑。总之,越是富有的国家,人们拥有的电脑就越多。

电脑如何与其他的家用电器如电视、录像机等相配,这是一个在实验室、电脑生产经销商乃至家庭都在积极考虑的问题。

一种技术解决方式就是合并，改变家庭的活动模式。比如微软公司，就成功地推出了“网络电视”——一种设备，它允许用户利用电视搜索万维网和接收、发送电子邮件。英特尔公司，世界上最大的微处理器生产商，正在进行一项工程，希望将家庭集中到“家用电脑”周围，像家用电视那样（或者更早些时候的收音机）。“家用电脑”，即市场上所谓“家用 PC”，有大屏幕、精致的电视接收器、环绕音响以及一些其他的附属物如数字影像光盘、电话与电子邮件处理器和电话会议。英特尔公司是希望能够把个人拥有的电脑用于多人共享。他们销售的并非就只是一件新的装置。英特尔是想改变我们现有的对家居的时间、空间和地点的观念。还有，公司想把两个曾经用于不同目的的媒体合二为一——电视和录像机，用来娱乐和消遣，电脑用来工作和获取信息。当然，这种技术融合不能强求社会接受。只有时间会证明，人们是否会愿意重新考虑家庭生活方式，从而与高科技公司的商业考虑走到一起来。

文化的作用

要理解媒介技术是怎样成为我们日常生活中的一部分，文 44
化是一个根本的因素。在地球村中有许多种生活方式。例如，在不同的文化中，家（home）、家庭（family）、时间、休闲等的含义大不相同。日常的家居行为，包括人们在生活空间内外活动的交通模式、家庭内部空间的具体功能、家庭中性别承担的角色及接受大众媒介的各自模式，在不同的文化之中，差异也是很大的。*传媒技术进入不同的文化区域，扩展了那里已经存在的独*

具特色的传统、价值观和生活风格，同时，传媒技术也挑战和改变那里的文化根基（罗尔，1988）。如，因特网的自由性质，使得世界上很多政府都十分紧张，千方百计寻找各种途径去保证他们的文化不受技术闯入者的影响，同时又努力提高他们自己的技术基础设施，以适应新的全球化经济的需求。

与美国的情况形成强烈对比的一个国家是中国。在那里，电视是在20世纪80年初经济繁荣的时候才开始进入城市居民家中的。中国已经成为一个“消费社会”。在中国家庭消费品中，最需要的就是电器设备，特别是传媒设备（毅：1997）。实际上，近来越来越多的家庭已经能够购买彩电、录像机、影碟机和个人电脑。不幸的是，根据家庭居住面积来看，经济的增长对中国家庭生活状况几乎没有任何改善。例如，在上海，一家四五口人挤在一或两间小房子内，这种情况非常普遍。在这种条件下，电视对家庭的冲击是非常巨大的——与其他文化不一样——它影响着人们日常生活的最基本的设想与实践。日常的家庭约定在所难免，例如，为小孩提供充足的学习时间、为工作的成人提供基本的娱乐、尊重家中长辈的节目喜好、保证充足的睡眠等。仅提及几个重要方面，已经是很复杂的家庭工作了。与其他生活空间较为宽松的其他国家的“私人家庭空间”相比，在这种条件下，在中国的家庭看电视只能在“公共的家庭空间中”进行。

印度代表着其他一些方面的对比。在印度农村，电视进入家庭曾经以激进的方式向性别角色和关系、工作常规、孩子抚
45 养、家务劳动等一些历史悠久的传统发起了挑战，重新规定了家庭成员对一天或一周的时间的理解和利用。自然时间——通过太阳的升起和落下而进行区分的时间量——已经让位给电视时

间。在印度,星期天成了“电视日”。现在,夜晚把男男女女聚在一起的最普遍的娱乐节目就是看电视;为了节省时间看电视,食物以及准备食物的方式已经发生改变。根据印度研究者尼娜·贝尔(1988)的研究,印度农村家庭的这些变化已使家庭的某些方面变得更民主。按贝尔所说,电视消除了观看者性别、年龄、身份的重要差异。但是,与此同时,在看电视的过程中,又加强了使印度社会迅速分为几个阶层的其他关键性因素,例如,人们看电视时坐在哪里又典型地反映了非亲属关系的家庭收看者及家庭内部成员不同性别之间的等级的差异。那些地位高的人——男人、老人、宗教世袭阶层的人员及社会经济地位高的人——占据收看电视最佳的位子。这个典型的例子表明,新的技术的引进是如何既改变又强化了原有的文化传统。

电视对人们的时间、空间、距离的改变,直接使人们交往、谈话、睡眠、食物准备、消费以及其他日常的交际方式和家庭行为模式发生改变。在世界范围都是如此。毫无疑问,传播技术的社会同化以及它所引起的意识的改变,总体来说,已经深深地影响到性别关系和家庭生活。然而,究竟这种改变是什么?的确成了一个文化问题。例如,在德国,妇女经常报怨电视破坏了婚姻关系;然而在印度农村,妇女认为媒介把她们与丈夫联系得更为紧密(罗格与詹森,1988;贝尔,1988)。电视在这两个民族的家庭生活中扮演角色的不同,在某种程度上,是由于两个民族发达程度的不一致。在德国,电视长期以来已成为生活的一部分。但德国与印度的这种差异也反映出两个国家的文化标准以及相应的社会实践的不同。

南美与北美、北欧家庭的比较可以显示出另一个尖锐的文

化对比。例如,在委内瑞拉的大多数家庭中,妇女是一家之主,控制着家庭的日常安排,包括选择电视节目,建造温馨的观看电
46 视的环境(巴尼奥斯,1988)。许多巴西的妇女,像委内瑞拉的妇女一样,在她们自己布置的环境中观看国内的电视剧来度过她们的夜晚。但是,在北美、北欧和英国家庭中,在家看什么电视节目通常由男人来控制,至少在他们有工作的时候(莫莉,1992,1988,1986;罗格和杰森,1988;林洛夫 ,1988; 罗尔,1990,1988)。例如,戴维·莫利指出,在伦敦工人家庭中,男人对夜间收看何种电视节目有更大的权利。特别是在周末时,他们收看电视的时间更长,根本不管家务,就控制着遥控器,而从未有过内疚的感觉。在日本,另一种家庭发展模式正在产生。因为日本男人每天的大量时间是在工作和交通中度过的,所以,女人和孩子就在电视和录像的收看上以及其他家庭活动中逐渐显示出越来越多的影响。

总的来说,各个年龄的男人和女人看电视、用电脑、放影碟、读报纸以及参加各种各样的媒介活动,他们的不同方式反映了他们不同的社会角色。在全世界,对传媒内容的不同偏好——电视、电影、录像节目、电脑节目,特别是音乐,男人和女人的差异基本一致。男女老少对他们接触的传播内容反映不一样。比如,男孩在看暴力节目时,比女孩更加积极。传播环境与人际关系的现实互相强化,性别导致的差异仍然在变化之中。

家庭、房子、家、日常行为以及时间、空间和位置的概念在不同的国家和文化间及自身内部是不尽相同的。与此相似,电视的制作特色,它的内容以及它的传播方式也都是不同的。例如,可收看到的电视频道的数量、节目优先播放权和类型、节目单、

盒式录像带等都代表了某种文化价值观和文化实践。因此也影响了人们观看电视的方式（罗尔,1988）。电视观众的“观看节奏”在很大程度上受到电视台节目分段的影响。比如,一种广告的分段格式就造成了一种时间期待,如果一段十分钟的节目,后面是五分钟的商业广告,然后,又是节目,如此循环。年复一年地收看这样安排的节目,将会给人入骨的感受。如美国人到了英国看没有商业广告的 BBC 节目,要改变这种收视节奏实际上令人很不舒服（“那么,我什么时候可以去加点餐或上厕所呢?”）。反过来也是一样的。英国人习惯了没有广告插播的电 47
视节目,他们到了美国之后对不断的广告间断也很难适应。在世界上的许多地方,广告都是成集地放在电视节目之外播放;不过,最近有线电视及卫星接收电视在全球范围内取得了重大进展,这将会打破国家自我保护体系而引起文化危机（格里普斯德:1995,1999）。

但是,当电视确信无疑地以各种不同的方式影响着世界各地家庭生活时,那些地方的观众也同样地影响了电视节目的制作。电子媒介不仅强制规定人们的意愿和规范他们的社会行为,它还对文化模式产生相应反应。这常在节目的收视率中被提到,它意味着对观众接受的近似统计值最终决定着一个节目的成功。最终,我们所有的就是在观众和制作商之间的“施与取”,用适当的力量使得等式两边的群体都形成某种意识。

没有一个人、社会团体或机构能够像大众媒介那样富有影响力地、不断地传播意识形态。尽管大众媒介有如此可怕的力量,但人们并非机械地不加思考地接受来自各方面的刺激,诸如政治状况的表征,产品广告和其他一些意识形态领域。在任何政治—经济—文化环境中观念的和媒介的形象系统最终都不是完美的联合,人们也并不是只会模仿傻子。个人和集体意识无论如何都不是简单的意识形态表征和技术影响的产品。因此,意识的形成,就是一个阐释过程。而且,"这个阐释过程是存在于人际之间的——个人经验在某种程度上依赖于他人的行为活动(查尼,1994:66)"。但是,对我们所生活的世界的阐释从来就不可能达到一个同一的观点,"正如,绝对不可能有个人单独存在一样,也不可能有单独的思想。我们的意识是一个汇集地,是不同思想的混合——它们或相互作用,或相互吸引,或相互排斥(梅索费里,1996:68)"。这种意识形态、意识和社会相互作用究竟会产生多少什么样的结果呢?我们下一章中所讨论的概念——霸权,或许是阐释和理解这种复杂关系的一种途径。

第三章

霸　权

霸权是指一个社会集团凌驾于其他社会集团之上的 48
权力或优势。这种区别性的权力在民族国家间的政治—经济—文化关系中可以找到,在任意民族或国家各社会阶层内部同样可以找到。霸权是“由权力建构起来的统治和从属关系”(霍尔,1985),但是*霸权不仅仅是社会权力差异的总和,它还是积聚和维持这种权力的一种手段*。如果意识形态是一个结构的表征系统,而意识是反映这些表征的思想结构,那么,*霸权则是居统治地位的意识形态与意识间的连接机制*。因此,我们有时将霸权指称为意识形态霸权。

就是今天,在卡尔·马克思和弗里德里希·恩格斯写出了他们的关于工人阶级所受资本主义剥削的经典理论一个多世纪之后(尤其参见马克思 1867,1885,1894;马克思与恩格斯 1845;1848),工业化社会中的经济差异仍然潜存着并促使了社会不平等现象的产生。尽管由于许多共产党国家在 20 世纪末的垮台,使马克思主义及其批判理论遭到了严重歪曲,但从某种重要的基本意义上说,马克思主义和马克思的批判理论仍基本上保持了它以往的准确性。不过,过去一个世纪传播领域的技术发展已经使社会控制的手段比以前更复杂了，今日世界上权力和阶级差异已不再仅仅或直接由经济结构和工业生产和消费决定。尽管工场条件和市场现实情况继续将人类划分成不同的
49 社会经济阶级，但意识形态影响在“传播时代”的社会权力运作中的作用现已变得至关重要。

专有名词“霸权”是20世纪早期意大利知识分子安东尼奥·葛兰西的贡献——把马克思主义理论从经济学扩展到了意识形态领域。葛兰西在当时遭到了本国法西斯政府的迫害，著作是在狱中写就的。葛兰西着重强调了社会的“超结构”即意识形态的生产机构对意义和权力产生的重要作用（1971；1973；1978；亦可参见巴格斯，1976；塞松，1980；西蒙，1982）。葛兰西正试图解释意大利与德国法西斯如何能够有效地操纵人类。将注意力转向政府和经济机构如何生产和传播思想观点，葛兰西帮助这样的批判理论由过去关注资本主义社会的根基——经济基础进行转向。他的意识形态霸权理论强调，大众媒介是统治阶层通过推广他们的哲学、文化和道德准则来维持其权力、财富和地位时运用的工具（巴格斯，1976：39）。生产意识形态的超结构与经济结构和工业生产相连，但不完全一样。必须用不同的方法进行分析。

图表3.1　葛兰西的社会权力理论

根基	超结构
经济关系	意识
工场和市场	意识形态机构与日常生活
生产材料	象征符号
直接影响	形成框架

续表

顺从	同意
决定性的后果	霸权

这样的理论转向,在一个传播技术具有无处不在的强大的意识形态力量的时代,看起来已成为自然的、必要的。安东尼奥·葛兰西写作时,电子媒介已经来到。在葛兰西的时代与今天,媒介产业的老板与经理,比社会中的其他人有能力更容易地生产和再生产意识形态内容、变化形式和语调,因为精英们操纵
社会化的机构,从而确保他们的观点不断地有吸引力地进入公 50
共场合。葛兰西时代的法西斯主义者利用了宣传手段。今天的资本主义者运用广告和其他信息战略达到同样的目的。

霸权延伸形象系统的系统逻辑,以达到意识形态的劝诱作用。这种大众媒介中的主导意识形态在一个相互衔接的系统——有效的信息发布机构和遍及社会、文化现实每一方面的人们习以为常的社会实践行动中——得到了支持和强化。来自于学校、公司、政治机构、工会、宗教团体、军队和大众传媒等的维护现状的信息都跟总的意识形态相吻合。这种意识形态影响的相互关联、相互强化的运行,就是霸权的本质所在。从某种意义上说,社会最牢固、最有权力的机构在经济援助方面因各种因由总依赖于同一个发源地,在意识形态方面它们也基本上能相互达成一致。因此,霸权依赖于居于支配地位的意识形态的广泛流传与社会接受。

霸权在一个宏大的范围,但以细微的方式起作用。霸权不是一个思想和行为的直接刺激下的产物。根据霍尔的说法,霸

权是“统治阶层内由各种对现实阐释的争斗组成的一个框架，将所有的可能释义纳入他们的思想框架。统治阶级设定一些限制——内部思想的和外部结构的——在此限制下从属阶级‘生活’并从维持建立在他们身上的规范的统治的角度来理解他们的从属意义”(1977:333)。大众媒介最有效的用途是以一种难以令人察觉的方式影响它们的受众对社会角色的理解和对个人行为的规范。这种“主流”影响通过大众媒介的象征性内容构成现实的方式而实现。社会上经济信息精英们利用大众媒介提供一套“华而不实的言论，[通过]这些言论[社会角色和‘正常的’行为]得以分类、评价和解释”(艾略特，1974:262)。例如，电视广告就鼓励观众把他们自己看做“市场而不是公众，消费者而不是公民”(吉特林，1979:255)。

但是仅有意识形态的宣传还不能使霸权达到严格意义上的完善，居支配地位的思想还必须不断地在我们最基础性的社会单元——家庭、工作场所、建立起的网络、许多地方的友好团体以及日常生活事务——的活动中进行再生产。因此，葛兰西的霸权理论也就通过日常的社会互动把文化与意识形态表征联系了起来。霸权要求意识形态的观念变成不言而喻的文化预设。
51 霸权的有效实施借助于被控制的人们把控制他们的意识形态“作为正常现实和一般常识来接受……以经验和意识的鲜活形式”(威廉姆斯，1976:145)。或者，像传播理论家艾迪亚多·内瓦所指出的，“由于事实相互关联，没有无意义的事物，任何社会片段的意义由社会框架中的联系所给定”(内瓦，2000:出版中)。因为信息和娱乐技术已如此彻底地融入了现代社会的日常现实中，大众媒介的社会影响已不常被发现、讨论和批评，尤其是在整体生活水平相对较高的社会里。社会的巨大规模和复杂性能掩盖意识形态的基础。因此，霸权就能很容易地在丝毫不被察觉的情景下运行（鲍辛格，1984）。

霸权的存在意味着人们愿意接受原则、秩序、法律的统治，相信这些都是最符合他们切身利益的，尽管在实际中或许并非如此。社会认同是这个过程的必要的一部分。事实上，社会认同比起强制和暴力可以成为一种长期的更有效的控制手段。因为，霸权要起作用，人们必须相信统治他们的制度和主导文化，正如雷蒙德·威廉斯解释的那样："霸权观念，从广义上说，在 52
选举政治和公众舆论占重要因素的社会领域中尤其重要。在这里，社会实践被认为是有赖于对某种占主导地位的观念的认可，而这种观念事实上也正是表达了统治阶层的需要"（1976：145）。所以，用哥伦比亚通讯理论家杰西斯-马丁-巴贝罗的话说就是"一个阶级推行霸权所达到这样一个程度，即统治阶层拥有的利益在某种程度上也被其他从属阶级看做是他们自身的利益"（1973：74）。这种观点的目的是保持人们相信他们生活其中的政府、经济机构以及他们帮助再生产的文化。检验一个社会的霸权的方法，就是看年轻人是否愿意为了保卫其生活其中的制度而走向战争。

今天，我们一般用精英们凌驾于我们的经济政治权利术语来思考霸权，但宗教也是一种有效的霸权力量，当然不仅在西方社会。例如，文化人类学家及摄影师斯蒂芬·P. 哈勒尔（1999）在印度讨论他的作品时，对记者说：

> 在印度，宗教渗透在每个人的日常生活的方方面面。很多情况下，人们甚至不用宗教术语思考宗教。

> 那正是人们为了保持日常生活的平衡而认可的精神。当我指出这种礼节或仪式会被别人作为宗教表达方式考察时，许多[印度]人深感吃惊。他们简单地告诉我，“这只是我们的习俗。这只是在我们家庭中所做的。”(《圣何塞水星新闻》,1999年9月25日)

我们的“习俗”与“只是在我们家庭中所做的”恰好就是日常生活中霸权的形式，尤其当我们没有思考是什么驱动这些方法和行为，或者它们最终为谁的利益服务时。

媒介的角色和通俗文化

> 人们说，国内举办的竞赛正将整个国家凝聚在一起……因此就这样。
>
> 让我们将整个国家凝聚在一起。
>
> 棒球运动员马克·迈克格威尔在1998年电视转播的“本垒打击球王”的比赛，将一些美国观众从同时热播的克林顿—莱温斯基绯闻中吸引过来。

53 一个社会里主要的信息传播机构和由它们创造和维护的意识形态理念之间的紧密联系是霸权的中心所在。媒介使一定的观念合法化，使这种观念很可能被人们接受。让我们通过举出更多的例子，使我们的关于霸权的讨论更为准确。我们可以从一个意识形态巨兽——美国的电视行业开始。它与其他一些大企业通过资金或象征性地相互联系，尤其是广告公司。它也和数以千计的全国性的公司和跨国公司联系在一块，这些公司生产、分配、销售各式各样的商品。媒介及其宣传的产品和服务一起创造出居支配地位的意识形态。

我们可以在各种电视节目中找到例子。商业电视网为抓住“儿童观众”奉献了巨大资源，但是不再买进原创性的儿童电视节目。电视网的管理人员只需要那些与已成功地零售给儿童的产品相联系的新节目构想——主要是玩具——由此减少投资的风险。然后孩子们就想要他们在电视上看到过的玩具。他们更多地通过看电视而不是亲自关注玩具的优点。这样，玩具产业与电视业融合为一个产业，相互强调、互惠互利，可以买到的产品范围因此缩小，而涉及产业的经济过程却更加高效。玩具搭卖品与电影和快餐连锁也密切配合。过去十年末期的美国，麦当劳商店出售“泰山”玩具，足以与迪斯尼的电影发行相媲美。在“比尼婴儿”前几个月的狂热之后，哥斯拉和会说西班牙语的奇瓦瓦玩具又在墨西哥快餐连锁店——塔可贝尔吊人胃口。

电视也同样有能力接纳和转化其他主要的社会机构——例如宗教组织和体育运动——并把他们转化成娱乐节目和通俗文化。宗教电视，尤其福音节目已获得巨大的资产成功，这是一个全球性的普遍现象。例如，这些节目经常模仿著名人物罗奇·奥登内尔或戴夫·莱特曼的谈话节目，并与电视台的乐团和观众一起完成。宗教节目极大地依赖于上帝热忱的仆人的明星般的魅力，以抓住收视率。体育产业已经与电子媒介纠缠在一起，达到这样的地步，“电视暂停”（行为的中断，主要为额外的电视广告留
点时间）现在似乎就像比赛的正常的组成部分。观众被进一步地 54
鼓励查看电视网站（以及出现在那儿的广告），为找到甚至更多的运动形象、统计数据、分析和天花乱坠的广告宣传。

美国商业广播电台的历史，明确地显示资本主义经济力量如何与所谓的人民利益的维护者政府合作，常常又超越其角色。20世纪20年代国会通过立法，确认广播和电视不能沉溺于商业利益。广播电台被认为是公共资源，就像国家公园、河流和湖泊一样，受到保护。相应地，电子媒介应当为“公众利益”服务，否则其老板应当被取消营业执照。慢慢地，稳定而不幸地，随着商业广告播放者聚集了强大的经济实力和政治影响力，联邦传播委员会则靠边站了。当然，广播电台和电视台决定多长的播出时间能提供给国会议员。政府管理者一般是从他们应该管理的部门中招募的，并且最终又返回到那里。20世纪末，对美国的广播电视业主的公共服务要求，几乎被彻底地忘掉了。在欧洲和世界的其他地区，来自商业电视、有线电视和卫星电视的激烈竞争已经对像BBC这样“负责的”国家媒介的神圣形成掀起挑战。

霸权是一个聚集、满足与服从的过程。为保全既得权力的人的经济、政治、文化优势，各种观念、社会机构、产业和生活方式都被糅进一个拼盘。

大众媒介在此过程中扮演一个不同寻常的角色。我们在媒介产业内部发现迅速上升的集聚趋势。也许，最令人头疼的现象是这样一种事实，即越来越多的媒介地方台为越来越少的个人或公司所有（巴格迪吉安，1997）。这种所有权的集中不仅出现在单一的媒介形式如电视台或相关技术如广播电视中，而且横跨多种传播媒介及横跨多种不同娱乐和信息产业。例如，就在过去几年，时代华纳与特纳广播服务组合，然后与美国在线联合。迪斯尼与大都市广播公司/ABC，威斯汀豪广播公司与维

亚通讯及CBS网各自联合。英国电讯PLC与美国AT&T,在
280多个国家进行国际贸易合作,2000年财政收入达到100亿 55
美元。AT&T然后与美国的TCI有线电视融合建立AT&T有线服务。通用电气拥有NBC。电器公司现在提供电话服务。电话公司销售有线电视征订单。长途电话公司介入地方市场。有线公司收购卫星电视系统。随着因特网在全球的普及,合并狂潮正达到一个新的高峰。美国在线获得Netscape,为其赢得家用因特网用户的额外市场份额。迪斯尼购买Infoseek,世讯(WorldCom)与MCI的融合后来与Sprint融合,通用电气购买Cnet等等,这些都是这个新的经济文化前沿的其他早期的很重要的交易。

媒介将自身的一部分分裂开并融入许多相关产业,包括那些为媒介自身提供素材的产业。例如,亿万富翁、媒介巨头卢佩特·默多克在美国拥有新闻公司(Newscorp)和福克斯集团,又拥有英国和澳大利亚媒介及全世界卫星系统,包括中国的卫星电视,最近,他支付了三千万美元购买洛杉矶道杰斯棒球队(其赛事由卢佩特的电视台转播)。加利福尼亚天使棒球队属于迪斯尼/ABC,亚特兰大勇士队属于时代华纳,芝加哥熊队属于论坛公司。阿克利媒介集团(广播和户外广告)收购西雅图超音速篮球队。达成这些联合的主要目的是,确保这些公司下属球队的比赛节目能由这些公司的电台或电视台播放。球队比赛的场地往往也以公司老板的名字命名。或者这些球队待价售给愿意出高价的买主:旧金山市的太平洋贝尔公园(电话公司),洛杉矶的大西部(银行)论坛,萨克拉门托的阿科(汽油)竞技场,芝加哥的联合(航空公司)中心(在那儿联合航空公司机票由机

器在候机厅出售)只是提及的几个例子。

本节开始提及的大个子本垒打球员,红雀队的明星马克·迈克格威尔将他的许多本垒打打进“大迈克场地”,即圣路易斯的布士(啤酒)体育馆的一个区域,这与麦当劳汉堡包连锁店产生了商业联系。

我们可能没有看到这种商业霸权逻辑的局限。试想,体育运动队不再与其代表的所在地地名一致,而带上联合身份:则西雅图水手队可以变成微软水手队。芝加哥公牛队成为联合航空公牛队,印第安纳雄鹿队将场地变为 RCA 雄鹿,等等。然而更
56 好的是,为什么不赋予个人球员权力,将自己出售给其联合赞助商?试想,电台实况播讲员这样激动地描述一场棒球比赛:“3M 击了一个地滚球给 Texaco……他铲起球,快速投掷给通用汽车,后者继续掷给美国在线!两次击打!Texaco 从 3M 夺得一球,GM 漂亮地拖延至第一垒!”

对于通俗文化的合力影响不应被低估。当美国摇滚歌星谢里尔·克劳在 1996 年吼出她的卖座歌曲《爱情是个好东西》时,它立即被禁止在沃尔玛百货商店连锁店销售,限制了其他的整体销售量。为什么?因为这首歌有句这样的歌词,“看着我们的孩子,他们从沃尔玛折价商店买来枪支,他们相互残杀。”言论自由总是止于共同的不愉快开始之时。

媒介技术和样式频繁地辐射,以霸权的姿态相互强化。例如,流行广播和录像歌曲也可能是商业广告。“创世记”乐队的《今晚、今晚、今晚》和史蒂夫·温伍德的《你知道夜晚能干什么吗?》两首歌与同样由该艺术家演唱的米克拉啤酒广告有着同样的旋律和相似的歌词。在美国电视联播的第一套黄金时间中

播放了由波多黎各的流行歌手凯恩主演的西班牙语广告。这则广告中,凯恩把他排在拉丁语流行音乐唱片最畅销榜上的一首流行音乐“Este Ritmo Se Baila Asi”的歌词改成了百事可乐的附加说明。由此相应的百事可乐的广告标语出现在一种名叫宁特多的电视游戏中。于是电视游戏、电脑游戏、玩具和棋盘上的游戏等一起捡起了传媒或军队中的标语口号,如“沙滩上的防线”和“海湾袭击”。高频率的电视游戏“街头霸王Ⅱ”引出了同名电影。耐克(Nike)赋予电视广告生命,这则广告以迈克尔·乔丹为主角,受影片《空中大灌篮》的启发。《星球大战》三部曲拍摄原物后来在史米斯航空航天博物馆展览。来自电影的道具,如《阿甘正传》里的公园座椅,以及源于《周末狂欢》中约翰·特拉沃塔的碟片全套装备,都在公共拍卖行出售。西尔维斯特·史泰龙和威斯里·史耐普的《越空狂龙》成为了一个与电影一样长度的广告——这则广告是为墨西哥的一家名为塔科贝尔的快餐连锁店而制作。比尔·卡斯比就把他作为一个电视名人所赢得的广泛注意力成功地运用到了一类有关父亲职责的畅销书中,还运用于减肥极乐布丁的推销话语。商品的广告标语本身成为了产品,并且在T恤衫、海报、海滩上用的毛巾以及其他非正式传媒中再三复制。电视广告和电视节目中的哗众取宠之词,在说唱乐的歌词以及现场表演或电视表演单口相声的滑稽演员的保留节目中得以再利用;为咖啡做的电视广告中描绘的一个浪漫的相遇镜头被改编成了一部商业性的电视和小说(品尝者的选择在美国;优质混合雀巢咖啡则在联合王国)。明信
片、旅游杂志和旅游招贴画复制出城市和国家的地平线、摩天大 57
楼、纪念碑和博物馆,炫耀和传播原有的结构,这些结构本身负

载着代表主导意识形态与文化的价值观念。

有线电视开创了一个与电视节目同样长度的广告的时代。有些影片就是专门为电视、关于电视的杂志和电视新闻杂志而制作的。在美国,最有名的全国性报刊——《今日美国》,就是在全国范围内通过一种外表像电视的售货机发行的。电视广告常出现在第一频道——这是一个向美国小学教室里的学生播放教育新闻的频道。只为国内的汽油、食品和汽车旅馆作广告用的标识语出现在政府的高速公路的路标上——这些路标是用以向旅行者指示可行的高速公路出口用的。大多数公司采取的代价较高的公关活动是向中小学系统分发附加了公司产品“信息”的补充教科书。而大部分商业机构则把他们年度报告的摘要和其他宣传品送给学院的教员,以期这些有偏见的信息能纳入学校的教学和科研中。与此相似的材料也常被送达政治和宗教领袖的手里,以便他们能够把这些信息传送给他们的追随者和广大民众。校服要求学生确认他们与当局价值观念的顺从,“一致性”。

在美国,在通俗媒体中很少见到非主导的政治意识形态、政党以及候选人;也很少见到对消费者提供如何面对广告及其他营销策略激发、强化的购买狂热的可行性建议。真正激进的观念一般只出现在那些资金短缺的、非商业性的广播电视台和一些低预算的印刷媒介中。这些传媒与商业性的电视、录像台、都市日报和国家杂志等相比,公众跟随者较少。当真正有分歧的观点出现在主流传媒上时,这样的信息经常以一种令人不偏不倚的方式出现或者是加以修饰、同化后投向主流意识的怀抱。因而前总统候选人杰西·杰克逊把他那不同寻常的政治纲领做了改动，从而纳入了民主党的整个的毫无威胁性的意识形态里；20世纪60年代，“反传统”的年青人的长发在二十年之后成了中年商人的流行发型；具有粗暴倾向的朋克摇滚诞生后很快变成了“新浪潮”舞蹈音乐，十年之后，它已成为高雅的百货公司销售的时尚；20世纪90年代的“反时尚”的蹩脚货，则经时装设计者佩里·爱里斯包装后在市场出售；都市黑人文化作为Hip-hop服装，变得商品化了，并且在郊区的商场出售。斯马思兄弟 58
会喜剧团在20世纪60年代曾支持了社会主义的民谣歌手皮特·西格的事业，现在则为肯德基炸鸡店的开业做电视广告；“杰弗逊星际飞船”摇滚乐团（前身是“杰弗逊飞机”，以《我们已发动了一场革命》而出名），把它的一首流行歌曲《我们来建设这座城市》的改编权卖给了国际电话、电报公司，歌曲被改名为《我们来建设这个公司》，它成了电视商业活动的一首圣歌，等等。由此来看，大众媒介帮助我们形成了一个印象，即：即使社会最粗糙的边缘最终也必须纳入主流意识形态的常规框架。这种“靠向常规”的活动对于意识形态霸权至关重要。

为大众媒介和通俗文化产业工作的人们是否有见识地或目的明确地营造霸权条件？在某些情形下，是的。例如，在墨西哥，很长的时期内政府官员给钱让新闻记者确保登载有利的报道（最近这种做法正在衰落）。但是，正如英国文化研究者肖恩·摩尔斯研究广播新闻后所指出的，“意识形态的运作与复制自然的主导定义和遵循已被接受的职业性常规有更多联系，而与广播者的故意偏见或他们运作的机构关系不大。”（摩尔斯1993：28）

全球性的帝国主义霸权

这是我的行星。

锐步国际广告运动

一个小行星的解决办法。

IBM 国际广告运动

在全美国和其他一些比较发达国家的大学校园里的商学院,都例行开设名为“全球性管理”的课程。想一想这种观点如何做作、如何想当然——有些阶层的人或有些机构的人把“管理”全球当作己任。在商业社会,人人仍然“正走向全球”。整个世界是个市场。这种趋势如今并无新意。它直接紧随几个世纪以前的经济文化殖民主义的逻辑和实践,可以至少上溯至罗
59 马帝国,经历斯堪的纳维亚半岛维京人、葡萄牙人、英国人、西班牙人、法国人和荷兰人的冒险,直到当代德国人、美国人和日本人的业绩。今天,喷气式飞机旅行和快捷高效的传播技术的动态联合,提供了一种“全球性的信息基础设施”,以一种前所未有的方式,能为这场比赛中的选手提供真正的“管理全球”的机会。若干学术研究者已经标识出这种全球性经济意识形态霸权的不公和危险。也许他们之中最著名的是伊曼纽尔·沃勒斯坦。他强调我们在前一章强调的意识形态批评术语——系统。沃勒斯坦称全球性经济为“一个现代的世界系统”(沃勒斯坦 1974,1980;1990)。根据这种观点,意识形态和传播被用于获得并保持经济实力,并在全球范围以一种胜者与败者的严格系统,

施加社会影响。观念、数据和观点的流传为全球精英们服务，而给别人造成伤害。在全球性的场景，跨国公司事实上拥有比政府更大的控制世界人口命运的力量，使政治在一些情况下几乎显得软弱无力。

微软：数字化时代的霸权？

> 比起视窗来，我惟一宁愿要的东西是英语或汉语或西班牙语，因此，我要求你支付 249 美元，获取一个说话的执照。
>
> 在 1998 年有关微软市场垄断行为的美国国会听证会上，Sun Microsystem 公司首席执行官斯科特·迈克尼里评论微软视窗操作系统的统治地位时如是说。

> 有关软件业的最令人震惊的事情仍然是，美国中心的地位如何存在。以往从未有过哪个产业如此被一个国家所支配。
>
> 微软总裁比尔·盖茨

随着 20 世纪临近尾声，一个美国的主要公司微软成为一个产业组织如何支配整个产业的象征，和一个国家如何能成为全球性交际的经济学中心。在上一个世纪末，惟一能与微软匹敌的是在美国最受人羡慕的 IBM 公司。根据福布斯杂志的调查，比尔·盖茨已经成为世界上最富有的“工人”，1999 年估计拥有 930 亿美元的净资产。同时，美国已经恢复了作为世界“最具竞 60
争力的国家”的地位，前提是为一个国家创造财富，而在亚洲经济危机中日本的经济经历了下滑。

但是，当微软在软件开发领域施加领导力量的同时，它也与其因特网浏览器捆绑销售操作系统（视窗 95 和视窗 98），这是一种许多人认为强力垄断市场的行为。一项大规模的反托拉斯调查由美国政府实施。政府的高级经济专家证人在审判会上证实，微软是采取了垄断行为，因为：(1)它拥有一个稳定的超过 90% 的市场份额，并且目前没有变化；(2)另外的公司几乎不可能引进另外一个具有竞争力的操作系统；(3)微软的利润余额和资产净值都很高；(4)如果电脑生产商在桌面系统隐藏微软的网络浏览器符号，微软公司将吊销生产商的视窗生产执照（《圣何塞水星新闻》，1998 年 11 月 19 日）。

另外，任何微软操作系统，如视窗，不仅仅是一种技术开发
61 和贸易投资。视窗的数字化集成功能永远不止是没有偏见地将信息传遍全球。视窗也有意识形态和文化特色。英语的支配地位，连同因特网上颂扬的英美通俗文化，为霸权效果推波助澜。微软的行为不仅影响该公司的业务竞争者，而且影响每一个人。

20 世纪 90 年代末，微软与美国主要的商业电视网之一 NBC 的联合，恰好像微软的操作系统与因特网浏览器的联系，具有重要的意识形态意义。这次合资的最为有形的产品就是形成一个有线新闻频道 MSNBC，NBC 的传统和崇高的地位与电脑软件结合在一起。这个频道节目的一个例子是“新闻聊天”，在那儿，主持人与其有吸引力的“电脑专家”助手一起，与新闻人物、分析家、打进电话者及电子邮件发送者即时互动，一直导引观看者的注意力集中在他们身上，还引导他们观看 MSNBC 的许多网站和在线聊天室。NBC 新闻网也为微软网络提供信

息，一种提供给购买视窗操作系统的顾客的商业在线服务。视窗 98 上的频道调节杆直接将用户联接到微软通常所有的网站或它的合作伙伴，比如 MSNBC，收看新闻。

多年来，微软强有力地保护其咄咄逼人的贸易活动，而从不做出任何让步。盖茨和他的助手们宣称，微软不是一个自私自利的垄断组织，而是一个“倡导者”。它的创新、生产和市场战略对于公司取得成功和全球信息革命按期继续下去很有必要。

然而，1999 年的晚些时候，当美国的一位联邦法官认为微软实际上在搞垄断时，这个公司遭受了严重打击。这位法官总结说，“通过其行为……微软已经向人们表明，它将利用其强大的市场占有力和巨大的利润，去伤害任何敢于采取主动强化与微软核心产品竞争的公司”（《圣何塞水星新闻》，1999 年 11 月 6 日）。具有讽刺意味的是，这位法官发现，微软并未促进高科技领域的革新，而是不公平地压制革新。

我们为什么对此担忧？而比尔·盖茨认为这不是什么问题！但是，其他人却害怕新闻业的诚实正直会遭受严重损害，诱因是如微软与 NBC 之间的一种解决利益冲突的协议。例如，
NBC 也许不想在常规新闻报道中详细调查微软，一种事实上由 62
MSNBC 确认的恐惧，因为 MSNBC 没有详细报道软件公司的反托拉斯听证会。由 NBC 节目主持人布洛考对比尔·盖茨的早期采访也没有提及尖锐的问题。微软仅是最大的和最著名的高技术公司，这些公司正在开发与内容提供者、因特网服务商和新闻组织的雇佣协议与资产联系。例如，美国在线正与大城市的日报和商业广告商联系，作为其主要的资金来源，因为它原来是因特网许可服务商。搜索引擎被设定程序，有选择地漫游到代

表商业利益的网址,并对受赞助的主页概不负责。

而且,当微软生产软件的时候,它也有浓厚的兴趣开发个人电脑硬件,比如在第二章讨论过的电脑—电视界面。

反霸权:真的做别人告诉我们的事?

我们已经熟悉的三位重要的理论家雷蒙德· 威廉姆斯、斯图亚特· 霍尔和杰西斯-马丁-巴贝罗,提醒我们在任何政治语
64 境下霸权实际上都很脆弱。霸权要求不断更新和调整以保持权利的有效。霍尔认为,“霸权并不是一个‘给定’的永恒的存在状态,而必须积极去赢取和维护;它也可能被丢失掉”(1977:333)。意识形态工作正是通过时间去赢得并维护霸权。威廉姆斯(1975)将人们的注意力转到“决定”观点上。他辩解道,从根本上说,社会的社会经济精英们将要支配我们。在他看来,在资本主义制度下,穷人与富人之间的巨大差异是无法避免的;这种差异是“决定了的”。然而,根据威廉姆斯的观点,这种决定“决不表现为整个地控制和全部的原因预测……我们不应当把决定活动看成一种单独作用的力量……而应当视其为这样一种过程:在此过程中,真正的决定因素——力量和资本的分配,社会和自然的继承,各集团间关系的亲疏——都设定了种种限制也同时施加了压力,但这些因素既不能完全控制事态也不能完全预测其复杂活动的结果”(130)。拿霍尔的话说,意识形态就是由“未完成的文本”组成的。他还指出,意识形态的“反潮流”在主流形态的破裂处经常地出现(霍尔,1985)。正如马丁-巴贝罗进一步解释的那样,“每一项下层社会的霸权性权力的假

设并不都是臣服的象征，而且每一种抛弃行为并不都是抵制行为。‘来自上层’的每件事物并不都代表统治阶级的价值观念。通俗文化的某些方面回应必然的逻辑，而非统治的逻辑。”（马丁-巴贝罗，1993：76）

因此，我们必须强调没有任何完全可以预测的、决定性的居支配地位的意识形态效果。传播交际从一般电视表演到打击摇滚音乐，甚至乱涂在公共场所的粗俗字眼，都承载着向居支配地位的意识形态和主流文化挑战的信息。反霸权倾向浸润于媒介化文本。人们对媒介内容的阐释和利用，经常与主流意识形态和主流文化相悖。这里的一个关键概念是合适性。人们创造性地改变（“合适的”）他们从媒介及别处得到的信息，以便适合他们自己的思维方式和生活方式。正如美国士兵把军用防毒面具用作吸入工具，以增强大麻烟雾的效果，或者无家可归者将超级市场的售货车改造成个人储藏车，这种意识形态的抵触与合适性经常涉及重新改造机构性的信息，为了与他们的创造者迥然不同的目的。

当一种意识形态结构特别有力时，抵制情绪同时也很强烈。65
看看梵蒂冈的情形。美国的一项盖洛普民意测验表明，绝大多数美国天主教徒认为已婚夫妇应该能够选择他们想要的节育形式，如果必要的话，包括堕胎。美国的大多数天主教徒也支持妇女当牧师以及牧师结婚的权利。这些与罗马教皇地位和规章制度深刻地不一致，反映了官方层次上人们有限的选择。美国天主教徒中流行的观点代表了一种对宗教强加的全球性的宗教霸权的抵触情绪。但是，所有地方的天主教徒有他们自己的天主教。例如，让主教害怕的是，拉丁美洲天主教徒已经发明了各种各样的地方宗教,它们包括梵蒂冈的教义和礼拜仪式,也包括地方习俗、信念、迷信和仪式,甚至还有非洲伏都教的教义。在一种令人吃惊的"集体合适性"过程中,许多拉美天主教徒在一种抽象的精神层面相信宗教,却采纳并改变天主教意识形态、权威、规章制度和仪式,以适合他们个人的、集团的和文化的感情(吉登斯,1991:175)。

66 像所有的象征形式一样,语言十分广泛而有创造性地适合各种目的。书面语言中代表的主导意识形态话语有时候被重新建构,以便确认完全抵触的或对立的信息。越遭压抑,越多表达。看看这些例子:

- 下面是印在伦敦每节地铁车厢门内的提示:

请勿堵塞车门,否则会导致延误和危险!

(Do not obstruct the door. It causes delay and can be dangerous!)

我看到两个伦敦小地痞仅仅擦掉几个字就完全重组了这条制度化提示,引起始料不及的相反的公众反应。他们将其改为:

——堵塞车门。——导致延误是危险!(obstruct the door. cause delay be dangerous!)

67
- 有关动物权利和素食主义的正确的政治态度受到汽车保险杠上的招贴的滥用:"我(喜欢)动物:味道真好!"
- 汽车保险杠上的唯物主义的招贴"我的另一辆轿车是一辆保时捷"变成了"我的另一辆轿车也是一个废物"。

- 打着“滑雪熊”(ski bear)牌子的野外滑雪用场地变成了“裸体滑雪”(ski bare)。
- 美国的“拒绝毒品”运动变成了“拒绝毒品检查”。
- 环保主义的绿色和平组织利用荷兰的一个网站，播放积极分子同北海的壳牌石油(荷兰公司)的船员作战的录像资料。
- 迈克聚光灯(Mcspotlight)网站提醒人们注意营养环境和经济破坏，造成这种破坏的人认为是麦当劳店的特许经营权引起的。

- 那种过度敏感的汽车保险杠上的招贴画“我停止 68
捕杀动物”，已经被“我转为随便打人!”所替代。
- 著名的愤世嫉俗的电视剧《辛普森一家》推出一个比尔·盖茨似的卡通人物，他对已经奇迹般地开发出一种可以打破微软垄断的产品的荷马·辛普森讲话。扮演盖茨的人物说，“与其和你竞争，我还不如将你收购掉。”

- 巴尼，无害且那么可爱的紫色恐龙，曾在美国儿童电视节目中出现频率最高的明星，其节目“巴尼和朋友”，却变成了令人厌恶的东西。一个与巴
尼长相极似的人在得克萨斯州的商场里受到凶狠 69
残酷的袭击，同时一个名为“我恨巴尼”秘密团体已经形成，并且将巴尼的“我爱你，你爱我”主题歌改成了“我恨你，你恨我，让我们冲出去杀了巴尼!”

> 母亲反对酒后驾驶组织(MADD)的反面是反对疯
> 狂母亲饮酒组织(DAMM)。机智风趣的报纸栏目
> 71 作家乔·鲍勃·布雷格斯进而对读者谈到:“今
> 年疯狂母亲组织在大学校园禁止了酗酒,虽然每
> 年还是有成千上万无辜的饮酒者继续被古怪的母
> 亲杀掉。”

这些例子表明霸权信息的意识形态转换可以非常轻松幽默,或者它们可以绝对的严肃。这些例子揭示了思想、创造力、决定和抵触情绪的独立性,这是霸权力量无法包含且不能破坏的。这就是为什么霸权的效果从来不完全被给定。人们能够并且确实在一个方向或另一个方向上抵制正被传播的思想观点。

总的说来,当主流意识形态弱于社会的抵制情绪时,霸权则失去效用。同性恋组织、女权组织、环境组织、激进政党和青年人——尤其以音乐为基础的青年团体,如朋克、B-男孩、拉丝特法里崇拜者和金属头——都利用媒介和他们的社会网络支持反霸权价值观和生活方式。

另外,思维方式总是有反射作用且贯穿于一个复杂的,有时是矛盾的意识回归中。例如,蔓延甚广且有诸多专门机构的“对毒品说不”运动,由于媒体长期坚持而约定俗成地把毒品作为解决一切问题的灵丹妙药,而被抛到了一边。非法毒品也年年通过各种艺术形式特别是音乐而得到颂扬。一个波及全国的“性安全”运动并没能遏制住冒险性行为的浪潮。其部分原因就在于大众传播媒介一边展示着“魔术师”约翰逊满脸堆笑的照片,一边滔滔不绝地讲着恶魔才在乎性的理论。联邦政府最终承认美国年轻女性的性活动在20世纪80年代急剧上升,尽

管到处都是反艾滋病的广告。

协调很好而大规模发起的商业战役并不一定就能成功。美国商业就有其惨痛的失败记录。这种记录可能仍要以20世纪50年代被大规模推出的臭名昭著的福特艾舍尔车引诱消费者的失败为最好的代表。最近,微软不能出售被认为有创新的,对用户友好的互动软件"鲍勃"。我们可以列举出一百万个例子,涉及受众—消费者抛弃主流意识形态和主流文化不得不提供给他们的东西。

但是,当我们把媒介和文化产业置于一种和受众的"我们—他们"的平衡状态,我们就创造了一种错误的对立。对主导意识形态的抵触情绪(达到我们可以说这种事存在的程度)
也源于文化产业内部。霍勒斯·纽科姆和保罗·赫希就指出: 72
与资本主义意识形态统一体相反,电视节目中实际强调的是"矛盾和冲突而不是协调一致"(1987:62),正如我们在前面列举的辛普森的例子中看到的。在今天全球性的因特网连接的环境中,传达反霸权信息的渠道与从前相比,处处可得,就像在绿色和平/壳牌和麦当劳网站这些例子一样。

霸权机构之间的意识形态冲突怎样发展起来?有一个最近的著名例子,是具有良好公众形象的美国最流行的电视谈话节目《奥普拉》女主持人奥普拉·温弗雷与美国牛肉产业之间的僵局。在她的谈话节目中,听了专家谈论牛羊肉如何培养制作以后,奥普拉大吃一惊,直视镜头说,"我永远再不吃汉堡包了!"后来得克萨斯州的牛肉业为她的那句话而起诉她,并声称在她的节目向全国转播后的两年内,牛肉业遭受了340万美元的损失。法庭支持奥普拉·温弗雷。这次冲突表明强大的、内部关联的产业(汉堡包连锁店是在电视广告上花钱最多的企业之一)如何的不总是一致的。理论上这些产业应当联手建设能给双方刺激最大利润的意识形象系统。牛肉业被这次严峻的考验所羞辱,这当然不是因为奥普拉在审判期间,为了在那些农场主自己的地盘上与他们作对,从而获得她的那群崇拜者的支持,将她的谈话节目从纽约搬到得克萨斯。

这种将矛盾通过电子设备放大的现象,存在于所有意识形态和文化语境。最近,在中国,许多新闻记者有自己的电子邮件地址,他们正用因特网越过官方宣传并进入国际新闻报道(拉特汉姆,2000)。在种族隔离期间的南非,种族冲突在政府的电视谈话节目中从来没有讨论过,但是却经常有规律地作为外国题材节目出现在美国电影中,定期被国内电视系统的进步思想家们在电视上播放。

经济体制自身培育的特权也可能破坏其意识形态。比如,菲律宾独裁者费迪南德·马科斯在与特德·科培尔的“夜晚专
73 线”交谈中,正当其对自由资本主义大加鼓吹时,因卫星系统合同期满而被迫中断。当时,从马尼拉传来的图像成了漆黑一团。1999年,随着北约的炸弹雨点般地扔到南斯拉夫领土上时,欧洲联合卫星(以巴黎为基地的欧洲通讯卫星)不断转播塞尔维亚电视台的节目达数月之久,为米洛舍维奇的武装力量反对北约利益提供了南斯拉夫内外的非常重要的信息。

媒介业产生的反霸权信息呼声可能很高,无法一一指出。例如,好几部好莱坞影片直接触及了媒介自身权力的问题。最近的几部影片是《楚门的世界》、《明日危机》和《发疯的城市》。其他著名的有关媒介权力的电影评论有《在那儿》、《广播新闻》

和《网络》。

结　　论

我们必须十分小心谨慎,避免使社会抵制霸权活动浪漫化。任何社会的意识形态霸权都部分地依赖于这样一种信念:即不同意见表达的空间总是有的。资本主义制度和共产主义制度都有自己的创造这种信念的机制。因此,霸权总是在建构之中,它永远不能最终完全地到顶。霸权是相对有权者对相对无权者进行社会统治的永不间断的过程。霸权的牺牲者们意识不到他们正受意识形态的压抑。因此,资本主义民主可能处于霸权状态的最隐伏危机的状态,因为多数公民认为“我们有权选择我们的政治领导和我们想买的东西。”确实,民主表达和修正问题的喧闹的方式表现为粗俗、不稳定,甚至骚乱,而实际上,恰好是这种(很明显公开的)过程最终达到稳定和持续的统治。

在人们拥有政治投票权的社会,明智的做法是,如果社会状况有问题,则错误是*他们*的;通过合法的政治程序修正问题则是*他们*的责任。例如,别担心主流媒介只为主要政党的政治候选人提供时间和场所,因而故意将选民的注意力从激进的左翼或右翼提出的刺耳的解决方案中引开。别担心几乎没有多少小企业会出得起钱广泛宣传它们的商品与服务。在许多民主国家创造出来——美国与英国是两个突出的例子——是一种为选民和
消费者的“选择的幻想”。批评家们说,这种幻想是让人们相信 74
并复制当局统治制度的东西。这就是“主导权的社会再生产”的意义所在。

然而,将象征性形象和交际技术影响看做只有负面价值、纯利用型的,这就有失偏颇。这种观点不能看到人类交际的复杂而不可确定的特性。我当然同意约翰·B. 汤普森的观点,认为确实存在居支配地位的意识形态,并且它们形成观念,激发为社会统治机构利益服务的阐释(汤普森,1990:7;也可参阅本书第二章)。但是,正如汤普森自己辩解的那样,意识形态是"一个社会生活的创造性和建构性特征,它[不仅]维持和复制,[而且]通过包括正在进行的象征形态交换的行为和互动行为相互争论、相互转化"(汤普森,1990:10)。

因为意识形态必须被有效表征,其后果无法明确预测。我们不应该将展示和形成观点的力量等同于控制反应的力量。像所有的象征性展示、甚至最系统的和说教的变体一样,意识形态是源泉,它的重要性不仅通过表征显现出来,而且通过阐释和使用显现出来。*社会变迁,作为世界历史特征修辞,十分清楚地表明,意识形态是可以争论、可以商议的,不仅仅是强迫的,设定的。* 因此,个人、社会集团、国家和文化不应当被简单地看做社会统治势力的牺牲品。意识形态、传媒、社会活动都包含了一致和背离之处。在本书后面的内容里,我们将具体分析这些复杂而矛盾的东西是如何被组织起来,与社会权力发生联系,并整合协调地融入我们日常生活的时空文化环境中。

第四章

社会规则与权力

正如我们在穿过地理空间时脑子里需要有地图一样,我们在穿过社会的各领域时脑子里也需要有个行动纲领。我们之所以在大多数时候能够成功地完成在社会各领域穿越的旅程,是因为我们所遭遇的世界是相对连贯和一致的,我们能够非常熟练地辨认社会规定和模式,常常不须过多考虑我们在做什么,就能做出反应,并积极适应,甚至能够改变它们。如此巨大的社会活动的协合怎能成为可能?这种协合的结果又是什么呢?在这个过程中大众媒介究竟起了什么作用?在这一章里,通过讨论**规则**的概念以及它与前一章谈到的一些论题的复杂关系,特别是社会**权力**的运作,我们将试图回答上述问题。我将特别阐述规则是些什么;在象征性表征和社会实践中,规则是如何将意识形态与多种形式的权威联系在一起的。

规　　则

规则是一个几乎人人都熟悉的术语。规则经常告诉我们什么是必须做的,什么是禁止做的,或者什么事该怎么做。美国的每一个政府官员都在“罗伯茨法令规则”的原则下召集会议。法官执行法院的规则，而教师也有课堂的规则。规则使体育比赛、礼仪、交通以及其他无数的需要安全、公正、正确或效率的场合有规范和秩序。关于玩高尔夫球的规则，成为一个成功生意
76 女人的途径，建立核武器厂的原则和最大限度挖掘性潜力的方法，多有著书详述。统治者和激进派有规则，国王和家庭妇女有规则，清醒和混乱也有规则。以规则来打破规则，以更多的规则来对付违规者。虽然许多规则已编码化并通过官方渠道执行，但是大多数的规则都未能变成正式的规定。非正式的社会行为规则组成了社会的文化基础，这比比皆是。这样，规则在一些学术领域如人类学、语言学、社会学、政治学和传播学中作为一种中心的理论概念就十分自然了。但是，规则当然决不仅仅是学术理论家的领域。普通认知论——各行各业的人是如何开始熟悉他们的领域，以及如何按部就班处理日常事务和对付突发事件——也还是建立在规则之上。但，规则究竟是什么呢？

根据 18 世纪德国哲学家伊曼纽尔·康德的富有影响的思考，规则首先是一个有**制定权**意义的语词。这就意味着规则通过对世界的“预先解释”，为人类的思想和行为的可能进程提出建议——以一定的方式对社会现实进行构建、解释和规定。描述性规则（常常是含蓄的）告诉我们存在什么、程度如何、处于一种什么关系中。第二种规则是调节性的。规则在有组织的、规定的（建构的）社会现实中**规范**了社会行为，这是通过具体的方式引导和约束人类行为来实现的。调节性规则通常比制定权规则更正式更明确。制定权规则和调节性规则将秩序系统强加于所有形式的社会交往之中。

因此，规则完成了两个基本任务，它们指导社会思想和社会行为：(1)以很复杂的方式确认什么是正常的、可以接受的、最好的(制定权规则)；(2)它们还具体规定社会交往该如何来进行(调节性规则)。这样，规则使得人际间的协调，相互理解得以完成，而这是模式化的社会活动赖以生成的基础，同时又可推动有序的社会活动。例如，观看黄金时段电视节目几年以后，我们可能认识到人们在社会中有一定的职业角色(例如，更多的“白领”机会、更多的当老板的可能性、更多的跳槽机会)，或者有特殊的社会地位(比如，较少结婚生子的可能性、更多的钱、更辉煌的生活方式)。社会中的男男女女仅仅通过长期接触媒介形象，了解他们期待的什么样的职业机会，以及男性与女性的正常生活方式是什么。这些教训的获得部分地来自于制定权规则的结构力量。另一方面，调节性规则倾向于更明确、更具体。
汽车速度限制、学校服装代码和投票选举程序都是调节性规则 77
的例子。因此，调节性规则有时作为法律编码，但是不必有官方的支持。甚至男人与女人之间的谈话模式(谁开始讲话、谁打断谁、男女不同的音量，等等)也由调节性规则规范。

规则建构而不决定我们理解的象征性表征以及我们经常碰到的社会模式的意义。规则反映文化价值观和意识形态——这些价值和意识形态经过具体社会行为的历史锤炼而被人们认同，具有合法性、确定性和超越时空性。规则是社会组织的已被感知到的思维模型——是社会行为者回首往昔、想象未来时，存留心中的短暂的指示物。正如眼睛的视网膜能够在物体本身从视野中消失后仍然能够提供一个物体的具体形象，从而使视觉得以延续一样，规则保护同样能超越时空的意识延续的框架。

它们构建了人们的认知图式和情感倾向，而这种情感倾向使人们能习惯性地组织、创造及发现日常生活中哪怕最微不足道的事情中的乐趣。正是规则在正常的社会行为中的根深蒂固的蕴藏，特别是那些不太明晰，人们习以为常，却又弥漫于日常生活的最为平凡和普通的地方的规则具有的规范能力，这使得规则影响力如此之大。

规则的权威性和调节性使人们为了达到“统一性，规律性和延续性”而“应当如何使行为达成一致共识”（埃德尔顿，1985:24,8）。当规则被广泛了解，而遵守它们成为一种共同的价值观之后，规则就“规定‘正确的’或‘得体的’[社会]秩序，而与之相伴的社会则以它为依据对社会行为进行评估”（克勒特，1977:8）。为了规则能有效地规定社会态度和社会活动，它们必须是“可跟随的”（希马洛夫，1980）。规则的权力很大程度上源于这样一个事实：就是人们选择行为的方向，而不是被强迫的。社会的行为者自己选择究竟是遵守、藐视，还是打破或修改规则。即使国际政治关系——涉及这个星球根本未来的谈判——也要遵守“游戏规则”（克拉塔齐威尔，1989）。冷战时期的核裁军就是这方面的最为生动的例证。

社会中的规则

规则帮助构建和永久性地保存我们人类世界的基本主题、
78 发展轨迹和色调。它们起作用的方式常常是微妙复杂的。*使我们社会化的决不仅仅是观念，而是观念的构成方式。观念与权威的联系方式。观念与我们的需要和兴趣的关系*。遵照规则，我们构建“与其他日常生活模式一样被人知晓并一样被视为理所当然的日常生活模式”(加芬克尔,1967:35)。而正是这种“理所当然”包含了深刻的、常常是无意识的对社会规则的接受。所有的交际经历都在“一种背景期待下发生,人们凭借(这种背景期待)……使彼此遵守他们实际上从来没有规定过其条款的协议”(73)。这些默许的协议规定了社会交往中最基本的、最实用的方面——比如说,彼此谈话时的音量和节奏。“知道这些规则以及日常社会生活的构成和重构的策略”构成实用意识的核心(吉登斯,1984:90)。在规则控制的社会模式下形成的对个人习惯和常规的相对可预测性,有助于人们在情感上感到安全(吉登斯,1984;1990;1991)。同时又强化了主导意识形态和文化的轮廓。

美国社会学家哈罗德·加芬克尔,通过他的学生在加利福尼亚大学和洛杉矶分校进行的一系列“违反规范实验”,展示了在假想的世界,常规和社会秩序之间的密切关系(加芬克尔,1967)。这个设想是向日常生活中的常规性假设挑战。通过故意地破坏“背景期望”和常规,加芬克尔的学生造成了社会混乱。一个简单的例子:当学生们在日常交往中被朋友问及“你好吗?”时,加芬克尔告诉他们不要顾及社会习俗(按习俗应该说“好,谢谢,你好吗?”之类,不管自己感觉如何,也不必真正在乎对方感觉如何)。学生们没有给予人们期待的回答,而是严肃地提出了一连串的实质性的问题,如很严肃地询问“你过得怎么样?”一种回答或许是:“你是什么意思?‘我过得怎么样?’身体吗?脑子吗?精神吗?”被这脱离理所当然交际常规的答案所扰乱,这位问“你好吗?”的说话人通常会感到十分沮丧甚至愤怒。这个例子以及类似经历,反映出的是常规社会行为的深层结构,以及在哪怕看起来最不重要的日常活动中我们按规范行动的承诺。

加芬克尔创造了一个术语叫人种方法论。这个术语并非指一种研究策略(它常被如此误解),而是指人们用来理解他们的世界以及构建他们的日常生活的“方法”。这些方法不仅是我
79 们生活世界的实际建设的根本,正如违规实验所展示的一样,而且是我们怎样看待这个世界和使之合理化的根本。社会行动者们通过以他们的有条理的背景期望来解释这个世界,使他们的经历规范化。我仅从我自己的教学经历中举一个例子,予以说明。几年前,我让我在威斯康星大学的学生设计并进行了一个“加芬克尔”的违反自然规范实验。为了完成这次任务,两个完全是异性恋的中西部的男生制定了一个合作计划。他们中的一人走进了一家珠宝店,站在柜台边,观赏珠宝。另一位男生,约二十一岁,跟着走了进来。他俩完全无视彼此的存在。他们好像完全不认识。后进来的男生请求店员帮忙挑选结婚戒指。在店员向他介绍了一些鸳鸯戒指后,这位青年不动声色地解释说,他要买的是两个男人(!)佩戴的配对结婚戒指。店员十分吃惊,胡乱地翻过周围的几个盒子之后,说他肯定能有办法。这位学生——顾客在仍然不动声色地看过其他几种有可能选择的商品之后,向店员道谢,说他还要考虑一下,然后走出了商店。这时,先进来仍留在店里的那位男生走到一个能偷听到店员们谈话的地方,听那个店员重述刚才发生的一切。那个店员向他的同事讲述刚发生的一幕,当他扮演那位显然是同性恋者的顾客时,他的声音娇滴滴的,带着娘娘腔,十分矫揉造作。店员重建

了被顾客搅乱了的假定世界。在重构混乱场景时,他重新确认自己听到的是合乎规范的同性恋者的话语,因而,他的重构恢复了秩序。这样,他能够使刚才发生的一切重新获得合理性。

人们常试图用幽默来将被破坏的背景期望规范化。如有一次在墨西哥,我看到一位游客试着与街头商贩讲价的过程。这位游客"只出"300000 比索买一条海滨游泳用的毛巾。当他的妻子告诉他这个价值 100 多美元时,这位尴尬的买主收回了他开的价,并解嘲地说,"嘿,我们也许不得不用那个价来造就吸血鬼。"在幽默中隐含这样的企图,是一种策略,在社会交往中出错的时候,我们常用幽默来使之规范化。

我们中的大多数人在大多数时间都自愿遵守社会规则,特别是那不计其数的不言而喻的规则。社会就是这样运作和避免混乱的。没有遵守社会规则有时甚至被认为是病态的、"出现机能障碍的行为"。但在这里,我们必须非常小心谨慎。对机 80
能的评估必然带有偏见。机能正常或机能障碍、合乎规范或异常、稳定性或破坏性,这些行为意义的认定总是个人或群体根据自己的世界观及动机做出的解释。著名的社会学家罗伯特·默顿(1957)多年前就指出,传统的社会习俗经常有益于强大的次属群体,而非群体甚或整个社会。为了理解规则、它们的创造者、使用者、执行者以及它们的后果,我们必须经常问:规则对**什么人**有效?

不言明的规则尤其易受策略性的解释和操作的影响。正是因为这些规则没被正式概述或限制,所以,被破坏时就没有申诉或抱怨的余地。这样,它们能被用于压制和控制。我有一次参加了一个教员会,会上一名研究生助教被解雇,这倒不是官方的原因，即预算问题，而是他经常使用一种未被正式允许使用的交通工具——滑板——穿过整个校园去上课。显然，在讨论他工作的问题时，几位教员（请你注意，并不包括我，因为我有自己的滑板）已完全被他这种违背教师职业行为中未言明的规则的行为激怒了。由于规范性规则已深深地植根于日常社会交往中，所以，只有当它们所包含的不言而喻的要求被违背时，人们才会意识到规则的存在。

虽然规则遍布四处、影响深远，但它们决非是不变的、恒久的或普遍的。我所指出的言明的与不言明的规则间的基本差别表明了它们之间的差异能有多大。一些规则非常清楚明确，而另一些规则则含混不清；一些规则是针对某些具体情况的，而另一些则应用得更广泛一些。规则本身也随表述的重要程度和解释的严重程度的不同而变化。它们是有等级性的，有些人可以违背某些规则，而其他人则不行。有些规则相对而言是没有异议的，而其他一些却是经常有争论的；还有一些规则与另一些规则是相抵触的。

最重要的是，规则是可伸缩的。它们可被权力机构所操纵并为其目的服务，亦可被那些非权力机构创造性地利用。人们也不是一成不变地遵守规则。他们经常以利于自己的角度来解释、使用和改变规则。和电视节目、音乐、电影、文学以及其他通俗文化的象征艺术一样，在构建日常生活中，规则本身就是变异的泉源。正如约翰·B.汤普森所说：

> 81 在摄取各种不同的规则、习俗时，人们……拓展并采用这些图式和规则。每次运用规则都在某些方面涉及对某种新情况做出反应。这样，就不应该将图式和

规则的运用看做是一种机械操作,好像行为是由它们严格规定的。而且,对规则和图式的运用也常是某种选择和判断的创造性过程,正是在这一应用过程中图式和规则被修改或转变(1990:148—9)。

规则的例外

与规则的灵活性紧密相关的另一个重要概念是*例外*。一条规则在什么时候能被忽略、破坏或修改?又如何来进行?美国人种学家罗伯特·埃德尔顿认为平常规则被违背是与许多语境因素相关的,包括当时的情况(比如,一个人生病或兴奋时)、当事人的身份地位(如,富人与穷人、男人与女人、成人与孩子)和特殊的场合(如,宴会、假日、仪式)以及周边环境(如公共场合还是私人空间)。但是违背规则也不总是由于当时背景的原因。违背规则也有政治、文化、社会和个人的多种多样的因素。通过小说的虚构方式来重构现实,各种艺术家能够激发感情,刺激独特的洞察力。一次创造性的违背规则的震撼,一次与期望完全背道而驰的遭遇,都能引起人们的注意、刺激人们的好奇心。比如,保罗·布萨克(1976)就一直认为,人们喜欢马戏的根本原因在于它冲破规则。按布萨克的意思,马戏表演之所以有趣就在于人们期望中的日常生活模式被打成碎片,然后再创造性地重塑了一种新的、荒谬的现实。在马戏表演中一匹马可以愚弄驯马师,一只老虎可以骑在一头大象上,大象能够使用电话或坐在餐桌上吃饭,等等。

引起混乱的违规行为有时甚至是英勇的。虽然违规者通常会受到蔑视和当权者的处罚，但他们从文化意义上常常受到称赞。美国政府最近将它的最高荣誉——国会金质奖章——授予罗莎·帕克，一位在1955年的阿拉巴马公共汽车上拒绝给一个白人让座的黑人妇女，从而引发了全国性反对种族隔离的斗争。西方传媒创造了许多敢于打破常规的英雄形象。许多十分知名的电影明星（如，詹姆斯·迪恩、玛丽莲·梦露、马龙·白兰度、杰克·尼克尔森、艾迪·墨非）和流行音乐名人（如，甲壳虫乐
82 队、戴维·鲍依、约翰·柯特兰、吉米·亨得里克斯、[仍然最为著名的艺术家如]"王子"、麦当娜和玛丽莲·曼森）之所以拥有大量的观众，部分原因就是他们经常违背社会的和艺术的规则。职业运动员如丹尼斯·罗德曼和查尔斯·巴克利以愤怒的行为使公众对他们的着迷达到最高境界。职业的疯狂是打破规则的一个值得关注的现象。一位年轻的美国表演艺术家——丹尼斯·雷利发现，他现在所做的能赚大钱的事情与他在家和在学校所做的那些给他带来很大麻烦的事情是完全相同的。霍华德·斯坦恩已经把违反规则改变成了一种广播艺术形式。巴特·辛普森、比维斯和巴特赫德及"南方公园"是这种趋势的生动例子。

然而，故意违反规则是有限度的，即使对于那些通过当坏男孩坏女孩而赢得名声与财富的人也是如此。例如，当麦当娜把波多黎各国旗夹在胯下时，她可能想过她当时很酷、很不道德，但是甚至她的影迷们也很难原谅她的那种对政治和文化满不在乎的姿态（圣地亚哥·卢塞那，1997）。波多黎各与美国本土之间不和谐关系（被普遍认为是美国"领土"的"二等地位"，而不是一个国家，不是一个独立的国家）营造了一种语境，在此语境

下，这种对波多黎各象征的蔑视很容易被解释为一种不尊重和霸权行为。在许多波多黎各人看来，麦当娜的行为代表了美国本土上的人对波多黎各以及波多黎各人的剥削，远不是什么英勇的叛逆性的艺术表达形式。

克林顿的性丑闻：违背道德规则

> 克林顿是一个极富个性的健壮而精力充沛的年轻人，我确信女士们跟他在一起只能为他疯狂。
>
> 美国福音教牧师，作家，总统顾问比利·格雷汉姆

> 美国真是一个奇妙的国家！每一位妇女都能感觉到，她可以推翻世界上最强大的男人。
>
> 荷兰女性交际学校 学者 杰克·赫姆斯

当社会规则被破坏时，丑闻就开始了。而这种违背规则的
行为则成为人所共知的事情。在当今的全球性的媒介技术化符 83
号化的环境下，这种罪行有时成为“媒介的丑闻”（罗尔和辛纳曼，1997）。媒介丑闻是现代新闻业和媒介表演的主要产品，尤其是那些政府对新闻干涉比较少的地方。在那儿新闻作为一种商业产品以攻击姿态开辟市场。这种感觉主义的趋势并不产生于20世纪的道德、政治和媒介。“罪恶与腐败”的新闻对于世界上第一家真正的媒介——19世纪30年代纽约“便士报”极为重要。自从那以后感官新闻一直吸引着关注各种类型媒介的受众。

当反映主流道德的社会规则被破坏时——即是说，当普遍

接受的社会行为规则被打破时，媒介丑闻便应运而生。揭露出来的细节必须通过传播媒介广泛流传，有效地编成故事，然后激起更大的兴趣和更激烈的讨论（罗尔和辛纳曼，1997：11—13）。这样，一个媒介丑闻并不是媒介创造的，而是与公众想了解更多的渴望相伴随的事实、无证据的供述及形象之间短暂的互动创造的。在美国，20 世纪 70 年代“水门事件”的非法闯入和掩饰——一种重罪性质的犯罪和极大的政治浪费——成了一种媒介丑闻的原型。它导致前总统理查德·尼克松辞职，还确立了政治性质的媒介丑闻的标准。20 世纪 90 年代对 O. J. 辛普森的审判是另外一个著名的媒介丑闻，尽管很大程度上它仍然是美国挥之不去的事件。但是，随着上个世纪临近尾声，世界各地的人们都听说，发生在前美国总统与一个卖弄风情的、胸部丰满的白宫年轻实习生之间的性冒险，这已经成为目前为止最为壮观的媒介丑闻。电视上出现莫尼卡·莱温斯基在公共接待处拥抱总统的录像带片段，毫无根据的说法四处传播，前总统否认一切（但是从他眼中我们可以发现，从一开始他就不清白），观众的胃口被该故事吊了起来。

克林顿的性丑闻逼迫美国人至少从三个方面反思社会规则的破坏。他们首先用领导人的个人道德来评价他们的受欢迎的政治领导人。在一些不仅涉及性而且涉及其他永恒的诱惑和使人妥协的根源——金钱的起诉案件中（莱温斯基事件仅仅是最近的事件罢了），一笔暗箱操作的房地产交易和一系列的金融
84 违规活动——包括一项指控克林顿的资金募集人正与中华人民共和国做交易——使得这位总统在性丑闻谣言四起的同时更加陷入窘境。因此，随着总统的第二任期的开始，在他能够平衡财

政预算（而不是他的睾丸激素）的同时，其他的事务正从道德政治上成为问题。

其次，这次性丑闻引导人们反思他们自己的道德价值观念和历史。几乎人人同意克林顿一直在“欺骗”他的妻子。许多人说那不对。但他们自己又如何呢？社会学家很快做出反应，指出在一个一次性使用的工作、朋友、配偶和孩子的社会，婚姻的不忠在美国和其他地方都很普遍。如此一来，丈夫、妻子、家庭不得不以某种方式对待他们自己的道德标准、道德期待和道德行为，其后果就是媒介对白宫幽会的报道。

违反道德的第三个层次有其最为复杂的暗示意义。至少，隐约地，美国人对他们选定的官员（若不是自己的话，有时是他们的同事和邻居）有清教徒式的道德期待，这主要形成于美国的犹太—基督宗教遗产。这种道德标准反映并写进了国家大法——美国宪法，而且所有法律以此为基础。美利坚合众国的总统代表着一个一贯标榜道德优先的国家，尤其在外交政策上更是如此。总统对道德行为的背叛不仅把总统本人，而且将对国家的信任推向危险的边缘。因此，在这次媒介丑闻早期的关键时刻，即克林顿面对电视镜头，以一种不可指责的权威的姿态将头偏向侧面，藐视地晃动手指头，板着面孔说：“我与那女人……莫尼卡·莱温斯基没有发生性关系。”这个时候，许多美国人真想相信他——并无必要为了他，而是为了这个国家。当然，克林顿的声明后来被证实是错的，除非你像前总统一样，不认为那些“爱情鸟”在白宫的所作所为是“性关系”。而当比尔·克林顿的个人信用被击碎时，紧随而至的是美国在全球性政治事务中的角色的负面反馈。在同一个星期，克林顿总统有关萨达姆·侯赛因和穆萨玛·卡扎非的道德评价显得尤其空洞傲慢。

当美国人和世人了解到,克林顿的否认与莫尼卡·莱温斯基的性交是个谎言时,很多批评转而集中于已经被人普遍认为
85 更有问题的对道德的违反——在合法的宣誓中说的谎话。美国人感到他们不再能够以媒介的眼光看待他们的总统。不只是他个人名誉扫地,这个国家也遭受了损坏。尽管如此,甚至在他的道德和法律过错被暴露以后,这位总统的最后一句为自己辩护的话居然本身就是一条道德声明:要做的"正确的事情"将是"集中精力做美国人民要求我做的事情"(在此过程中,以此避免回答有关丑闻的问题)。最终,克林顿的性丑闻,如果同情一点的话,变成了一个令人着迷的故事。通过它,美国不仅判断它选举的总统的道德品质,而且还包括这个国家想象的道德人物生长的可行性。①

因此,这次丑闻的最重要的后果并不在于个人和政治,而在于意识形态和文化。媒介丑闻通过把公众人物的"幕后"(私下的)事情转到"台前"(公开的)知识的方式,打破权力的特殊地位(汤普森,1997)。正如克林顿的性丑闻清楚表明的那样,这种揭露对于每个人都可能带来强大的压力。但是,最终这种媒介化的透明度为那些通过政治经济文化力量影响我们的人辩解,而这些力量本身是通过接触媒介赢得的。如果我们允许政治家、体育运动英雄、电影明星、亿万富翁商人、流行音乐人和皇室成员完全决定他们被观察和思考的语境,那么,我们将会错过我们应该知道的许多事情。也许,比有权人造成威胁更麻烦的事情是,媒介机构和受众首先授予他们的名人地位(格隆贝

克,1997),尽管在戴安娜案子中,我们感觉与她的正面的亲密也产生于媒介的不断注意力——想要的和不想要的——她所得到的。

公众对于这种或其他丑闻的胃口,不应当被理解为某种对不能言明的事物的恶意兴趣,而是个人的和集体的反省。克林顿事件及许多这样的媒介丑闻的魅力和影响,最终依赖于理想化的道德期待与真实的人们的不那么光彩的日常生活领域之间的不连续性。这种道德期待通过明确的和暗示的规则、法律、习俗和准则被记载和理解。理想与现实、道德与欲望之间的令人难堪的处境,正是比尔·克林顿、莫尼卡·莱温斯基及美国公众在 1999 年发现他们自己所处之境地。

规则和文化

规则以及违反各种各样的规则必然地是文化的事件。传统 86
文化本身基于规则系统。克林顿性丑闻最能激起兴趣的一个方面是全世界的人们想象它的方式。这个丑闻被解释的方式决不一致。具有讽刺意义的是,世界有许多人发现,对青年人才可能有的性爱冲动及其荒谬后果的质问有可能毫无顾忌地侵入美国总统私生活。在墨西哥,政府腐败已经成了生活的方式,人们不相信他们的强大的北方邻国的总统会受制于如此的公众嘲弄,因为那看起来只不过是私人行为的小小的闪失罢了。克林顿被巴西的一个致力于平等,影响力不断增大的女权主义运动组织轻描淡写地誉为“年度男子汉”。据说许多俄国男人庆祝这位总统的性征服,而这是作为其性能力令人难忘的展示。

但官方的规则却常与实际使用中的规则相抵触。例如,在巴西(通常在整个拉美),红绿灯和车道标志对正确驾驶都没有法律上的强制作用,而更多地被理解为仅是建议。在里约热内卢,机动车驾驶员遇红灯时一般不会停车,除非确实从左或右有另一辆车超车上来。而当主车道上的司机要穿过支路时,不管他的前方是否是红灯信号,他都拥有优先通行权。然而,依据官方对优先通行权的规定,由支路进入主干道的车辆在接近十字路口时都必须按喇叭或闪头灯以提示迎面而来的司机他将进入十字路口。这种在巴西有关驾驶的例子说明了在大多数情况下规则都是可违背的。但这也以规则为基础,因文化背景的不同而各异。我的一个委内瑞拉学生就讲到了一个关于驾驶方面的文化差异。这个学生前不久在德国度假,一天深夜,她的德国房东开车行驶在一个小镇外的路上。当来到一个偏僻而在可见的数里内又无一辆车的交叉路口时,她的德国房东却坚持要等到红灯变到绿灯时才肯通行。在委内瑞拉文化里,官方的规定可
87 以有很大的创造性解释的空间,因此,这位学生怎么也不能理解为什么她的房东不愿穿过红灯。这种文化间的冲突还远不止这些。德国法律还规定任何人不系安全带就不得坐在车里,即使在车已停好、发动机已关闭时也不得例外。一个文化不仅以其官方、非官方或非正式的规则为特征,还以它独有的遵守或违背规则的固定模式为特征。

同时,规则的制定者和规则使用者/违反者的关系如何,在很大程度上影响着违规的动机和由此产生的行为模式。人们对规则的反映方式,很大程度上说明了人们对生活于其中的社会的感觉程度。在里约热内卢,这种汽车司机闯红灯的行为在一

定程度上是由于他们首先不大尊重在那儿设置交通灯的政府。巴西的交通灯常常出现在极不合理的地方，这使司机们想起了当局的无能，这是他们平常最反感的。在巴西，交通灯象征着政府的无能，就如交通灯并不能控制车流。警察如其他人一样违反官方规则。有时，规则实施更多依赖的是管理者与违规者之间的关系，而不是政府与违规者之间的关系。在意大利的佛罗伦萨，街边的非洲小贩们在警察巡逻时不得不收起他们非法展卖的太阳镜、非洲帽、小饰品，离开销售点；但警察一走，他们马上又回到原地开始叫卖。如果警察假装关心，小贩们还会向他们微笑并挥手。这样，禁止街边摆摊的规定并没有执行，但作为社会权力游戏的一部分，有一条规则表面上必须遵守，这就是公众必须象征性地尊重权力机关。于是，官方规则与实际上实行的规则之间的不一致就或许有些意味深长的政治和文化的暗示。比如，在一些东欧的前社会主义国家里，人们已经意识到处于最高层的官员们并没有按照他们制定的社会平等的规则来行事。正是这双重标准一般被认为是对社会规则的深层的违背，它暗地里助长了社会各阶层的违规和腐败之风，同时还使人们完全不相信政府及其法律、法令。

在所有的文化中，规则都根据不同的情况有不同的解释。严格按字面上规定的规则行事的人往往会冒这样的危险，就是变成一个“判断傻子”，而不是一个“有能力的规则使用者”（加芬克尔，1967）。规则的每一次使用就是一次新的解释。正如埃德尔顿指出的那样，规则的创造性地使用往往为个人利益所驱使。他称这种有动机的使用规则为“策略性互动”。人们充分利用规则为他们的利益服务，或为他们的社会关系利益服务，

视情况而定（埃德尔顿，1985：13）。遵守官方的规则还是遵守
88 一般已被接受的行为方式，只是一种选择。规则的涵义决不仅仅是要求、限制和命令。它们是人们用于选择一定行为方向的图式。

世界上最为著名的违反规则的情形是巴西一年一度的狂欢节（也请参阅第七章“狂欢节文化”）。恰好就在基督教大斋节前四天，社会行为通常的正式与非正式的规则均被随意违反。正常的社会限制和性的限制让位于一项心照不宣的自由和人人平等主义的规则，它导致“社会反转”的暂时表演（达马塔，1991）。巴西的有特色的社会地位和角色被颠倒了，特别是在狂欢节的象征性的高潮期间举行的桑巴学校（escola de samba）游行：在这种激进的、但界限分明的时间语境下，随着人们暂时地上升到象征性地控制巴西文化，男人可以变成女人，穷人穿着富人的服装，而富人欢呼穷人为贫民窟（favela）居民。[②]然后，规则可以创造性地阐释和利用，有时甚至直接违背制定者的初衷或规则的普遍意义。

89 可是，无论是做出的选择，还是创造出的社会交际形式，都不是随意的、民主的。虽然“策略性互动”（或者叫“战术规则”，参见罗尔，1990）恰当地突出了规则的可塑性，以及个人使用规则时的创造性；但不可否认，规范的规则具有一种特别不可抗拒的力量，左右人们的意识，影响人们的社会活动。因此，在考虑选择这一概念时——讲究规则使用者的阐释自由、想象发挥以及创造运用——我们还必须重视权力这一概念在规则的制定者和传播者中的地位和作用。我们应该了解是谁规定了什么样的规则和行为，以及规则的约束力与社会经济条件是怎样相联

系的。一个社会的结构轮廓及其包含的各种构成因素，都必然会反射物质和意识间的关系，而权力又是其核心特征。体现权力制度化渊源的规则是一类十分重要的规则。因此，我们将转向讨论权力问题。

权　　力

规则把意识形态的表征形式与权威联系起来，由此形成并促成主导意识形态（第一章）。这是许多社会规则的本质特征——具体思想和行为方向的发展与协调暗含着特定意识形态地位，它们的有效性取决于政府机关的可信度。规则表现权威并强化权威。但正如前文所述，许多规则之所以有合法性和权威性，不仅仅是因它们牢固地深入到权威组织之中，或者与社会的其他制度紧密相连。规则要能有约束力，对于社会成员来说，就必须有人情味，与文化相适应，于社会有益，或具有感染力。

因此，要对规则的权力进行分类或概括就不太容易。规则的影响力并非如传统的权力的定义："个人或群体迫使他人接受自己意志的能力"（吉登斯，1991：271）。建立在规则上的权力在现实中都是指导性的，但其结果也不一定就是压制他人。人们往往发现规则的框架很可亲。绝大多数孩子都希望有规则并能得到贯彻，这样他们才会感到有人在关心并爱护他们。雇员也想了解工作车间的规则并依其行事，以确保安全。虔诚而心甘情愿的教徒遵守教规。消费者寻求消费指南。

规则能加强人与人之间内在与外在的默契，促进社会行为 90

模式的形成。但我们不能将规则与行为模式混为一谈。规则本身并不是行为的模式,而是认知和情感参照框架,这种参照框架促进某些模式的建立与维持。行为模式是在日常交际中形成的。这样,形成的模式就是惯例,惯例最终就成了具有约束力的社会规范(希马洛夫,1980:110)。惯例指约定俗成的行为,社会规范说明应该做什么。总之,规则表现在日常的交际活动之中。在人们各种交际过程中生发、定型、最后形成的行为模式,变成了社会惯例。而这些惯例又反映了由规则构成、倡导的深层观念意识体系。因此,惯例常常被理所当然地理解为社会规范。所以,规则促进某些社会交际模式(惯例)的形成,交际模式又反过来强化规则(作为规范)。两者相辅相成,相互影响,如此不断循环。

音乐研究家查尔斯·汉姆(1983)的作品中有关殖民时期美国的宗教规定,即可视为一例。它告诉我们上述循环是如何形成的。18世纪的赞美诗是由热心的教徒演唱的,开始时歌声五花八门、嘈杂不堪。为了使这种无序变得有序,宗教领导人制定了歌本。歌本指导人们同时唱同样的调子和歌词。这样,就以独特的形式建立起了在宗教仪式交际方面的社会一致性——即依照权威宗教代表人制定的原则组织起来的合唱。宗教仪式本身也得到确立和规范,因而,唱歌只能在某些时间才能进行。许多教堂都被要求遵守一系列的规定原则,包括唱赞歌和举行宗教仪式。这些调整后的活动共同构成广为认同、制度化的社会惯例;这种以制度为基础,以规则为准绳的社会规范被系统地介绍给新教徒。通过规定什么是规范的教堂活动的形式和内容,宗教领导人才能将观念的东西制度化。同时,通过制度的确立和维持,保证他们的权威。

这样,规则影响力的核心就在于它们与意识形态观念如何
如此紧密,并且是形成权威的来源。另外,规则还是正在形成的
意义结构以及依赖于已经产生的理论和社会框架而存在发展的 91
社会关系的参照体系。所以,不言而喻,参加宗教仪式活动或其
他较松散的宗教行为,都至少可认为是心照不宣地参与了那设
定观念的再现活动,而正是这种设定观念确立了这种活动。

“规则”的根本地位是其具有权威性。我们常常听到这样的斥责:“这是规定”,“事情就是这样”,人们以此来为某种政策或行为辩护(从习惯到规范,从对行为的描述到对行为的规定,见克兰塔威尔,1989)。人们常常借规则之名来为某种活动辩护,或表明权威性。正如父亲在教育儿子时,总说:“因为我这样说,这就是原因!”在本地,我们往往可以很快就发现谁有权力制定并执行规则。而若非本地,有权力者是谁就不容易搞清楚了。

权威的边界

> 我相信这些孩子的父母认为这很不错,但我敢肯定地告诉你,绝大多数人都不喜欢接受一个四岁孩的指点!
>
> ——选自安·南德联合报建议栏目上的一封信。信中谈论的是如何用录制在电话上的孩子的声音来回应一些机器自动信息。

探寻规则在形成、宣传和执行过程中反映出的权威的边界,

能揭示社会等级及他们权力的表现形式。这些等级层次或以铁腕型的人物为代表，或以不同类型的社会联合为代表，或以更大、更抽象、包容万象的理据为基础。从最基本的形式上来看，控制规则的权威是由其生理条件决定的。比如，世界重量级拳击冠军可能通过施用暴力而将其意志强加在别人身上，因此而极大地影响他的社会（直到有一天，一个更强有力的法规将之绳之以法，投进监狱，迈克尔·泰森就是一例）。家族的男性、家长、老年人、年长的成员以及其他各种强力人物都能在自己的影响范围内建立起一定的秩序并将之维持。世界各地的父权制度都起源于前现代文化的角色差别。在前现代社会里，男性体格魁伟强壮，女性只是生儿育女的生理角色，这就产生了依据性别进行的劳动分工，并一直延续到今天。男性是家庭的支柱和保护神，其活动重心是在家庭以外的世界里。这种重大的责任
92 也为男人们提供了相对更多的自由和机会。劳动分工形成的男女社会角色差别，也造成男女在权力上的差别。这种差别使男人在许多重大的问题上占尽优势。

起源于生理差别的权威等级层次深深地植入公共领域之中。当今世界，男性主宰了经济、政治、宗教等方方面面，并互相竞争，冲突不断。不幸的是，正如艾·吉登斯毫不客气地指出的那样，似乎“由于惯于主宰和支配，男性对世界的态度，从本质上来讲，也是指导性的”（1991：229）。然后，规则的权力与社会角色紧密相连。科技发达的国家的首脑们可以向弱国动武，或可以镇压本国人民的造反。这也是一种制度化的父权制的表现。宗教领导人也几乎总是男性，他们在自己的圈子里温文尔雅地指挥着自己的信徒。大公司的董事长们则主要因为其地位

高、大权在握而备受尊敬。父亲在家里当然也是说一不二。这些人都合理合法地在某些意识机构里活动——政治、宗教、商业、家庭。他们推行的规则都在一定程度上影响着他们周围的社会,完全是因为这些人所代表的组织机构仍然存在并继续起作用。

在当今的工业化和后工业化社会里,许多最强大的社会组织(如跨国公司)完全是不允许个性存在的(但企业的媒体代言人在外——如男女演员、体育名人等,但他们的权威来自于通俗文化,而非企业文化)。有些企业,IBM 公司算是个典型代表,甚至要求统一服装,使每一个人都一个模样——— 所谓"企业形象"。你经常可以从他们穿戴的领带、鞋子和马甲认出公司的主管。军队把这种思想贯彻到了极端。尽管,所有的社会机构都有一时可见的个体代言人,但我们都被教导应把"公司"、"教堂"、"联邦"、"学校"、"军队"、"政党"、"法律"等视为合法的规则的创建者、传播者和执行者,应予尊重。所以,在现代社会的诸多领域里,我们对个体的信赖已远不如对社会制度和社会形象的信任。这是对"一个总体期望体系"的信任(见克兰塔威尔,1989:114)和对模糊权威生发的巨大潜能的信任。比如,在我们每次登机时,这种信任感就非常明显(吉登斯,1990:26)。

电子媒介的特权

当今世界上无论哪个国家,无线电台和电视台的演播室、发 93
射台都是属于最具价值且加以重点保护的技术设施。因此,大多数的商业电台和电视台都有巨大利润。有了转播的权利就像有印制钞票的许可证一样。在一些遭受政治动乱的国家，政府领导通常竭尽所能对传播设施实行军事管制。他们惟恐电信设施被革命队伍接管，因为那意味着对政权最严峻的挑战。照这样的极端情形看来，只要控制了电子媒介，便控制了整个国家。

*大众传播*这一观点实际上是一个重要的社会学概念。但是，即使在政权最稳定的国家，拥有和控制了大众媒体，特别是电子媒体，将意味着拥有了无可匹敌的社会权力。在现代化世界里，电子媒体属于最叫好及最有效的意识形态的传达者和社会准则的代言人。媒体所促成能影响整个社会的短期模式和长期习俗。商业广告使赢利激增，电视节目中的主题词小孩子都能背诵，以及随着流行歌曲唱片在广播或是音乐电视中播放后，流行歌手越来越多地参与电视节目现场表演，甚至连一般观众也能加入到电视节目中去。这些都是媒体真正影响的例证。

在那些比较发达的国家里，人们对大众传媒尤其爱吹毛求疵，并且愤愤不平，特别是对电视节目制作、广告以及新闻。尽管许多人对大众传媒颇多微词，但是，大众传媒仍然是最具实力的现代权威。举个例子，现在所有的高度发达国家里，绝大多数公民直言，他们信任电视报道胜过其他任何消息来源。电视能在可信任度测试中获胜，是因为它可视、迅捷和方便（于是人们习惯于使用它，进而形成了一种特殊的信任感）。此外，电视作为媒介，其可信度和人与人之间的人格可信度相互作用。技术性能与人的道德观念结合，创造了无与伦比的制度化合法性。

最有名的这种联合权威的例子是美国播音员沃尔特·克伦凯迪多年来在哥伦比亚广播公司享有影响力。他无人能及的人格魅力与公众广泛认同的最值得信任的新闻媒体——电视相结合，94
激起了亿万观众的自信。每天晚上，当他以“今天所发生的就这些”结束播音时，克伦凯迪已非常成功地将国际时事压缩到半小时的节目里，真诚地奉献给被他那慈父形象吸引的观众朋友们。

克伦凯迪如此传奇式的受人欢迎，能帮助我们从另一角度来了解大众传播媒介，即它是由男性主宰的一种权力。从某种意义上来讲，电子媒体是男性文化的延伸，它是由男性发明的。我们最先在收音机里听到的声音来自于工程师。他们用管子与金属丝的碰撞声来传递信号。过了不久，另一由男性主宰的世界——商业领域的人们认识到，一旦对收音机作一下技术处理，给他们带来的将是无穷的利润。电视作为收音机之后第一代成功的后继者，是作为一种商业媒介而诞生的。工程技术处理与商业相结合直接导致男性成为电子媒体的第一代主人。譬如：经理、导演、技师、调控师以及广播电台和电视台的节目主持人等等，都是男性。今天的电子媒体仍然继续以哪怕是最细微的方式拓展和膨胀着男性的权力。例如，百分之九十以上的电视旁白都是男声（意指当我们看着电视广告时那神秘恐怖的声音），并且他们断言，观众们并不会有意指责他们阳刚气十足的声音。观众们十分耳熟的声音，特别是我们在大众媒体都能听得见的声音，的确都是洪亮而清晰的。透过大众传播媒体所宣扬并已证实了的一系列具有意识形态倾向的信息来看，电子媒体的特权的确是一股令人折服的社会力量。

公众形象与个人习惯：媒介，规则与宏观/微观问题

电子媒介在当今规则控制下的社会互动中扮演着重要的角色。媒介帮助人们形成并维系规则及其内含的意识形态倾向，因为媒介独一无二的巨大技术能量极其有诱惑力的内容是迄今为止人们所发明的最有效的信息传播方式。大众媒介不仅超越了地理边界，而且还超越了阶级、种族、文化、政治、教育以及性征的界限，向人们传送娱乐节目和信息，传送的结果是向人们灌输和更新观念以及形成意义的方式。传播意识形态的总体思想，促进特定的观念的形成，并且排除异己，将意识形态变化与
95 权力根本相联，大众传播通过帮助规划受众的一些最经常的也是最重要的实践，进而协助构建和规范着社会现实。

规则连接了整个社会大环境，包括各种不同的中等社会结构，到最小最细微的、十分特殊的语境和社会行为。规则将公共活动与个人世界联系起来。因为涉及众多的人口，一些规则生成思维模式和社会行为模式。但是，我们所熟悉的环境，如生活环境、工作环境以及各种集会场所也同样受规则制约，有的来自于遥远的权威，有的则属于地方性的。有趣的是，规则跨越社会文化语境——从宏观到微观再到反过来——的流动；同样有趣的是，规则“流动”到哪个地方，人们便以他们的方式理解并加以利用。这种流动和融合有助于我们了解规则的制定者、宣传者、监督者以及阐释使用者是如何使规则产生作用的。

大众媒介有助于消除宏观社会与微观社会之间的隔阂。它将公众话题引入到它进入的私人环境中，在那里，它们会受到地方条件、价值趋向、社会权威以及当地现实的影响。在电子时代（汤普森，1994）公共领域已从技术上和社会上作了调整和重组。新闻便是一个很好的例证。正如安·吉登斯所指出："比起身边所发生的事来，我们或许更加熟悉发生在远方的事情，并将它融入到个人经验的框架中"（1984：189）。事实上，我们可称之为所有电子媒介的内涵。在组织各种经常性的人际交谈节目中，请上一些媒体偶像，实在是电视最起码的社会作用。但是，呈现于媒体上的信息之所以有用，不仅仅只是因为它唾手可得，招人喜爱。媒体的消费者们自己的兴趣爱好，以及在现实环境中对媒体信息的接受（包括无穷尽的微观环境）都极大地影响了如何理解和应用媒体形象效应。

规 则 透 视

尽管规则无所不在、坚强有力，但它当然不是所有事件的根源也不能阐释每一件事。例如条件反射、生存本能、不由自主的情感喷发、未经考虑的临时行动都无需受规则的要求或启示。
遵守、违背、漠视或是重构、擅用一种规则及其思想和权威结构 96
并不是一个因果过程，而是个人或群体在特殊语境下的一种选择，有时我们或许永远无法知晓个中原由。不过，从规则出发对社会相互作用概念化是使意识形态、权威和权力之间复杂微妙的关系理论化的一种十分具有建设性的方法。

第五章

媒介受众

97 介研究的资深学者之一丹尼斯·麦克奎尔以这样的方式描述概念*媒介受众*的历史：

> 在早期的大众传播研究中，在信息传递的线性过程的终端，受众这个概念代表信息的实际接受者或拟定的接受者。这种观点逐渐地被另一种观点所代替，即特定的社会文化语境下，媒介接受者愿意或不愿意影响自己关注的事物或者受自己关注的事物引导。（麦奎尔，1997：142）

在本章中，我们将通过讨论媒介传播的社会过程探讨媒介受众。20世纪30年代，自从收音机第一次成为一种大众媒介以来，学术和市场研究者已经对媒介受众进行过系统的研究。从那时候以来，在许多主要方面，受众成员使用大众媒介的方法没发生多少变化；长期以来，它仅仅使得研究者能够更好地描述电子交流源头与其阐释者/使用者之间的复杂关系。当然，技术与社会也在不断地变化着，这给任何试图描述和解释受众的人以更多的挑战。

对媒介广泛的社会影响——大众劝诱、信息流传、政治与消费行为和社会化——感兴趣的人才是真正的最先的媒介研究者,他们是社会学家、心理学家、政治学家和经销商。这些研究者的注意力主要集中于媒介内容的分类,以及累积的受众成员统计数量——由谁消费,消费多少? 98

从一开始,媒介说服人们的能力即是主要关注之点。早期研究的基本假设是大众媒介的象征性形象几乎自动地引发受众的一致反应。在给定的历史语境下,这种想法是可以理解的。试想社会进入电子媒介世界可能会怎样。到 20 世纪 30 年代末,在美国和其他许多西方国家,家家都可以购买一个漂亮的新玩意儿:一台收音机,它可以变戏法似的将新鲜而印象深刻的声音、观点、文化、娱乐和音乐带进家中。人们羡慕使用收音机,而收音机则成为居住场所的中心物品,恰好就像第一代黑白电视机一样,然后是彩色电视机,现在则是家用娱乐设备,包括最新的网络电视系统,这些物品占据了当今世界许多住所的中心地带。谁不曾想过收音机能激发听众注意并遵循从那个小小的盒子中传出的建议?当几年后电视闯入生活时,社会关注的范围扩大了。收音机能吸引并娱乐听众达数小时,而电视似乎能更长时间地对观众实施催眠术。

直 接 影 响

媒介受众研究的第一阶段反映了电子媒介作为社会中有力的劝诱性力量的强烈印象。不难理解,对广播电视的早期研究被称作“直接影响”研究。在上个世纪早期,电子媒介影响人们,这已经不用怀疑。那个时候的研究者只是随着影响链条从

“发送者”移动到“接收者”，将它记录下来以便评价这种影响。传播过程考虑两个主要因素：媒介内容和受众行为。一定类型的内容被认为可以引起可预测的社会反应。

媒介直接影响研究的一个极端重要的方法已经沿用了几十年，现在仍然是显示媒介内容与受众之间关系的最好的思维方
99 式。我在此借助于美国社会科学家早期进行的有关暴力电视节目对儿童的影响的经验性研究，分析这些社会影响已经是受众研究最重要的成果，这种研究依赖于直接的原因—后果理论模式和统计数据作为证据。这是因为在社会心理学家和传播研究者的实验室，通过内容分析，对原因或“刺激”（暴力电视节目）和影响儿童受众的后果或他们作出的“反应”（攻击行为），可以相对容易地加以分离或进行衡量。

通过研究暴力电视节目的短期和长期后果，社会科学家记录下家长们一直担忧的东西。这个研究群体逐步揭露了暴力节目主张进攻行为，这一点只能得到那些真正愤世嫉俗、对外界一无所知或与暴力妥协的人的否认（1997 年国家电视暴力研究；穆累，鲁宾斯坦和科姆斯托克，1994；国家心理健康研究所 1982；盖博纳和格洛斯，1976）。这并不一定意味着，暴力电视或其他形式的通俗文化*本身*导致儿童或成人实施反社会行动。媒介和通俗文化只是促成社会暴力的诸多因素的一部分，这些因素尤其包括不幸或充满暴力的家庭生活、糟糕的邻里环境和容易得到的危险武器。

世界各国的电视系统发展到今天，对能够播放的暴力节目数量及种类进行了严格限制。而美国媒介机构却缺乏这种管理。自从 1999 年科罗拉多州里特尔顿大屠杀案件以来，美国对

于暴力电视（以及录像节目、暴力电影、电脑游戏、说唱乐、重金属音乐）的关注已经极度上升。已经开始更加谨慎的产业调控，但文化产业极不情愿取消或削减能带来巨大财富的暴力产品。过去几年的学术研究揭示出，尽管有警告标志，但电视及其他媒介节目的暴力程度依然很高。除非超常规的政府干预发生，暴力程度会居高不下；而这种情况是根本不可能的。为了保护自身利益，产业部门经常性地叫嚣"言论自由"这一珍宝般的权利。

然而，除了暴力研究以外，媒介影响的"直接影响"模式当然不能够解释媒介技术化的人类交际的许多复杂过程。要检测人的思想和活动，或者要精确地了解媒介影响受众的程度，都是不容易的事情。当分析人类意识和行为的时候，与其他环境影 100
响相比较，我们怎样才能确定大众媒介的特定的影响？因此，研究者有关"媒介影响"的主张通常以相当模棱两可的术语加以表达。例如，他关于媒介对受众影响的经典分析中，约瑟夫·克拉帕（1960）总结道，媒介在强化人类已经存在的行为方面，比改变它们要做得更多。大众交际研究早期经常引用的韦尔伯·希拉姆的结论——媒介在有的时候影响某些人的某些事情——也许仍然最好地表明了媒介直接影响理论的复杂性和不确定性（希拉姆，莱尔和帕克尔，1961）。

有 限 影 响

最后，希望和担心媒介技术和信息完全地征服受众，这在很大程度上是多余的。很多年来，人们已经清楚，媒介的影响依赖于许多干扰性的语境因素。最为重要的因素是传播媒介本身由“一系列的社会关系调节，这些关系的作用是指导、过滤和阐释媒介经验”（麦奎尔，1997：8）。那就是说，人们调节媒介的影响。举一个简单的例子，试想一小群人正在看电视。一个吹嘘产品的商业广告出现在屏幕上。其中一位试用过该产品的观众，对其效果甚感失望，于是对着电视大叫，“你们都是一群骗子！”这个人为其他观众有效地“调节”了电视广告的信息，有可能限制了该广告从这群观众中获取顾客的潜力。社会的调节能力在其他情况下被证明也很有效。例如，家长们与孩子们一起观看暴力电视时，可以通过提问和批评的方式，限制其对孩子的影响力。家长们也可以同孩子们讨论电视上有关“对社会有利的”主题，比如相互帮助、同甘共苦，以便于强化正面的信息。教师们能够在课堂上使用录像和电视教词汇和思维技巧。这种社会调节影响还随不同的文化语境而不同，给媒介影响过程的不确定性增加更多的层次。[1]

媒介研究的第二次浪潮的历史反映了受众这种积极的角色。它不像直接影响观点那样令人悲观。因为，当人们以自己
101 独到的方式面对大众媒介时，它给人以信心。没有人说媒介不影响人。但是，正如人们首先想到的，媒介的影响不是决定的或绝对的。假如理解再深入一些，受众不再被理所当然地理论化为媒介影响的“受害者”。更复杂的理论观点被叫做*有限影响*。因此，无论媒介对受众的影响如何，都会受到其他因素的调节和限制。

当研究者们发现，人们普遍愿意用媒介来提高其个人及社会的利益时，他们就会采纳有限影响观点。例如，20 世纪 40 年

代的收音机听众，他们利用收听测验节目和肥皂剧，以获得解决个人难题的建议和学会扮演社会角色（赫尔佐格，1944）。收音机听众很快使用这种媒介培养好心情、打发时光、寻找伙伴、轻松地进行社交活动、得到娱乐和信息（萨奇曼，1942；门的尔森，1964）。阅读日报是成年人参与有意义的公众生活的一种方式（贝尔森，1949）。家庭利用黑白电视机播放的节目娱乐、招待来访者，提供集体娱乐节目（麦克道拉，1950），并作为谈资，激发想像力的动力，以及伙伴们交流的一个方面（里雷和里雷，1951）。在20世纪50年代对波士顿东段意大利人口的研究中，记载着家庭对于电视节目的讨论如何帮助人们确定和强化性别角色、解决日常难题以及责难社会机构（甘斯，1962）。

利用与满足

20世纪70年代，涌现了媒介受众理论的另外一种重要理论，它根本脱离了直接影响研究传统，脱离了着眼于媒介的负面影响。这被人们称作利用与满足理论。这种理论的支持者明确声称，人们积极使用大众媒介以满足他人的具体需求。根据这些理论家的观点，仅仅认识到媒介影响的局限性是不够的；更为真实的实际情况是，一种正面的观点应该用于受众行为。不问媒介为人们做了什么，利用与满足理论将此问题翻了过来："人们利用媒介做了什么？"（卡茨，1977）。正是从这种理论优势出发，很多国家的许多研究和理论化工作已经进行（参阅布鲁姆勒和卡茨，1974）。

一种利用与满足方法

102 我现在将展示一种利用与满足模式，它勾勒了一种有关个体受众为何及怎样使用媒介的思考方法。我们考虑的方法基于一种受众研究的心理学方法。我们将把注意力集中于人的需求和媒介为基础的方法，这种方法是人们用于构建满足这些需求。在整个讨论过程中，我们将批判性地反映该过程每一阶段的重要意义、各个概念以及我们用来描述人们利用媒介以满足其需求的术语。

需　　求

实质上，所有的利用与满足理论者们都主张用这个主要的心理学概念——需求——作为他们分析研究的出发点。他们都不可避免地将需求的概念建立在诸如亚伯拉罕·马斯洛(1954,1962)的自我实现方法和埃里克·埃里克森(1982)的性心理/社会心理综合等心理学方面的动机理论之上。因为需求是无法直接观察到的，我们只能推测它们的起源和形式。因此，向心理学家寻求其定义和结构将会是很有帮助、很有必要的。并且“需求”这一概念是心理学学科的一些重要理论构建的基础，包括认知的不和谐理论、社会交换理论、归因理论和一些心理分析理论等。

美国心理学家弗里德里克·塞缪尔斯将需求的过程作为一个心理学概念。他指出，生存(或生理)需求，如对食物、水和睡眠的需求等——是人类不可否认的基本需求。根据塞缪尔斯的观点(203),个人安全、社会归属和自尊等生理和心理的需求都是"与生俱来"的,而其他更抽象的需求概念,如自我实现、认知需求(如好奇心)、审美需求和表现欲望等,虽然在我们出生的时候没有清晰地表现出来,但它们都是人生经历的重要部分。再有,每种需求也不是独立存在的,一些需求包容或遮蔽了另一些需求。

"需求"这一术语暗示个体处于一种丧失的状态,比如饥
饿、饥渴,或对保护、个人安全、基本认知和社会稳定等最基本的 103
需求。毫无疑问,这些需求对个人的幸福是最基本的。但满足需求并不仅仅意味着填充生理或心理上的缺失。大多数心理学家认为人类也会要求自身去探索、成熟、超越和共享。马斯洛在他著名的需要层次理论中,就曾对这些高级需求作过讨论。当人的生理和安全需求已经得到满足时,这些高级需求就变得更为重要了。

不管需求在任何地方对人们有多么重要,但其形式却各不相同。正如英国心理学家洛姆·哈勒和他的同事们所说的:"就是文化的差异也是这种情况,由于差异,人们所注重的情感的种类不同,因此产生了不同生理系统的人们"(哈利,克拉克和德·卡罗,1985:7)。此外,他们还指出:"生理的需求决定了我们要吃东西。但文化的需求决定了我们的烹调方法、餐桌礼仪以及某些宴会仪式所代表的意义"(31)。文化不仅决定了需求的形成方式,也决定了需求的满足方式。比如,我们的"归属"需求,就是通过围绕家庭、民族、种族、性征、宗教、社会阶层和国家的体验和情感来获得满足的(塞缪尔斯,1984:205)。因此,一定文化中的社会经验增强了基本的生理和心理需求,并同

时指明了获得满足的途径。这一点是至关重要的,因为这意味着我们必须认真考虑需求满足的实际语境。正是在这种条件下,我们才会对大众传媒进行研究。然而,对于究竟什么是需求,它的起源以及如何满足的理解也就变得很复杂了。需求这个概念有时甚至还会受到利益的操纵。

除了基本的生存要求,人们真正需求什么呢?究竟应该从什么角度看待这些需求?为谁付出什么代价?谁来受益?如果有些需求是在社会环境中形成的,那么是否意味着人们的需求只是外部强加的呢?所有这些问题都包含在了赫伯特·马尔库塞经典的反资本主义需求批判著作《单面人》中(1964)。马尔库塞指出:市场力量总是引导我们相信与"真实需求"有很大差别的"错误的需求"。虚假的需求包括:

> 在压制中,将社会操纵者的某些特殊社会利益强
> 加到个人身上……不管这些需求能否成为个人自己的
> 需求,为他的生存条件所允许;不管个人是否能够从这
> 104 些需求中实现自我,获得满足。结果个人一无所获,只
> 是满足了他们的欲望。他们仍然还是开头的样子——
> 这社会的主导利益应该压制(马尔库塞,1964:5)。[②]

这正是什么是真正的需求在理解上的混乱,而广告商对此竞相利用。抛开马尔库塞观点中的政治因素,我们还是会发现这一概念仍然不尽人意。批判理论者们坚持如果我们学会(或"培养",吉登斯,1991:170—1)了多种需求,那不是没有必要去找出或分析形成这些需求的社会力量了吗?这不应当成为分析的焦点吗?菲利浦·艾略特在他对利用与满足理论比较中肯的批判中指出:主动的受众从本质上说还是一个受意识形态和文

化影响的**社会**角色:“断然否认关于主动的、有目的的受众的概念等于采用了十足的决定论者的观点……(但)我们有必要指出他将这些行为引向外部世界,而不是内部的心理状态”(艾略特,1974:255)。这样,人们有意识地参与“外部的”社会活动来满足他们的需求。例如,当人们试图满足他们对于爱情、社会接受或归属感的需求时,他们不断接受如何满足这些内部需要的建议。因此,在自我的内部不安与外部世界的组织之间,存在着一个动态的关系:“日常生活中人们倾向于什么,他们感觉到的是什么都是值得讨论的,他们的希望、害怕、梦想、焦虑、犯罪感、担忧等以及他们身居其中的社会关系和机构的结构特性,则是他们试图处理的”(哈利,克拉克和德·卡罗,1985:29—30)。恰好就是这种可争夺的情感空间被一些信息代理机构——如广告商——利用来施加影响,它们通过利用“不幸……恐惧,焦虑和个人愿望不满足所受损伤的方式”(鲍曼,1989:189)。接着就出现了广告的解决办法。以需求为基础的人类活动朝着满足和其他后果发展。对于任何个人而言,这个过程的发展方向,因其与一种文化的重要主题关联受到影响,而这些主题由社会化与文明的主要载体——大众媒介固定下来。

方　　法

> 在工作部门的野餐活动中,我再也没有要强迫自
> 己跟年轻人们在烈日下打垒球的感觉了。因为要保持 105
> “男子汉”形象的想法已经不复存在。我们应当注意到,保持“男子汉”形象的想法严格来说并不是一种真正的需求,而是我们错误意识的需求。然而,我们也可

以将它当作满足我们的自尊——这一真正基本需求的一种途径，这也是合情合理的。在我年老之后，我发现实现自尊其实有很多种途径（塞缪尔斯，1984：18）。

在这个小故事里，弗里德里克·塞缪尔斯对需求和手段，我称之为“方法”，作出了至关重要的区分。方法这个概念十分重要。回顾我们在上一章有关民族方法学的讨论，方法指人们用以建构其例行活动的基本的、有目的的和井然有序的方式。我们都有为了完成个人的和社会目标的方法。为了强调这个以目标为导向的社会活动的策略性与系统性方面，我宁愿用“方法”而不用“手段”。

在研究媒介受众的利用和满足理论途径中，*方法是满足的手段*。在上述所给的解释中，方法包括一个认知计划（保持一个“大男子”形象）和一项活动（打垒球），二者均为满足一种需求（为了自尊）而设计。像这种类似的方法可能或不可能被有意识地计划或认出。它们可能成功，也可能失败。它们经常被修改。另外，许多人类活动——包括与大众媒介的联系——其动机并不是为满足某种需求。在接下来的几页中，我将会详述并理清这些区别，并给出几个例子来说明社会角色是怎样构建方法以及如何为了各种不同的目的来使用媒介的。在我的理论分析中，我将会依照以心理学为基础的利用与满足理论的一些基本假设，但这种分析方法并不能代表我的全部观点。我不会将这一讨论限制在对认知过程的分析之中，这样好像这些心理过程的产生不受意识形态和文化的影响。如我在整本书中之一贯主张，分析微观社会交际过程与社会结构相互作用的途径才是理论的中心旨意。将重点放在方法上，我们才能真正在分析的意义上对社会结构和社会行为进行细致入微的综合阐释。

为了销售他们的商业产品，媒体广告的赞助商们总是试图混淆需求和方法。*广告商们企图通过暗示一些潜在的成功的方法在受众的心中建立一种需求的意识*。何以见得？我可以举一 106
个电视节目里的简单例子来说明。近年来一家日本的主要汽车制造商做了一系列的广告，其主题就是一句口号——“你需要这辆车！”这是上述推理过程的一个典型的商业手段。他们反复暗示消费者“需要”这种产品，目的就是让消费者产生一种认为产品本身就是他们的需求的真实感觉。但是上述的这个例子中，产品（汽车）其实只是一种方法，而不是需求。在这一点上，20 世纪 90 年代晚期的日本汽车制造商铃木做得更直接，那时，它把该公司一系列汽车产品中的一种叫做“铃木自尊”。获得自尊有很多种途径，且并不是每种途径都是通过物质财富展示来实现的。例如，在无限的可能性中，自愿为红十字会工作的人，或者组织（参与）一次艾滋病慈善徒步旅行的人，或者帮助当地小学渡过难关的人，都会感到相当的满足。

广告印刷品，是另外一个明显的例子，反映广告商如何试图为了需求而替换其产品或服务。加利福尼亚太平洋贝尔电话公司将“人类基本需求”认同为食物、淡水和“电话”。被指代和利用的真正的心理需求是为了“社会归属感”，它能由人类交际帮助产生。这个“需求”当然不是电话。使用电话（直接给太平洋贝尔公司带来利润）仅仅是能被用作保持人际联系的一种方法。

为了故意混淆和“偷换”概念，广告商们极力宣称物质商品 107
是一种需求，这是他们的一种重要策略。加拿大人类学家格兰特·麦克拉肯(1990)对此有着独特的看法。他说广告商们为了推销他们的产品,就有意地塑造(或重塑)一些模糊的感情状态、社会环境和生活方式,而这些东西又被故意弄错位或遥不可及。他们的商品就被说成能够帮助消费者获得(或重获)那些不可企及的东西——美好的过去、光明的未来以及可选择的现实。消费者所购买的商品被吹捧成了到达这些理想的"客观联系物"——"购买[能]使消费者通向遥远的理想"(麦克拉肯,1990:116)。对这些理想的狂热追求会使人们不断地寻求自我满足。就像安·吉登斯所说的:"自我实现被理解成了对某些商品的占有和对虚假的生活方式的追求……消费永远新奇的商品在一定程度上成为了真正自我发展的一种替代"(1991:198)。这样的结果很明显,如麦克拉肯指出,"自从介绍的那一刻起,新产品就开始要求相关的另一些新产品。于是,当一个人接受了第一个要求后会发现接着还有上百个其他的要求……越来越高的消费水准被看做是快乐的源泉,而实际上它们只是一些枯燥、无聊的满足"(1990:125,128)。或者像西格蒙特·鲍曼所说的那样,广告商们传达的主要信息是"首先,如果你能帮忙,不要拖延满足。无论你想要什么,现在就试着得到它,因为,你不可能知道今天可以满足你的明天是否仍然让你满足"(鲍曼,1996:25)。

为了我们在此讨论的目的,要点是:大众媒介总是不断地暗示满足人类需求的方法。方法有时会被用来代替需求,意义也从真实错移到理想。这都是整体策略的一部分。通过这一策略不断地刺激消费者产生焦虑心理,然后提供大量能赚钱的短期的物质解决方案。这些受资助的形象积累起来甚至可以表征特定的文化标准。同时，这些形象也有性别的区分。女人被告知她们需要某些东西而男人则需要其他的。但是我们知道，受众并不会毫不挑剔地接受这些文化表征。最后，正是大众媒介影响思想和行为的能力与个体应用媒介和象征资源为其自身目的服务之间的矛盾和张力，才是我们的媒介、交际和文化理论必须探讨的。

方法和需求的满足

让我们仔细研究“方法”这个概念。方法是社会角色（有时 108
是无意识的）为了达到满足需求的特定目标而设计和实施的认知策略和认知行为（图表 5.2）。

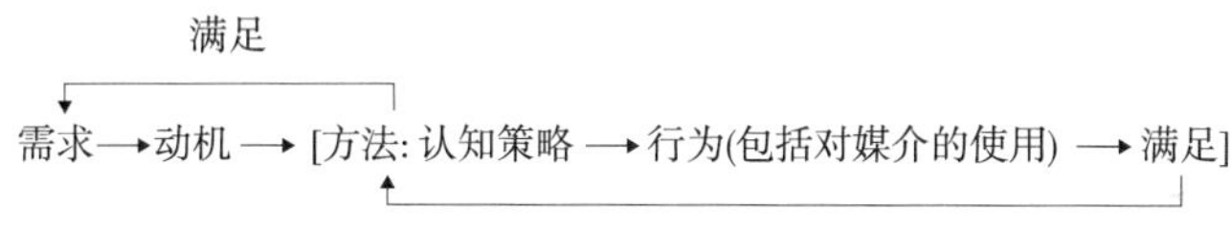

图表 **5.2**　方法—满意/需求—满足模型

人们总是为了各种社会原因求助于媒介。这种调整过的经验很明显的让人非常满足。经验研究显示，在日常生活的非常广阔的范围之中，人们在心理、认知、情感方面与电视、电脑以及新型媒介互动，似乎这些媒介与“真实”的没经调节的社会交流一样真实（里夫斯和纳斯，1996）。这种倾向许多年以前已经理论化为“超社会互动”——有调节的人际互动感觉恰似无调节互动（霍顿与沃尔，1956）。比如，如果一个人感到很孤独，想与人交往，但却在社交场合中感到很害羞和压抑，他或她就会转向媒介寻求一种替代性（超社会）的交流与需求的满足。显然电视是一种选择。肥皂剧明星、新闻播音员以及谈话节目主持人接收到来自孤独观众的上吨重的文字邮件，这些观众利用一定的电视节目与他人交流互动。因此这个人就有可能试图用超社会的交流（方法）来满足社会归属的愿望（需求）。如果利用大众媒介来达到这一目的，那么这就是对媒介的一种“利用”。利用是方法的一部分。[3]

但是方法不一定都有效。比如，往往会出现这种情况，媒介行为的最主要的后果（例如，通过观看电视节目所获得的社会交流）就不能为受众充分相信。这会鼓励受众们尝试其他的方法来达到同样的目的。拿利用与满足理论的术语来说，就是观
109 众求助于“功能性选择”。这就有可能导致选择其他的大众媒介或参与非媒介性的社会活动。大众媒介、人、因特网、聚会、电话、毒品、甚至睡觉都是潜在的需求满足资源。因此看电视、写电子邮件、听音乐、参加聚会、浏览某个网站或给某人打电话都是这种或那种“利用”。选择其中任何一件事情都可以满足一种或更多的需求。一个人在成功之前会尝试多种选择。所以需求的满足有两个阶段。首先，行为必须满足方法的内在需求。然后，方法（通过实施行为来实现）必须能够满足需求。

为了更进一步地解释需求满足的过程，让我再举几个其他例子。一位有责任感的父亲或母亲可能认为，一种能满足归属需求的方法会被其他家庭成员认为是一位好父亲或母亲。于是，这位父亲或母亲就会安排各种各样的日常活动来使之获得认可和赞许。这就是对实际行动的有目的的一种计划——一种方法。电视就能被利用来满意方法和满足需求。因为孩子们收看电视是在父母极大的影响下的一种行为。这样的角色表演可

以使人人清楚，父母是家庭团体中有价值的成员。

还有另外一个例子。一个人想满足自己的自尊需求。他为此目的所采用的认知策略是想成为文化领域的某个专题的专家（世界事务、电脑技术、流行音乐、时装等）。学习这些专业知识潜在地使他掌握一些重要的、有价值的、甚至急需的信息。能够被用来实现这一目标的媒介行为包括如订阅专业杂志、每天认真地阅读报纸以及收看一些合适的电视节目等。如果这些媒介活动能够成功地达到方法所提出的要求，那么，我们就可以说满足的第一个阶段已经实现。这个人已经成为一个专家。然后，这一方法的正确性将会接受需求的认知性考验，从而满足自尊需求。这个人经常会无意识地考虑这个方法是否奏效。因此，也就会产生两种类型的成功或失败。首先，这个特别的活动可能或不可能成功实现一种方法。其次，方法本身或许会或许不会满足需求。

人们怎样利用媒介来满足他们的需求仅仅受到想像力的限制。比如，他们可以利用电视表现其经历与情感，建立与他人的
共同基础，进入谈话，减少人际焦虑，设定谈话程序，促进传播价 110
值观念，建立身体与语词的联系；发展家庭的团结与放松身心，减轻冲突，维系关系，学习社会行为，做出决定，建立行为模式，解决难题，支持观点，传播信息，扮演强化角色，施加权威，过滤经验和促成争端的解决（罗尔，1980；1990）。这些用途非常重要，因为电视和其他媒介是家庭与其他观众群体的交际系统的至关重要的组成部分。例如，通过电视与其他日常家用媒介，家庭成员的权力不断地得到利用和挑战。谁控制遥控器，谁了解如何操作 VCR 或 DVD 播放机，以及谁制定观看计划，都是典型

的以性别和代际差异开始的(莫利,1986;罗尔,1990;普雷斯,1991),但也因不同文化而不同(罗尔,1988;1990)。例如,在像巴西这样的高度社会性文化里,电视经常被用于谈话、集体观看及社会导航:“在人们喜欢独处的文化中,电视能够加剧孤独。然而,在人们喜欢群居的文化里,它能导致更多的社会互动”(科塔克,1990:148)。

需　　要

人类并不是总有满足一种或多种需求的欲望才去与大众媒介接触的。我们也利用媒介来满足需要。相对于需求而言,需要就更是暂时的且对人的幸福来说也不是那么重要了。然而,它们召唤需要获得某些特殊行为的即刻的满足 。例如,一个人在家等朋友电话的时候,他或她就会将收看电视节目作为一种暂时的消遣。一些人会在吃早饭的时候浏览体育消息。还有些人喜欢做家务时开着收音机。在这些情况下,受众对媒介的利用很难被说成是对生理或心理需求的反应,这显得有点言过其实。这些行为其实都是受到了需要的刺激。需要是一种愿望而不是一种需求。需要所处的环境——它的文化特征和它的微观社会期望——都有助于它的形成。一个人的认知倾向的形成很大程度上受到社会期望和当地环境许可的影响。

111 虽然我们分别讨论了需要和需求,但我并不是说它们是相互排斥的,也不是说它们是人类行为的惟一基础。需要和需求应当被看做是一条线上的若干点,而这条线表征人类行为动机基础的一个视角。此外,尽管我只特别讨论了作为需要满足的资源——电视,但其他媒体与其他象征形式——尤其是如音乐和电脑——也通常用来满足需求，虽然它们的受众、语境和它的特殊用途与视觉媒介有着区别。由于它的无所不至和吸引力，电视和录像成为了一种形成需求—满足方法的常用社会资源。

功能主义传统

多年以来，研究者们已经记录了大量的有关受众成员个人与社会范围使用大众媒介的资料。对于过于简单过于悲观的“直接影响”观点来说，这已经是很大的进步了。今天，人们仍然在进行使用和满足模式的媒介研究，并且在交际研究的历史上保持着一个非常受人尊敬的地位。尽管这些研究产生了大量的经验性证据，尽管该观点拥有历史性的信誉度，但是使用和满足理论已经受到强烈的批判。为什么？

因利用与满足理论假设人们自愿利用大众媒介并从中获益，它常被认为与这种受到批判的观念相连，即大众媒介对社会产生积极作用。这一大众传播理论与功能主义社会学理论的关系可以追溯到20世纪40年代美国政治学家哈罗德·拉斯威尔所提出的四个部分理论。拉斯威尔（1948）宣称大众传播媒体为社会做了四件基本的事情：调查社会环境（新闻与信息功能）；对信息作出相关的反应（编辑功能）；供娱乐（消遣功能）和延续文化（社会化功能）。

功能主义的观点——在某方面与利用与满足理论相似——暗示，媒介是被社会中的个人用来满足他们的基本需求的资源。批评家们声称，这种关于人与大众媒介关系的思维方法是天真

的、具有误导性的，因为它将受众与媒体所传播的信息之间的联系简化到个人的和唯心的活动的描述。而这些活动，就整体来
112 说，被认为有利于社会的发展（艾略特，1974）。于是人们又通过检验媒介机构、赞助商和信息本身来进行更有效的分析。当考虑到媒体所有者及他们的赞助商的目标和行为时，媒体作为一种直接建议（如广告）和间接建议（电视节目的主题）强化主流意识形态和不平等的社会关系体系的手段也就很明显了。根据批评家的观点，当利用与满足理论和研究提出人们一般通过与媒介的交流来获得满足时，这也只不过仅仅证实了以上的观点。用社会学的观点来看，批评家认为受众可能在个人或人际（“微观”）的层面上对媒介经验施加非常大的影响，但他们要受到深层的限制，或被社会（“宏观”）控制。

在其经典文章《大众传播：一个社会学观点》中，美国社会学家查尔斯·R.赖特通过对一种功能“理所当然”的质问而使拉斯威尔的“媒介功能理论”更加全面地受到批评（赖特，1975）。他问道：“大众媒体对社会、个人、亚群体和文化体系所进行的审视、关联、娱乐和文化传递，它们有什么显露的（明显的）和潜在的（不明显的）作用和**反作用**呢？”（1975：11；着重点为作者添加）。赖特制定了一个详尽的方案来评判这些复杂的、相互关联的问题。他指出，假如媒体报道了某次自然灾害（比如地震）的详尽消息，那么整个社会就会做出积极有效的反应。在这种情况下，媒体发挥了其社会作用。但是，他还指出，同样的新闻和紧急警报也会同时对个人或小群体造成恐慌或“求生时的反社会行为”（如获悉灾难后的掠夺行为）。这就是媒介的反作用。大众传媒有正面作用也有反作用，这取决于受

众在何种程度以何种方式来使用它们。

大 众 受 众

> 尽管学术理论界与现实生活中的各种观点错综复杂，大众受众观点已经支配了我们思考受众的方式，也许今后若干年还会如此。
>
> 韦伯斯特和法伦 1997:115

到此为止，我们主要集中精力探讨作为*个体*的媒介受众。113
我们首先提出问题，单个的人是否直接被媒介节目说服或伤害。然后，我们阐明受众成员怎样作为“积极受众”有效控制其媒介经验，限制其影响。我们展示了一个利用与满足模式，它强调个人为提高兴趣而改善使用媒体方法的能力。

但是还有另外一种层次的“受众”我们必须考虑。受众不是个体而是有共性的一群人，他们通常有与媒介相关的行为或习惯。例如，当我们指代“电视观众”，或“大都市读者”，或广告的“目标受众”时，我们常常使用“受众”这个表述来描述这些人群。我们随口都能说出“受众”这个词汇，但是它却让研究者们头疼。在有些批评家看来，说一大群不知其名的受众的观点其实是不正确地暗示，参与媒介的人们除了是一大群面貌不清的人以外什么也不是。相互之间千差万别的人们被投入一个毫无差别的大池子里，变成了一个存在，一个大众群体，负载着消极的表征及内涵。“长时间泡在电视机前的”观众、肥皂剧（连续剧）迷、经常观看谈话节目（脱口秀）的人以及喝着啤酒看足球比赛的球迷，都是以这种将人当作受众的思维方式的经典类型。

当“大众”这个术语用于媒介——如“大众媒介”时——似乎造成的伤害不大，因为它指代传播硬件，跨越很远距离传递到大批人们的能力。强调的重点是技术的潜力，即使“大众传播”描述的是一个相当抽象的社会过程。但是当我们将“大众”用做形容词描述真实的人时——如“大众受众”——其重要性就改变了许多。尤其在西方社会，人们强调个人权利与自由，很少有人将自己看做“大众”的一分子。“大众”也以一种判断的方式暗示着社会阶级的差异；利用该术语把社会划分成精英与其余的人——绝大多数的平民大众。

大众受众变成了统计数据，可用于买卖。例如，当一个商业电视网想要说服一个潜在的客户做广告，它会尽力向观众吹嘘
114 它能做任何特别的节目。这种看似不人道的转换，即把有血有肉活生生的人变成统计资料的转换，变成了一位澳大利亚文化研究学者伊恩·昂（1991）有关媒介受众的一本书的讨论焦点。本书写于美国商业电视迅速蔓延欧洲之时，作者当时居住在电视公共服务体系发达的荷兰。她强烈地批评商业媒介产业建构并使用了“受众”这一概念。她尤其关注受众分级数据用作生产“虚构”观众的方式，而这些观众被广告掮客毫无良心地出售。

大 众 社 会

更让人沮丧的是，媒介受众已经与被社会学家称作的“大众社会”相连。随着过去两个世纪西方社会的工业化和现代

化，观察者们认识到社会生活的步伐和规模正急剧扩张。在此过程中，现代社会不仅创造着大众媒介与大众传播，而且创造着大众产业生产、大众教育、大众卫生保健、大众市场营销、大众品位以及大众的一切。而谁处在如此大众化过程的中心？当然是大众。他们身居何处？一个大众社会。

“大众社会”理论，起源于20世纪早期工业化过程中的西方资本主义社会的社会组织模式（奥萨利文等，1994：173），尤其在北欧和北美。这个理论认为，工业化进程中的国家由工人大军组成，他们过着孤立的没有成就感的生活。对于他们的工作和老板，他们就像奴隶一样，他们被迫离开自己的大家庭的护佑，经常从安宁的乡下移民至危险的城市寻找工作。他们就像原子一样被一些巨大的压迫性的物质结构囚禁着，而自己则无能为力。被单调重复、低收入、没有满足感的劳动所限制，与许多他们从前的有意义的社会关系相脱离，这些是“被孤立的群体”。著名的批评理论家卡尔·马克思（1975；1977；马克思和恩格斯，1970）认为他们将会发动世界范围的社会主义工人革命。那种革命还没有实现，但是大众社会理论对资本主义制度下的劳动与生活的批评，今天在很多方面仍然具有现实意义。

据说第一世界的大众社会成员同样与真实的知识情感隔 115
绝。在心理上他们漂浮于一个非个人的充满威胁的环境之中，没有多少欢乐和舒适。由于他们痛苦的生活条件、有限的人际交往范围和质量，他们被迫依赖人际交往的间接形式——大众媒介以获取信息、娱乐和友情。

工作中被剥削，社会上被隔离，生活在上个世纪大众社会的人们被认为是媒介最容易影响的目标。正如我们在本章讨论过的“直接影响理论”中看到的那样，大众媒介首先被认为对其受众有巨大的影响。在一定条件下，大众受众被认为“受惠于一致的意识形态和宣传”（奥萨利文等，1994：173）。据说这种景象适合那个时代所有西方工业社会的受众，但历史上一个特别令人困惑的例子却是一个例外。陷入全球性的经济萧条、害怕未来、坚信自己的“民族优越性”，并且被强有力的领袖和惩罚性的制裁制度所激发出的集体行为，在 20 世纪 30 年代的工业化欧洲法西斯主义和纳粹主义抬头时，德国和意大利的国民变成了爪牙。媒介扮演了至关重要的角色。

紧随欧洲纳粹恐怖，涌现了激烈的社会批判，这是可以理解的。批评理论家们试图解释什么能够激起人类以如此可怖的方式行动起来。解决这一严峻问题的最重要的批评理论流派源于前纳粹领土的中心——德国的法兰克福。“法兰克福学派”理论家们把大众媒介和文化工业当作审视这个严肃问题的首要课题。尤其两位学者——西奥多·阿多诺和马克斯·霍基梅尔——谴责媒介造成了法西斯主义的抬头（阿多诺和霍基梅尔，1972；霍基梅尔，1972；阿多诺，1989；1991）。他们指出具有宣传鼓动性的法西斯主义媒介压倒了理性与文明，发动了野蛮的疯狂的集体行为。在这种历史语境之下，“大众”这个概念获得了意义。

纳粹德国的案例只是一个大众媒介能帮助产生堕落的极端的例子。在社会理论中，作为大众的受众已经牢固地确立起来。二战后，当阿多诺和霍基梅尔第一次来到美国，他们担心刚形成并正在繁荣的美国通俗文化产业有相同的危险存在，这危险使欧洲文明理性已经倒塌。阿多诺和霍基梅尔是“高度文明的欧洲人，然而他们发现自己置身于一个最终无法理解的世界；好莱坞和米老鼠的世界”（特斯特，1994：35）。在他们看来，像好莱坞影片、商业电视、流行音乐等文化产品，只能引诱大众、安抚大众、分散大众的注意力。这些理论家认为，在此过程中，媒介只能强化并复制大众有限的意识，而亵渎真正的艺术和文化。现在，在阿多诺和霍基梅尔以及其他法兰克福学派理论家的批评著作首次出版后，许多年过去了，他们的观点被普遍当作反动的精英主义者观点。他们的作品无疑推动了批判社会理论前进。阿多诺和霍基梅尔的著作反映了二战前和二战中欧洲严峻的现实以及法西斯主义控制下的媒介的破坏角色，这些作品警示世界各地的社会，注意作为操纵和控制手段的媒介所具有的破坏潜力。

在二战前后美国的第一批大众传播理论著作中，也存在着大众社会理论的许多基本假设。受众被认为是商业广告商和政治鼓吹者们容易俘获的目标。媒介的暴力内容能够刺激受众特别是儿童，使其变得更具攻击性。媒介的作用被说成是像毒品一样（“毒性负面功能”），取代现实世界中的各种行为。根据大众社会观点，人们几乎事事依赖媒介。媒介也从我们生活在其中的环境以及我们的内心两个方面，让我们失去知觉。观众过度收看电视，被认为会几乎自动地培养起某种信念（盖博纳等，1986）。攻击性、吸毒上瘾、依赖性强、缺乏知觉以及修养都是大众社会中大众受众所遭受的“直接影响”（奥萨利文等，1994：174）。

大众受众再思考

然而，当今媒介学者并不都认为集体受众行为一定是坏事。他们坚持认为，不应将“大众受众”与“大众社会”混为一谈。另外，“许多理论家错误地将*大众*受众等同于*被动*受众”（韦伯斯
117 特和法伦，1997：116；斜体为作者所加）。在他们的题为《大众受众：支配模式再发现》的书中，美国传播学者詹姆斯·韦伯斯特和帕特西亚·法伦（1997）指出，大众受众不是被摆布而是强有力的。韦伯斯特和法伦为那种将人类集中起来变成媒介受众的工业学术实践辩护。他们相信“远不止驯服观众，个体的集中能赋予人们权力。它扩大了人们的声音，重塑人群以一种社会机构必须做出反应的形式出现”。通过把人们归类于受众，“某种新的强大的东西”创造出来（21）。新的强大的东西就是*集体*意见，而集体意见比只能由群体中的*个体*成员表达的意见强大得多。

作为群体的受众为何有真正的平民化的权力，韦伯斯特和法伦就此提出两个论点。首先，考虑的是媒介本身。毕竟媒介产业不得不取悦它的受众。如果商业媒介不能吸引大量自愿的消费者，那么，它们将不能推销广告。在此意义上，受众以其强大的数量而拥有真正的权力，这反映在节目收视数据上。受众集体选择吸引他们的内容。节目必须吸引“挑剔的大众”，否则，它们将消失。当然，这也是媒介产业决策者们面临节目受到批评时为自身辩护的观点。批评家们通常回敬他们，说受众成员首先只能通过媒介产业提供的菜单选择阅读、收听或观看的

内容。但是,最近这种观点已经变得没有说服力,因为提供给世界范围的媒介消费者的媒介内容的数量和种类,比以前来说已经急剧扩张,有更多的选择。

第二个有力的辩护是,大众受众作为一个集体能够激发反对倡导主导意识形态的政治行动。当然,该观点与前几段讨论过的法兰克福学派媒介操纵理论完全对立。韦伯斯特和法伦提出芝加哥 1968 年的民主国民大会为历史证据,用以支持这项辩护。正当许多美国人强烈反对越南战争时,著名的芝加哥大会召开了。大会厅外,芝加哥大街上的抗议者同警察发生了暴力冲突。各大电视网在录像带上捕捉到了血腥的冲突,并将防暴警察野蛮殴打手无寸铁的抗议者的令人震惊的画面向观众播放。由于在警觉的新闻摄像镜头的注视下暴力继续着,抗议 118
者喊出了至今在社会史中仍有清晰印象的标语:“全世界都看着! 全世界都看着!”当然,“全世界”就是“大众受众”。芝加哥的反战抗议者希望依靠世界范围的大众受众被电视上看到的内容所激怒,要求政府介入制止芝加哥的野蛮行为,制止发生在南亚的战争。事实上,1968 年芝加哥骚乱的最为重要的教训是革命团体必须学会如何操纵媒介为自己所用。这个战略的前提是,“大众受众”不仅仅外在于媒介,而且注视着并准备行动。

受众和技术变化

本章通篇考察的形形色色的传播和文化理论流派清楚地表明,在个人和集体层次的主要方面,受众确实*是*积极的。有限 121

影响理论、利用与满足研究，和文化研究分析均在同一方向指出——人类有能力以改善其利益的方式参与、阐释与利用媒介技术和文本。这种正面的倾向已经显现出来，资本主义语境下和共产党国家里都是这样。

然而，我们不必对这种令人鼓舞的消息太天真。像各种各样的社会演员一样，受众也不可能完全自由地行事。他们受制于许多建议、影响和约束。

通过分析媒介受众，我们可以看到本书中的两个主要权力中心取得至关重要的平衡——被建构的人类环境，和人与群体的潜能——在真实世界社会交往中是怎样达成的。结构与潜能之间冲突的根本特征看起来是永久不变的，而结构与潜能的力量相互竞争的现实世界却不断地变化着。但是，变化业已出现，这些变化又如何影响这种斗争呢？

我立即想起了两个主要的话题。第一个是在飞速发展和相当复杂的"后现代"全球化现实中的日常生活和人际交流的现状。在一个所有类型的社会文化关系呈现出如此巨大的动态的融合和变动的世界，"受众"这个概念意味着什么？例如，性别、社会阶级、年龄、性倾向及教育的意义，与语言、宗教、家庭、仪式和广泛的日常习惯风俗等激烈地相互影响，在受众遭遇当代媒介的方式中起着重要的、越来越无法预见的作用。

第二个是通讯技术。当传递系统、内容和用户选择急剧扩张，我们以往通常认为的一大群参与较少媒介形式或手段的"受众"概念是否仍然适合？我们想要知道的是，*在这个21世纪早期复杂的不断变化的社会文化技术现实场景，媒介消费者有多大的权力和自由？*

在“旧媒介”和“新媒介”环境之间，可以做出一个有用的
区别(韦伯斯特和法伦,1997)。总的说来,旧的媒介环境“以
有限的交流频道为特征,这种频道以媒介选择的固定的时间
表传达内容”。旧媒介内容非常一致,相对平稳地通过频道和
媒介,几乎人人可以接收。另一方面,新媒介环境“比旧媒介出 122
色之处在于,无限制的交流频道以个人选择为时间表提供内
容”。新媒介内容相当多样化,与特殊频道相连,尤其通过闭路
和直接的卫星电视,较少被广泛接收(韦伯斯特和法伦,1997:
100—1)。

丹尼斯·麦克奎尔将任何一定地点时间的这种媒介环境的影响看做“*媒介结构*”(麦奎尔,1997)。媒介因素如何帮助建构受众经验适合任何城市和国家。然而,没有跨文化的一致性。例如,尽管“全球性的电视”有某种均匀的影响,但是世界各国的媒介系统仍然有巨大差异(罗尔,1988;1990)。国家媒介系统反映各方面政策,它们涉及可以收到的频道数、技术范围和质量、广播日程、进口节目政策以及文化价值观和优先权。例如,英国的广播业就是以有限的国内频道和公众服务的政策为基础建立起来的。同样的思维可以严格地适用于北欧国家、欧洲大多数国家以及全世界许多国家。美国商业广播系统特别缺乏这种社会计划性和调节措施,而且广泛受到批评,因为人们认为其播放的节目虽有吸引力却是不健康的节目大餐。因此,从一开始我们就说“积极的受众”成员受制于不同的媒介环境,它帮助受众形成媒介经验。

因此,受众活动不是一个公开的领域,而是在一定的历史条件限制下进行的。媒介结构与“积极的受众”之间的动态关系

又把我们带回第一章介绍过的“结构”框架。韦伯斯特和法伦实际上总结道，“大众受众这个概念，由于有能力提供活动的内涵（例如个人选择喜欢的内容），同时能辨认结构因素力量决定媒介接触，因此，[可以提供一种通过结构困境进行推理的方法]”（韦伯斯特和法伦，1997：134）。

碎片和分割

毫无疑问，当今世界的一个总的趋势是，媒体尤其是电视频道数目迅速扩张并被潜在的受众成员接收。不仅无线电台、电
123 视台越来越遍布世界各地，而且有线和卫星通讯系统正在新的地点开发，并在已经建立的地方急剧扩张。更多的频道意味着更多的不同内容，更多的不同的内容意味着更多的观看选择，更多的选择意味着观众将分化成愈来愈狭窄的观看群体，以其不同偏好或至少观看到的内容为基础。

借助于电视，我已经描述了碎片的情形，但是这种趋势适用于各种形式的媒介交际手段，包括因特网。当今的符号化环境以比以往更多的技术选择和内容选择为特征。人类移民模式的突破，连同符号形式的跨国化——节目、样式、风格和明星——和许多新媒介的互动品质都帮助进一步将整体受众分化为不同的等级。这种发展要求各种群体在经济上获得成功；必须有专门节目制作的需求，而节目提供者必须能够传送节目内容。当广告商和媒介决策者们将受众概念化为合适地位的市场，他们就以“分割”或“超级分割”的术语思考问题（图洛，1997）。受挣大钱的潜能驱使，广告商和媒介对不断上升的观众的特殊偏好

做出反应，提供满足那些各式各样的兴趣的节目内容。

这样思考问题，我们可以说，在一种消费者驱动的“市场民主社会”里，媒介给予人们想要的一切。但是，正如美国传播研究者约瑟夫·图洛指出的，根据典型的人口统计、品位或生活方式群体把观众进行分类，不是惟一的将人群概念化的方式。由广告业和媒介业所产生的类别反映了一个纯粹的市场逻辑。例如，图洛指出，“一个电视节目可以导向‘那些上天主教学校的人’或‘那些父辈是东欧移民的人’或‘那些感到自己部分地属于南方的人’。”但，他说，这些划分人群的方式不吸引广告商或媒介决策者，因为他们不“以任何可预测的方法与产品的购买相联系”（图洛，1997：200）。

在美国，为利润而将“大众受众”分化可以追溯到20世纪60年代。那时，广告商们开始密切注意现代人口统计划分和市场分割。甚至60年代卷入与权势集团长辈的政治文化争论的年轻人，在某种程度上也为广告商所造就。这些广告商们绝望地试图吸引这个巨大的出生高峰期的一代作为一个受众份额。124
通过挑动青年人反对父辈，广告商们试图制作一定的产品来吸引有利可图的青年人市场。软饮料产业提供了已经发生的两个很好的例子。百事可乐成了“百事一代”（后来的“下一代”）的可乐，而七喜作为“非可乐”以迷幻药的形象被推向市场，目的为了人为地分化饮料的偏好，培育忠实的消费行为，以及根据不同代人的价值观念使利润最大化（弗兰克，1998）。

广告产业企图把大众市场分割成小块，这依赖于它们将产品潜在的消费者相联系的能力——这些消费者称作“优秀受众”。在美国，这种研究集中于群体的“消费心态”和群体的“生活方式”。因为市场竞争日益加剧,广告商和媒介节目制作者决定,他们需要把吸引力和节目越来越明确地对准受众小群体,这些群体必须有足够高的收视率和提供足够的收入。这些产业试图了解谁是可以争取到的消费者,他们的价值观是什么,他们生活得怎么样。通过针对不同生活方式群体的广告、促销活动和节目,媒介试图进入、互动和影响受众的日常生活,强化和调节生活方式和消费模式。总的来说,媒介的某种偏好和现状与日常生活方式互相联动。根据瑞典传播学研究者波·里梅尔的观点,他已经研究过瑞典的媒介习惯与受众生活方式的互动情况,“在很大程度上,媒介行为与其他行为相连或一起才有其意义”(赖默,1994:207)。这样,媒介研究者通过分析各种因素——包括受众成员的年龄、教育、性别、收入和生活条件(城市、小镇、乡村),与他们的业余时间的兴趣——如体育运动、园艺、阅读、去俱乐部跳舞等的综合情况,从而认识群体的生活风格。

两　极　化

我们现在将提出这种可能性:*即这种媒介受众碎片化导致任何社会中更少的共同经历,结果是共性的灾难性丧失以及产生社会两极分化的可能* 。我们继续用瑞典的例子,以便简略地探索这个有关媒介受众活动的重要的可能后果。瑞典和其他北
125 欧国家只是最近才开发商业电视和私人电视。观众现在可以调用大量的有线频道和卫星频道。结果,人们观看节目时变得更有选择性。波·赖默指出,观众“倾向于更多地观看他们喜爱

的样式，而少看其他样式”（赖默，1994：205）。例如，现在全体人口很少观看的节目是新闻，它“曾是全国的样式，[但]现在已经变成以阶层为基础的样式，这与‘高傲的’收视模式相关”（赖默，1994：205）。[④]

波·赖默在瑞典的研究得出的结论是一个全球性的综合症状。随着技术变得更以消费者为导向，更为个体使用者负责；随着内容变得更为多样，以及随着受众变得更为碎片化，将会有一系列的后果。一方面，传统上为大批不知名的混杂的观众设计的节目在媒介系统逐渐地丧失它的支配地位。这种情况发生在瑞典或英国的国家电视新闻节目，也发生在美国的国家商业电视网黄金时段的情景喜剧。曾记得，美国电视网（ABC，CBS，NBC）前“三巨头”几乎完全控制了全国的观看行为。但是，它们拥有的观众份额从20世纪60年代的90%下降到1999年的45%。一些通俗文化评论家认为，Seinfeld是出现在美国商业电视系统上的吸引大众的黄金节目最后的重磅炸弹。[⑤]对观众的激烈争夺来自闭路和卫星电视节目、VCR、因特网、付费电影、体育节目和特别节目。现在，甚至商业电视网上的常规节目也更加靠向特殊的观众群体。观看的节奏也已经改变。人们过去爱看完整的节目，有时候整个晚上不换频道。现在，观众使用遥控器通过其超级活跃的时段选择，收看、跳过和关掉电视节目。

随着收视节目选择数量的扩大，拥有相同的国籍、居住在同一国土上的人们未必参与相同的信息或娱乐媒介形式和内容。在一个充满富足的技术设施和广泛的文化资源的世界，人们更加独立地私下观看电视。不再像任何种类的符号化的统一的“大众受众”拥有共同的媒介经验，由于不同的文化倾向、生活

方式、语言、性别、种族、性倾向和技术能力相关，人们占据独自
126 的地位。以语言和种族为基础的地位合适的受众由“有意识地避免其他类型媒介内容的异常忠诚的受众”构成（韦伯斯特和法伦，1997：110）。然后，具有讽刺意义的是，随着被传播的“观念市场”变得更加有活力，一个强烈的倾向是观众变得被更为狭窄的个人和文化的偏好所包围。在媒介事件如主要新闻故事、体育运动锦标赛和政治丑闻继续吸引巨大的普通观众的同时，更常规的媒介内容和经验正变得越来越少地被人们共同分享。今天作为电视观众的人们共同分享最多的是一个个著名人物候选人名单，他们是迈克尔· 乔丹、戴安娜、巴特·辛普森和莫尼卡·莱温斯基，真是骇人听闻！

任何混杂人群分化成碎片，大众媒介受众的“分割” 趋势也出现在以因特网为基础的交际形式中。例如，在美国导向西班牙人、黑人和亚洲群体的特别或“垂直”入口和网站变得相当热闹，有利可图。

媒介和因特网经历的碎片化和私人化，在很多方面可能给予个体观受众权力。因为它给受众们很多他们想要的东西。但是从一个社会的基点来看，这种当代现象是大有问题的。广告商创造合适的频道和站点，以及受众成员寻找特殊内容的趋势，“推动群体相互隔离，而不是激励他们作为群体相互学习，从不同角度相互讨论问题”（图洛，1997：199—200）。这种区别会导致更大的“个人主义、自我中心、非人性、不确定和混乱”，在丹尼斯·麦奎尔（1997：135）看来，当媒介机构和媒介消费者之间的权力平衡似乎浮于表面，给消费者越来越多的小恩惠时，“不再有任何以‘集体’为代表施加这种新发现的权力的机制。受

众似乎已经被转化成了一群没有关联的消费者,没有共同表达的利益或制度化的在场”(麦奎尔,1997:134)。而《打破美国》的作者约瑟夫·图洛用一个更为不祥的预言总结该书道:“像重重的大门将社区与社区分离开一样,(碎片化的)美国媒介业的自身结构在未来很长时期内,将驱使人们相互隔离”(图洛,1997:200)。

必须说明的是,这些恐惧反映了一种来自相对发达的西方社会的明显的偏见。在那里,市场结构已经运行了相当长的时间。在此过程中划分市场和威胁社会统一的前提是,已经存在 127
一个潜在消费者的庞大的中产阶级以及一个相对运行良好的社会。但是,它以谁的利益来维持社会地位?随着电视观众在美国开始分化,一个闭路频道“黑人娱乐电视”(BET)的首席执行官罗伯特·约翰逊,告诉美国媒介说:

> 与20世纪70年代和80年代相比,人们在种族互动行为中更显分离。没有了整体文化的压力,人们正与自己的文化和种族相认同。那并不是一件坏事。(《华盛顿邮报》,1994年11月30日)

世界上不富裕的、欠发达的以及没有统一的国家情况又怎么样呢?相同的假设适合吗?这些国家也被分割并出现了两极分化吗?

这个尖锐的问题由墨西哥人类学家内斯托·加西亚·坎克里尼直接论及,他的一本书被翻译为《消费者与公民》(加西亚·坎克里尼,1995)。在墨西哥的这个案例中,*至少在短期内,市场可以做更多的事将人们凝聚起来而不是拆散他们。*墨西哥人民对他们的腐败而无效率的官僚、他们的压制性的执政党(PRI)、甚至工会的幻想已经彻底破灭了。由于从国内机构无法获得关注、舒适、灵感和希望,他们现在转向传播媒介、通俗文化和消费商品。加西亚·坎克里尼决不支持将市场奉为解决这种社会问题的最终手段;相反,他将目前普遍流行的国家工业和媒介私有化倾向和市场整体上的耀眼的吸引力看做是,不仅能给个人消费者而且能给整个墨西哥社会带来希望的趋势。然而,这种希望不能破灭。加西亚·坎克里尼提供了一个发展墨西哥和拉丁美洲国家媒介和通俗文化的计划,它考虑了国家和地区的特征和利益。因为,他说,国际通俗文化将以更强劲的步伐进入,从而满足人们更多更好的信息和娱乐需求。

结　　论

128 本章中我们经常引述的媒介圣贤丹尼斯·麦克奎尔提醒我们,"受众这个术语具有抽象的和有争议的特征,就像社会或公共观念等社会科学领域的简单概念一样"(麦奎尔,1997:77)。本章中我们的讨论已经表明"受众"这个术语为什么事实上如此地抽象和有争议。通过置疑受众概念本身及其历史开始讨论,从直接影响到有限影响及"积极的受众",我们简略地回顾了利用与满足研究,并基于"方法",提供了一个扩展了的模式。

然后,我们通过探讨媒介宣传如何促成20世纪前半叶欧洲法西斯的抬头,检讨了大众受众与大众社会的联系。我们揭示了,集体受众行为不必如此具有破坏性。最后,我们描述了现代媒介受众已经如何变得全部碎片化，而分割成“生活方式”小群体。最后，我们通过探讨媒介技术和受众活动的变化如何从文化上，至少在现代西方社会，使人们产生两极分化。

受众成员与媒介的日常经验首先是文化经验，但是，正如我们将要发现的那样，与受众概念一样，文化也正变得越来越抽象和具有争议。

第六章

文　化

129 20世纪晚期，文化在学术界内外都成为了一个流行的专业术语。许多不同学术领域的代表给出了不同的界定。当然，人类学的创立是以文化分析的整体性和用处为基础的，人类学家有时候提出文化的学科论断，主要基于本学科长期与该术语的牵连关系。[1] 20世纪后期，英国“文化研究”成了一个单独的学科，紧随其后的是美国、澳大利亚和其他国家和地区的“文化研究”变体。美国大学开设了跨越多种学科界限的课程，如交际与文化、媒介与文化、文化与艺术、传媒与世界文化、文化社会学、集团文化和跨文化心理学等等。警觉的读者也许已经发现，本书标题也用了这个术语。非学术书店继续储藏卷帙浩繁的文化书籍，从与政治有关的“文化战争”和多元文化主义的讨论，到关于数字文化和民族化的食谱的专著。

具有讽刺意义的是，就在文化达到流行的巅峰之际，许多学者指出这个概念已经超越了其有用性。因为文化使用如此泛滥，所以很多研究者认为，这个术语不再保持所指的特性，而这种特性可使其有分析性的意义。例如，文化在传统上定义为居
130 住在相同的地理范围的人类群体，他们说同一种语言，有相同的

信仰，在日常生活的各个层面行为都相似。而今天情况决非如此。在许多方面作为地域统一体的"国家"观念不再作为文化的同义词很好地发挥作用，因为今天生活在任何国度里的群体都是一个不断变化的民族群体变体，生活方式亦多种多样，并且人人都从纷繁复杂的跨国文化以及生活风格中吸取一些东西。即使那些以宗教为基础的民族国家也不可能避免卷入这种全球性的趋势。[②]

当代文化的符号化和综合性特征，连同人从世界的一端迁移到另一端的空前的移民运动，已经摧毁了传统的文化支柱。要在文化上给人们定型或"本质化"，现在越来越容易引起误解。一个第四代的带有亚洲人相貌的英国少年，不再像其祖辈那样带有中国人或印度人或巴基斯坦人的特征。在许多方面，今天的文化是一件非常复杂、非常个人化的事情。那么，我们在本章的目标就是，从逐步抓住我们所理解的"文化"的意义开始，逐项研究这个工程，直到本书最后一句话。

若干年以前，雷蒙德·威廉姆斯(1962)把文化简洁地定义为"一种特殊的生活方式"，它由一个社会群体所分享，由价值观、传统、信念、物质和领域构成。从这个观点来看，文化是动态的生态学，有关人类复杂的各种事物、世界观、礼仪、日常活动和场景。文化是我们如何谈话和穿衣，我们吃的食物及怎样准备消费它们，我们创造的神以及我们崇拜的方式，我们如何划分时空，我们的幽默感，我们怎样跳舞，我们工作玩耍的方式，我们怎样做爱，我们使孩子们社会化的价值观念，以及其他所有构成*日常生活*的许多细节。如果这样理解的话，文化是"我们做事的方式"，它揭示"我们是谁"以及"我们不是谁"。文化提供一种框架，使我们了解自己和他人；文化标明不同文化群体间的差异，为同一文化成员提供衔接。

文化通过集体意识、下意识、记忆和社会实践来回流动。它作为一个群体的风俗、道德观念、传统、价值观念和制度化的原则抽象地存在，但它也成型于这些抽象的东西怎样在社会互动中现实化的过程。文化的意义精确地出现于抽象理念与现实实践的动态联系中，存在于深层文化的浸润及永久的心理结构和日常生活不甚稳固的表面之间的联系中。

131 尽管人们和群体经常将他们的生活方式看得比别人的优越或低劣，但从学者的眼光来看，作为"日常生活"的文化暗示人人都有文化，没有任何文化生来就优越于别的文化，文化的丰富内涵决不仅仅派生于经济基础。

这个观点与"经典概念"大不相同，例如，在经典中文化与"文明"或"高级文化"是可以互换的经典概念（汤普森，1990）。以经典的意义，有些人生来就被赋予文化，别的人通过有价值的活动，如高等教育获得，或者通过赚一大笔钱或与门当户对的家庭联姻获得文化。经典的定义将文化看做智力和精神优秀的标准，并且将"有文化的"人与"没文化的"人区别开来。我们仍然频繁地看到这个术语使用于这种精英风尚。例如，最近加利福尼亚的一份报纸上的广告，鼓励人们观看公共电视频道，而不收看商业台，为的是"获得一点点文化"。"美国快递"为它的成员低价提供一张"文化通行证"，允许他们参观博物馆、艺术馆、戏院。在罗马语系的语言中，"文化"（culto）的意思是受良好教育，举止优雅。英联邦的国民毫不困难地辨认出文化的这种区别性特征。当保罗·威利斯（1990）向文化当局做出政策建议，倡导“共同文化”认同和财政支持时，他引起了英国国内的不同意见。威利斯建议，青年工人的生活方式、审美和文化产品，与英国民族文化政策一贯支持的高级文化艺术形式和上层阶级意识形态和生活方式，都应当得到同等的关注。例如，他列举的官方统计数据清楚地表明，比较起“精品艺术”如戏剧、话剧和芭蕾舞来，大多数人对流行音乐、电视节目和酒馆生活更感兴趣。“普通”而“日常生活”的文化是不变的民主思想，它破坏了任何自命不凡的文化一致性和优越性。

在很多方面，说起文化就是指从我们出生时起，围绕和影响我们的相当稳定的生物、物质、社会、精神等方面的形式。出于各种各样的原因，大多数人倾向于不离开“血缘和信仰，忠实与家庭”（亨廷顿，1996：126）。我们继承语言、国籍、宗教、社会阶级、家庭以及构成日常生活的各种习惯，比如我们消耗的食物种类，我们用语词交流和非语词交流的基本模式。正如约翰·B. 汤普森指出的那样，先在的文化主题在交际活动中循环，交际活 132
动又强化文化：“文化是意义模式，镶嵌在象征的形式里，包括行为、言语和各种有意义的物体。通过这些，个体可以与别人交流，并与他们分享经验、概念和信仰”（汤普森，1990：132）。我们出生在人们期待的存在方式里，生在一个有独特气味、声音、视觉、味道和其他感觉的世界中。这是文化的“面貌和感觉”，与大自然、情感和人体紧密相连。文化也许是一个基本的社会概念，但它带有个人色彩。通过共有的价值观念、经验和表达模式，文化作为一个媒介将个人与小群体连接，构成较大的社区。

文化将地点、人和日常生活方式融为一体。墨西哥的概念 del pueblo 是最好的例子。在墨西哥，pueblo 指一个男人、女人、小孩作为群体居住的地方，但它也指居住在那里的人和生活方式：地点、人和生活方式。这样，属于 del pueblo，就是属于一个文化空间，而不是来自路边人口稠密的车站那种情况。

迄今为止，我正在描述的是文化的非选择性成分——我们原本无法控制的生活的特征。在生活中无论我们怎样努力，它的影响也永远不会彻底消除。

但是，文化永远不是一个完全给定的永久的状态——不是集体性的，也不是个体性的。我们不只继承文化，我们还创造、改变并传递文化。在我们构建文化的、物质的和散漫的特征时，我们同时构建自身和社会群体。这一点在今天尤其如此，因为文化形式已经比以往变得越来越符号化，具有调节性、综合性和移动性等功能，使一些文化要素——特别是那些与消费和方式相关的要素——比以前远为短暂。另外，文化不可能再被视为一个单数的统一的社会力量。群体与个体在如今有多重文化侧面；“文化不是人们从其祖先那里继承下来的没有区别意义的知识板块。文化是一整套观点、行为和期待，随着人们和群体本身的变化而不断变化”（华森，1997：8）。

我们能施加很多影响的动态要素是文化的可选择方面。人类交际——构成社会互动的有意义的符号化交换——是这种变化发生的手段。

133 将文化作为交际活动加以思考，能很好地把永恒的方面融合于更为动态的、可调节的要素。通过符号化的互动，人们不断地复制和修改祖先、宗教、传统、语言、婚姻、家庭、工作、休闲、邻里、社会机构等的意义。谈论和评价这些要素的方式也是如此。

文化不仅是事物、价值观和存在方式，它还是*怎样通过日常的交际和社会实践，人们解释这些事物、价值观和存在方式，并将此带入自觉意识*。在这个意义上，文化首先是*暂时的*；文化已经变成了“一个浩若烟海的文本和指代领域的普通术语，通过它我们构建生活的经验”（查尼，1994:191）。因此，文化的功能同时是来源和资源，因为它提供“可以获得的意义”，这些意义极大地影响文化成员“能够表达的东西”，目的是为了使明显的习惯、技能、风格和社会战略成为时尚（查尼，1994:32）。

与以前相比，当今构建和组织日常生活更复杂，更具有阐释意义，更是一种符号化的活动。我们面对的特别的生活方式和思维模式，以及今天我们所设计的生活方式、身份和社会战略，由一个有文化意义的扩张性的、多样化的符号资源集合组成。由 20 世纪晚期的电信和信息技术产生的大批符号形象，以及同时期的人类异常高的迁移，已经导致世界范围的急剧变化，这些变化不仅发生在人们所做的文化抽象之中，而且影响人们怎样作出这种抽象。传统的文化资源包括食物、语言和宗教与当代的各种文化形式结合在一起，如电视节目、体育运动队和体育英雄、流行音乐和网站，从而构成文化风格和个体与群体的全部生活细节。

如果文化是人们继续复制、适应和创造的东西，那么它必须是有用的。文化为个体和群体的什么内容服务呢？

首要的目的是，认知的和社会的*稳定性*。文化是一种被证实的有力的方式，通过它，我们将自己组织起来，以个体或群体的成员身份，从而创造意义、秩序和安全感。文化“在许多层次上，通过许多的形式发挥作用，给社区生活实践一个可预测性的结构”(查尼,1994:139)。在一个个人主义和享乐主义不断膨胀的社会,文化仍然基本上是关系性的。文化的关系性、社区性品质就是稳定性产生的来源。文化就是我们阐释自己和别人的
134 框架。文化提供母体,通过它产生人际意义,给我们的意义系统以连贯和一致性并激发优越感。文化形成我们区别已知与未知、朋友与敌人、枯燥乏味和引起兴趣之物的方法。它指引人们与家族和与自然的关系。文化提供我们形成个人和集体身份的基础,并强化一种更为广阔的社会群体的归属感。建立在人类吁求的社会性前提之上,文化也给我们表达个体和个人风格的机会。

认知的和社会的稳定性,可以有许多不同的方式进行文化地构建。例如,一个人可选择探索并将广泛的文化要素和风格融入富有个性的综合——一种受制于频繁的回顾和修饰的具有文化意义的叙事。例如,试想一位菲律宾裔美国男子就读于一所私立的、大多数为白人学生的大学,他喜欢唱说唱乐和萨尔萨舞。此人是一个同性恋者,并且刚从信奉天主教转而信奉佛教。这种文化的综合——一种高度个人化的“存在方式”——能够使一些人稳定。然而,其他的人通过退入更熟悉的、社区的、习俗的、受规则制约的传统、礼仪和社会活动,找到更高层次的认知的、情感的和社会的舒适感。这些传统、礼仪和社会活动通常以宗教、种族或民族为基础。20 世纪后期伴随而来的“宗教革命”、“多元文化主义”、“民族主义”和“巴尔干主义”都是这种文化思维的例证。

“文化”这个标签有其象征性的力量。人们害怕失去他们的文化。援引这个术语就是认识并为“生活的方式”给出连贯

性和整体性。这就是文化认同的意义所在。任何感到外在于“主流文化”或被其遗忘的地域性民族群体,尤其可能牢牢地抓住他们的传统文化,或者发明新的杂交文化和非主流文化。在美国,对由“有色人种”构成的多样文化的注意,使一些主流文化感觉不快。美国白人发现除了他们之外,人人似乎都有权欢呼自己的民族和文化。当然,北美主流生活尤其法律符号的根本基础在很大程度上反映了“白人”文化。美国人仅仅通过身居其中的方式天天“欢呼”主流文化。但是,准确的说,是因为它已经变得相当的熟悉,“白人文化”对于许多人似乎并不突出或感兴趣(当然,除非你感到被排除在外,或被边缘化了)。在英国,20 世纪 70 年代的“朋克”运动已经被描写为由穷人和工人阶级子弟发动的创造“白人民族性”的一次尝试,在那个时
代,牙买加人、印度人、巴基斯坦人以及其他“有色”人开始大量 135
出现,并威胁着英国的社会经济文化基础(赫布迪格,1979)。有时候,所有的有色人种的种族群体结合成现代的“部落”,这使其成员团结一致,但是也可能激发作为帮派或宗族的“村庄种族主义和种族排斥主义”(梅费索里,1996:97)。

意识形态与文化

文化是千篇一律的。说“千篇一律”,我的意思是文化的清晰和力量派生于日常行为的极端重复性。文化的千篇一律产生并重复产生意义,它形成人们的合作和社会互动的基础。正如瑞典人类学家乌尔夫·汉内兹指出的,“意义发展并幸存……通过千篇一律的社会生活……作为这些[千篇一律的]活动的

积累和堆积的结果,各种社会和文化出现并协调一致”(汉内
136 兹,1992:127,15;插入内容为作者所加)。美国文化研究理论家约翰·费斯克将文化称作“越过经验领域的连续性的产物”(费斯克,1994:194)。经验领域的思想行为,经历长期的积累和堆积,被领域内的成员和非成员看做有意义的文化模式。这些模式提升某些社会群体优越于其他群体的利益,这意味着这些模式有深厚的意识形态暗示力。文化“产生普通经验意义,因为它为保持社会结构性不平等形式服务,而这些意义具有意识形态性”(查尼,1994:43)。意识形态的提供者依赖于文化,因为只有思想观点以巨大的影响力和重复性在社会上流传时,意识形态才有效,这是一个展现在日常生活的常规互动中的过程(请参阅第二章和第三章)。

因为文化与争夺意义和社会权力的斗争纠缠在一起,所以文化具有意识形态性。文化通过正式的和非正式的社会规则缩小选择范围,规定行为(第四章)。乌尔夫·汉内兹的作品恰好关注这种关键的过程。他强调文化的三个内部相关联的“维度”。汉内兹说,文化是(1)“思想的观点和模式”,(2)它通过各种“外在化的形式”,包括大众媒介,对个体和他人“公开”。随后,就导致(3)“社会传播——即在全体人口及其社会关系中,传播意义的集体文化存货清单和有意义的外在形式的方式”(汉内兹,1992:7)。思想的观点和模式作为文化话语进入公众领域,影响生活在不公正社会中的每一个人。因此,文化分析不能认为好像文化集团中的每一个人都有平等机会参与社会。汉内兹认为,这种差异说明所有的文化分析都应该包括社会分析(汉内兹, 1992:10)。

由约翰·B.汤普森提出的*文化的结构性概念*与来自社会学方面关注的问题相呼应。汤普森指出,在大众传媒的时代,随着文化变得越来越符号化和可阐释性,所有符号化的形式都存在于社会性结构语境中,这种语境反映并帮助重现权力与冲突的关系,还使这种关系合法化(汤普森,1990)。从符号化形式代表生活的方式可以发现文化主题,也可在人们阐释和传播这些形式的语境中发现文化主题。因此,文化分析家应当"研究符号化的形式和过程,这些形式与历史的具体语境和社会结构语境相关联,而正是在这些过程中,并通过这些过程,符号化的形式得以产生、传递和接受"(汤普森,1990:136)。

但是,文化虽然影响深远,千篇一律,具有意识形态性,文 137
化却不是意识形态本身的总和;文化也不仅仅是意识形态的产物。意识形态居于文化之中,但文化比意识形态更为复杂。我们的文化生活,我们人类独立思考的能力和创造力,我们抵制、成长和传递的倾向,都体现了比复制和修改模式更大的潜力,这些模式在某种社会统治有决定意义的过程中,被精英们传递给所有的人。

情 感 与 文 化

> 共同的情感使我们在与他人交往的过程中认识了我们自己。
>
> 梅费索里,1996:26

文化根本不只是受人类认知与理智的有序领域的影响。情感、激情、恐惧、愉悦与痛苦也是文化的基本要素。正如雷蒙德·威廉姆斯(1997)所说的,这些“感情的结构”渗透于日常生活之中,并在常规的交际中被文化成员所表达。它们对个人和集体意义及身份的建构至为关键。人们不只问自己,“我是谁?”或“我们是谁?”他们也想知道,“我如何感受?”

人与人分享及交流的思想感情形成文化的情感轮廓和结构。它们是社会生活赖以组织和表达的主观条件。这种文化领域除了创造性的艺术如音乐、舞蹈、文学、戏剧、时装、绘画、喜剧、摄影和诗歌以外,还包括宗教和灵性、家庭和友谊、性事和浪漫故事、社会节日和仪式。

文化因情感的经历方式与表达方式的不同而相异。例如,“巴西人的幸福”(alegria Brasilera)这个术语明确而积极地指代生活在广大南美国家的人们的情感取向。这些人在许多客观物质条件上都贫穷,但是,他们因为相信自己幸运地或“受保佑”而居住在如此美丽的地方,所以发现了主观上的幸福快乐。巴西的通俗文化普遍表达了这种思想情感,比如对大自然及生命的歌颂,佐格·贝恩及其他人表演的经典桑巴舞的旋律和抒情诗篇传达出的身体上的愉悦。文化的情感的一面也可以受到压制。王毅指出,在中华人民共和国的官方的文化发展过程中,
138 “感情与激情”在中国的文化及意识形态文本中长期被忽略掉了。然而,最近,感情与激情已经得到中国共产党的强调——主要通过大众媒介的娱乐节目——为的是从感情上与人民沟通,以便维持政治上的稳定(毅,1997)。

虽然有些文化群体比其他文化群体更公开地表达他们的情感,但是,用美国心理学家爱德华·斯图亚特(2000;也请参见

内瓦,2000)的话来说,每个人、每个群体都被"文化的感情边缘"所鼓动。斯图亚特和内瓦指出,世界范围的文化原初发展以深植于恐惧中的身体和情感的脆弱为基础。他们说,作为社会群体的原始文化,其形成原因是保护人们自己免遭环境的威胁——成为"食肉者"而非"被食者"。

不管情感表面上显得多重要,在文化和社会的学术讨论中还未理论化。文化决不仅仅是人类行为模式与价值观的孤立的逻辑系统。生活的"文化领域"在很多方面是远离意识形态、政治和经济学的"公共领域"的领地(哈贝马斯,1989)。与意识形态和认知活动相比,作为理解我们怎样、为什么、以什么方式建构和阐释"生活世界"和社区的关键,文化与情感的重要性毫不逊色。

在开拓性的全新的21世纪媒介、传播与文化中,情形尤其如此。激情、感情和情感相互共鸣,并与后现代文化和人们的丰富的象征性、迁移品质紧密而顺利地结合在一起,随着人们在时间、空间、地点范围内寻求感情符号,寻求存在于电子化及精神化的现实中的自愿参与者,他们都被解域化了(参阅第十章)。"理性化社会的"现代性正在被"一系列的格调、感情、情感所表达的移情社会性"所代替(梅费索里,1996:11),并正在被高技术广为传播。驾御情感大潮,随着商业和媒介比以往更具全球规模地影响文化与社区,一种全球性的快乐原则现正得势。

语言与文化

文化是一个概念系统,它的表面以人们所说语言的词汇表征出来。

阿加尔,1994:79

139 任何能说一种以上语言的人都非常理解语言远比词汇复杂。正如美国人类学家迈克尔·阿加尔指出的那样,语言是我们称为文化的深层而复杂的*概念系统*的一个表面。我们无法将语言与文化分离;他们通过意义紧密相连。尽管语言可能是文化的一个表面,但是,个人对语言的阐释与使用决非臆造;通过语言,最复杂的意义被定型下来。我们主要通过语言了解“我们”是谁,以及“他们”又是谁 。阿加尔将文化界定为“你编造来填补他们与你之间的空间的东西”(阿加尔,1994:128)。语言是关于人们生活方式的差异。

文化参与要求考察、思索、阐释和了解符号系统。我们通过对自我和世界感官性的知觉,逐步理解我们的文化和别人的文化(斯图亚特和贝内特,1991)。在我们通过感觉碰到的有关文化表征的符号系统中,语言是主要的。作为一个符号系统,语言首先作为听觉代码被表达和理解(我们首先通过听和重复声音与听觉反应学习语言)。然后,对于有读写能力的人来说,语言作为视觉代码被表达和理解(通过阅读和写作)。其他视觉代码也帮助构成文化。例如,非语词手势、面部表情、空间关系、色彩、艺术以及自然符号都被阐释为视觉代码系统。从19世纪中叶开始,开辟了一个新兴的领域,即可调节的视觉模式与代码。摄影、电影、电视、录像及电脑图像都有自己的模式与代码,都要求特殊的读写能力。掌握各式各样的传播模式与代码,是一个人成为文化的一部分的途径。

语言在其语义要素和句法关系上有界限和一致性；这就是我们怎样认知和利用语言协调社会活动的。但是这些界限与一致性是弹性的。语言最终是无限的：人们游戏语言。他们设计它，滥用它，发明它，给它语调，吟唱它。因此，语言确实构建交际与意识，并作为黏合剂，提供共同的意义，把不同文化联系起来，但是语言不决定思想或行为。像所有的符号形式那样，语言是社会建设和文化破坏的源泉。

让我们考察这样的情形：语言和文化的斗争在一个民族的讨论已经过时，而卷入政治纷争、政策分歧以及种族主义指责。

黑人语言：语言与文化的联系

"She BIN had dat 'han-made' dress"（她已经穿那件手工制 140
作的衣服很长时间，现在还穿）

"Ah'on know what homey be doin "（我不知道我的朋友通常做什么）

"Can't nobody tink de way he do"（没有人会想他做事的方式）。（John R. Rickford 2000：www. stanford. edu/ ~ Rickford/ebonics/Ebonicsexamples. html）

20 世纪 90 年代，加利福尼亚奥克兰的学校董事会引发了一场全国性的争论，当时，它提出建议说，该地区的中学开始教授孩子们非洲—美国方言英语，或叫黑人英语（你看到的上述的一些例子）。黑人英语是一个用于描述许多年轻的城市黑人所说语言的术语。有些人把它称为一种语言；其他人说它是标准英语的一种方言。加利福尼亚教育政策制定者做出的有利于黑人英语的决定,其原因在于,城市内部的黑人孩子由于他们的说话方式而不公平地全部遭到老师、学校领导及同学的歧视。这种语言的歧视使他们感到在智商和文化上低人一等,学习受到限制。按照其支持者的观点,黑人语言可以成为一座桥梁。他们宣称黑人语言不是较差的一种语词交际方式,仅仅是一种不同的方式。这种观点认为,如果老师们在课内给黑人语言以合法地位,认同并支持它,那么黑人孩子将感觉更轻松,更能学好标准英语,因为他们感到由于自己本族的说话行为方式而受到了尊重。

“黑人语言”这个术语本身是对标准英语的一种文字游戏,因为在任何一本词典中都没有这个词。黑人语言融合了“ebony”(黑人)和“phonics”(语音)。它是暂时指代“黑人语言”或“黑人方言”的方法,这种语言是语言学家研究多年的现象。黑人语言有自己的规则和系统,因此,能做出使其合法化的决定,说明它不仅是一种“市井语言”,而是一种口头形式而非书面形式。

黑人语言在教室可能失败,但是,在年轻人聚集的地方,却实质性地受到礼遇,具有象征意义。黑人语言与其他文化要
141 素——发型、身体语言、态度融合——创造了一种不但被表达而且具有魅力的彻底城市黑人风格。Hip hop 就是这种文化融合的最佳例证。流行音乐、热门节目和城市广播、音乐电视、电视台的情景喜剧、好莱坞影片、广告活动、广场文化、运动场和体育馆、快餐店都是黑人英语被用来创造“酷”和赚钱的场所。

但是,黑人英语在课堂一直还不时髦,至少从大部分老师的观点来看是如此。对于黑人语言争论的核心是敏感的文化、种

族、阶级问题。有些语言学家相信，黑人语言可以追溯到非洲语言和表达模式。另外一些语言学家认为，它是美国语言的越轨。著名的美国黑人经济学家和历史学家托马斯·索威尔——本章下一部分将集中讨论其有关种族和文化的著作——提出，黑人英语的根源在英国和美国比在非洲更为深厚。他指出，黑人英语是美国南方受教育程度不高的白人所讲的话；而黑人则是从他们那儿学会的。另外一种观点认为，黑人变得越来越远离主流社会，他们已经发展起自己的交际和文化的体系和风格。黑人语言是疏离社会的产品。

黑人语言具有意识形态性，因为它代表了一种与种族和社会阶级相关的深层次的斗争。操着黑人语言，年轻的黑人们可以拒绝以主流美国标准英语和（派生与欧洲北部的）传统文化所设定的条件，参与社会并进行竞争。黑人语言是标准语言使用的合法功能的另一选择。许多人将它视为研究美国黑人的变化、历史和文化的线索。但是，另一方面，黑人语言完全可以用作很差的教育服务的挡箭牌。据 1998 年美联社报道的研究结果显示，86% 的美国黑人认为，在种族关系紧张和由于黑人语言引发的骚乱中，所有的孩子用“正确的”发音和语法说写标准英语是“绝对的重要”。

在此问题上无论采取什么姿态，有关黑人语言的争论都是文化的争论。它代表着文化的最确定和最有力的表征之一——语言。

针对黑人语言的斗争使两股力量相互对立——传统的标准 142
英语和语言的文化（被看做种族的）变体。黑人语言的倡导者以不平等的条件进入争论。他们必须与存在多年的官方语言作战。

但是,英语不再只是英国和美国的语言。英语已经成为全球性的语言。正如英国语言学家克里斯托指出的,几乎有四分之一的世界人口——大约15亿人——现在能说流利的英语,而且英语水平很高(克里斯托,1997)。这是如何发生的呢?

正如克里斯托解释的那样,由于英国强大的殖民统治,英语在17、18世纪开始传遍世界,最终植根于北美、亚洲、非洲和南太平洋的大多数地区。英语的传播扩张受到英国强大的海军和军事力量的支持,受到它在18、19世纪的工业革命中所享有的全球领袖的经济实力的支持,受到其在那个时代作为世界性贸易大国的地位的支持。当美国拥有优越的跨国军事经济实力时,在19世纪末和20世纪它继续把英语传遍全世界。

后来,为了提高效率便于交流,世界性的政治经济文化管理系统,如联合国、国际电信联盟、石油输出国组织和国际民航组织采用英语作为通用语言。人们普遍认为,世界为了一定目标需要一种通用语言。这种语言就是英语,一个在将来可能改变而在我们的有生之年不会改变的事实,并且没有一些激进的,或是渐变的世界经济政治和军事影响的重新组合,则这种事实也不会改变。[3]

文化"战争"司空见惯。这些战争常常以语言斗争的形式出现。例如,在美国针对"只用英语"原则的激烈争论,对于居住在有大量的西班牙裔人口的地区的美国人而言是再熟悉不过了。世界范围的语言斗争也不绝于耳。在加拿大,英语与法语竞争,而在印度,则与许多地方语言竞争。俄语与属前苏联的所有欧洲和中东加盟国的语言激烈竞争。在非洲,部落语言与殖民语言竞争。在中国,官话(普通话)与广东话之间的文化僵局永远也无法打破。

当第一代非英语移民被要求在学校和工作中说英语时,他 143
们感到的恐惧忧虑不是出于语言与交际,而是文化。甚至当人们清楚正确地说出一种语言时,一点点外国口音也会引起对说话人的动机和忠诚的怀疑。另外,语言—文化关系不限于词汇、语法和发音。社会权威也试图规范人们何时能说话,对谁说,说什么,以及以多大音量说话。然而,双语或多语移民确实有很大的优势。当主要语言在许多场合使他们感到不愉快,或被排除在外时,他们可以使用本族语言在很多社会情况下获得优势。确实,在后现代时期,语言的“代码转换”已经成为生活的共同特征和渴望的技能。再说,当美国移民的孩子们感到,由于其与主流社会在语言和文化上的差异而遭受歧视时,他们当然会更倾向于使用英语而非父辈语言。

英语产生的文化影响主要不再由口耳承传造成。美国发展了传播业和娱乐业——从电报、电话到卫星电视和电脑软件——这些在长达100多年的时间里稳步地将英语传遍世界。当然,最近和最有影响的技术发展是因特网,在那儿绝大多数国际的/文化之间的交际都是由英语来承担。世界历史上除了因特网外,再无别的事物能够如此促使人们使用英语。起初,世界最大的因特网服务供应商“美国在线”甚至不允许聊天室使用英语以外的任何语言,“目的是确保所有成员有一个舒适的社区。”

在全球范围内,英语的无处不在这一事实,有许许多多的意识形态的、政治的及文化的意义。它们不一定都对语言有利，或对说本族语的国家有利。对于英国及美国以外的人来说，英语代表进步和现代，但也代表支配和依赖。英语是殖民主义、帝国主义、军国主义、第一世界、旧世界、现代世界、后现代世界、英国广播公司(BBC)、好莱坞、麦当劳连锁店、摇滚乐、星球大战、海湾战争、因特网、迪斯尼乐园、有线电视新闻网(CNN)、迈克尔·乔丹、微软。对一种语言的全球性的提升代表着对一种文化的全球性提升，它暗示了文化的等级，如果你本族语不是英语，那就表明你的文化在世界范围内不是最优秀的文化。后果是冲突性的。

种族与文化

144 最根本的是我们是非洲人……我们需要调节祖先告诉我们的信息。

基·雅歌，以前的杰洛尼摩·普拉特，最近从监狱释放的前黑豹党人，在1998年加利福尼亚召开的世界非洲统一节上如是说。

你明白我为什么恨白人吗？也恨亚洲人。

查尔斯·巴克利，非洲裔美国职业篮球选手在一次赛后新闻发布会上，开玩笑地对一个白人记者如是说。

我从来就不是很有威胁的那种黑人。

科林·鲍威尔，前美国总统候选人，现已是退役的一名前美国陆军司令如是说。

认为 O.J. 辛普森犯有谋杀罪的美国黑人:25%

认为 O.J. 辛普森犯有谋杀罪的美国白人:75%

《今日美国》,1995 年 10 月 9 日

我们使用的词汇和我们思考问题的框架成型于几个世纪以前通过武力传播的文化模式。

托马斯·索威尔,非洲裔美国历史学家,1994:62

那就是它的方式。有些事物永远不会改变。

图佩·沙克尔,被杀害的非洲裔美国艺术家,摘自《变化》

也许任何事情都不像对种族的讨论让人纠缠不清。美国是研究种族和文化关系非常合适的实验室。这个国家由相当复杂的人们混合在一起,他们来自世界的各个地方。确实地,如果我们讲"土著美国人"——1492 年欧洲人到达以前占据美国大陆的本地部落——"这块地方"真正的人民,那么,我们则只提及当今美国人口的百分之一。甚至将"本地"人当作北美早先的居民的想法本身也受到大量的对立学说的反驳。它可能是在"土著美国人"出现很早以前,出现于此的欧亚高加索人。1996 年在华盛顿州发现的"肯威克人"头骨早已存在,并且与"土著"美国人毫无联系(《华尔街日报》,1999 年 1 月 8 日)。[4]接下来在巴西、智利和美国东部几个州的系列考古发现,已经置疑下述理论,该理论认为土著美国人是北美的原始居民,

而他们的根则可追溯到北亚。与土著美国人在体格上有明显的
145 差异,西半球的本地祖先有可能是中北欧,伊比利亚半岛或东北亚的移民。

在北美的种族讨论几乎总涉及黑人—白人问题。20 世纪 60 年代晚期,政府授权的科内尔委员会总结说,美国正在朝着两个社会运行,“一个黑人社会,一个白人社会——分离而不平等。”1998 年,来自一个相似的委员会——弥尔顿·S. 艾森豪威尔基金会的一份报告说,科内尔报告在 30 年后成了事实。虽然最近在美国更多的黑人已经进入中产阶级,并当选担任政治职务,但是富人与穷人之间的工资差距(穷人是不成比例的黑人)使大比例的黑人人口远远地落在后面。导致美国的社会经济差距和其他种族问题的原因是复杂的,有人认为它们是无法解决的。根据 1997 年盖洛普民意调查,有约 55% 的美国人说“种族将总是一个难题”,而有半数黑人认为“种族歧视是一个相当严重的问题”。年轻的受到良好教育的成就很高的黑人是最悲观的。

这些原因应当考虑并值得注意:年轻黑人男子进入监狱的数量远远高于其他种族群体;黑人失业人数比其他种族群体都高;黑人比白人更有可能依靠政府救济。在住房方面抱怨受到歧视的在册人数中黑人更多。黑人青年现在远离以前稳定的影响——家庭、宗教和社区——他们已经变得更孤独,比以前更可能自杀。受北卡罗林那大学调查的三分之一的黑人宗教信徒认为,艾滋病病毒是美国政府生产的用于对付非洲裔美国人的种族灭绝手段。另外的三分之一认为这“可能”是真的,仅有三分之一的人认为不是这样。黑人体育教练和其他教育工作者抱

怨，获得大学资格的规则和考试歧视非洲血统的青年男女，由此限制了他们受高等教育的机会。《新纽约人》杂志报道说，在20世纪90年代晚期，将近60%的美国黑人认为情况对他们正变得越来越糟糕。

但同时，我们看到了与此相反的趋势。种族差距在很多方面已经变得模糊不清。中产阶级黑人正在移向郊区。黑人与白人之间跨种族的约会和婚姻正在上升。而且，正如我们在下一
章中将探讨的，黑人已经以惊人的比例出现在通俗文化之中，这 146
包含着超乎寻常的文化特权的种种暗示。

文化和种族不是一回事，但是他们经常联系在一起，或相互融合。这是可以理解的，因为特别在前现代时代，特殊的生活方式反映了可以追溯到种族起源的共有的相互排斥的地理领地。例如，当我们说“中国文化”时，我们指源于种族和地理的想象中的人和生活方式。欧洲人长期以来根据地理（民族）边界标明文化的差异。然而今天，文化的种族和地缘政治定义尽管仍有力量，但正变得更为复杂、充满歧义。

以基因的、人类或社会群体的显著不同特征为理由将种族分离，这在科学原则上会有两个障碍。首先，种族的纯洁性在任何准确的科学意义上都不能合法地解释，因为有若干世纪以来的全球性基因融合。我们今天在世界上考察的人类移民和融合模式，恰好拓宽了史前记载的融合的范围。其次，正如意大利人口基因学家卢卡·卡瓦里—斯弗扎、包罗·门诺基和阿尔伯托·皮亚查（1996）的著作总结的那样，各个种族在基因上基本是相似的。种族群体内部的变异比群体之间的差异大得多，而且没有哪个种族基因优越于别的种族。他们声称，在基因层次

上，种族基本没有意义。从基因的角度来说，我们更多的是相似性而非差异性。

这是否意味着根本没有不同的种族？从基因的角度来看，显然是这样。然而我们仍然经常听到这样一些表达，如“种族歧视”、“种族主义”、“种族关系”等等。这是因为，在普遍的意识里，身体特征诸如肤色、眼睛的颜色、发色和蜷曲度、面部特征和体型仍然被识别为、分类为、评价为和判断为具有种族性。当然，在如下意义上这些特征是种族的，有些人比其他人有更多的非洲血统、或者北欧血统、或者日本血统，并因此看起来不一样，即使他们不是“纯粹的”非洲人、北欧人或日本人。

有些人希望找到他们认为的种族歧视的政治解决办法，他们有时候确认种族是被群体识别合法性和真实性的线索。例如，新西兰“本地的”毛利人向白人定居者要求得到土地所有权，以及岛州上的“民族夏威夷人”也提出的相似的要求，都是
147 基于“血缘单位”，以此证明以种族为基础的获得资金和其他合法的赔偿形式的资格（哈鲁阿拉尼，出版中）。

在21世纪初期，通过婚姻和繁殖的种族融合显然是世界历史上的明显趋势。然而，这种事实还须由许多的官方机关和机构提供机会，才能成为现实。例如，美国2000年的人口普查中，就没有供受普查人选择的“多种族的”项目。[5]各种类型的政府表格强迫混合种族的人们只选择一个家长，例如一位非洲裔美国父亲和一位北欧裔母亲所生的儿子或女儿，就必须选择“非洲裔美国人”或“黑人”，作为种族类别的自我认同。这种奇怪的情形可以在文化历史中找到，我们下面讨论其中的一个例子。

文化调节种族:巴西和美国

> 美国的种族类型只有两个:白人和黑人。一个人只能居其一,没有中间情况。尽管所有的美国人,白人和黑人,在成长过程中都毫无疑问地接受对黑人的定义,没有任何逻辑。没有理由说明,为什么一个拥有一半白人祖先血统和一半黑人祖先血统的人应被定义为黑人。
>
> 德格勒,1971:102

> 不谈及变体和多样性就不可能谈论巴西音乐。那就是巴西音乐的全部情况,因为它反映了我们的人民。我们是不同种族与不同宗教信仰的人混合在一起的人民,因此,创造出原始的事物、不同的事物和新兴的事物则是自然的。
>
> 当代著名的流行歌手玛利塔·蒙特接受《圣何塞水星新闻》采访时如是说,1997

在美国,一个仅有"一滴"非洲血统的人就被认为是"黑人",而在巴西拥有八分之七的非洲血统的人在大多数情况下不被认为是非洲人或黑人,而是姆拉托人。一个巴西人有一位"黑人"(非洲)家长和一位"白人"(欧洲)家长的话,他很可能被认为是棕色人(moreno)。但是,这些仅仅是基本的分类。德格勒讨论了巴西部分地区所做的种族分类:preto retino(深度黑色)、preto(黑色)、cabra(轻度黑色)、cabo verde(黑色,直头发、148
薄嘴唇、窄而直的鼻子)、mulato escuro(混合种族而有显著的非洲成分)、mulato claro(肤色明亮,混合种族而较少非洲人形貌)、pardo(肤色明亮的姆拉塔人)、sarara(肤色明亮,红色或棕色的卷曲头发)、moreno(肤色明亮,直头发但不被列为白人)、branco de terra(白人,但有一些非洲人特征的痕迹)、branco(白人,欧洲祖先但根据发色分成金发白肤和褐发淡黑肤)。所有这些可能变得混乱,例如,一个浅肤色、绿眼睛、淡色头发的"棕色"巴西人到了美国以后,他或她发现其"种族"突然之间改变了。

正如我们所知道的那样,种族在基因上是不确定的。种族的概念也大不相同。我们可以利用巴西和美国的文化语境来探索文化如何调节种族的观念。下列分析的大部分摘自美国历史学家卡尔·德格勒(1971)的获得普利策奖的著作《既非黑人又非白人:巴西和美国的奴隶制度和种族关系》。

将非洲奴隶带到美洲国家的两大进口商是殖民国家巴西和美国。现在,在这两个国家废除奴隶制度若干代之后,美国和巴西拥有居住在非洲以外的最大数量的非洲人后代。有关居住在这两个国家的非洲人后代,我们能够说些什么呢?他们如何生存,他们如何被看待?

许多源于几个世纪以前的非洲的文化模式,在今天巴西和美国的奴隶后代的生存方式及被对待的方式中依稀可见,与此同时,非洲人与这两个国家的主流民族文化和地域文化相互形成的社会历史,也造成了重大的差异。至少在表面上,与美国的非洲裔美国人相比,巴西的非洲裔巴西人与其他种族的人民相处得更好。例如,我曾经在我的班上看到一个非洲裔巴西女大学生,一天晚上她充满爱意地轻触一个金发碧眼的女同学的头发,并评论说,她"爱"那位金发碧眼的女孩的头发的颜色和质地。我心想，这种交流不可能发生在美国，甚至也不会发生在加利福尼亚。这种由非洲裔巴西人（顺便说说，这是一个在巴西不用的术语）表达的友好对于欧洲裔巴西人（同样不用的术语）是不可或缺的。在巴西，成群结队的朋友几乎总是形成各种肤 149
色的一道彩虹。学生和工人不以肤色划分，在咖啡馆也坐在一起。没有“黑人社区”。巴西可能是“世界上最能容忍种族差异的国家”（德格勒，1971:96）。

在美国和巴西，这些对于种族的不同观念是怎样历史地、文化地出现的？在美国，非洲奴隶比在巴西受到更粗暴的对待，因此，种族仇恨在北美依然存在，而在南美已经消失，事实是这样吗？然而，卡尔·德格勒提出了另一个很有说服力的解释。他那复杂的论点可简短地概括为，黑人与白人、奴隶与自由人之间的歧视从殖民时期一开始，就被写入了巴西与美国的法典中。但是，在巴西这样的法律被取消了或从来没有严格执行过。对于谁在种族上是非洲人或“黑人”以及谁不是的法律界定，在巴西从来没有准确做出过，因此，种族界限也从未清楚地划定过。另一方面，在美国，当涉及任何人的非洲祖先时，有关界定“黑 150
人”的“血缘数量”的区别是非常明确。

在巴西，葡萄牙移民是到达南美洲的单身男人或没带妻子的男性。开辟种族间通婚的条件比较成熟。在美国，殖民时期的多数移民是整家人到达的。殖民时代北美洲的欧洲人与非洲人之间的性联系相对地少些，秘密些。另外，到巴西的葡萄牙移民的性文化方面与到美国的英国和北欧移民大不一样。葡萄牙男性的性事自动行为与英国清教徒和北欧人形成尖锐的对照：“甚至在今天的巴西……家庭仍然由父亲主宰，他完全控制并独立支配他自己的性行为；他的妻子对其情妇或婚外恋视而不见。作为回报，他非常小心，不至于忽略家庭的生计"（德格勒，1971：232）。

英国人与葡萄牙人之间的意识形态差异也以其他方式融入殖民社会现实中。最为重要的可能是北方人强调个人权利，以及作为绝对文化价值观的自由的界定。这就在美国产生了一个在奴役与自由之间的明确的差异。另一方面，葡萄牙文化曾经是（仍然是）更等级化的、传统的和更带天主教色彩的，因此"没有形成人人平等自由的理由；每个人在社会等级中都有自己的位子，有的高，有的低，有的不高不低。在这样一种制度中，白人、黑人、棕色人都有地位；自由人、半自由人和奴隶也有地位"（德格勒，1971：163）。

在这种差异中，经济学也扮演着重要的角色。尽管奴隶制在巴西比美国废除得晚些（巴西在1888年，美国在1863年），但是，在19世纪后半叶和20世纪初，巴西经济给前奴隶提供的机会比同时期美国提供给已经解放的黑人的机会大得多。与美国进行的全方位对比中，废除奴隶制时的巴西人口稀少，居住于这个国家的绝大多数人是黑人或混血种人。在美国，黑人必须为在拥挤的劳动力市场上得到半技术化的工作而与白人竞争。这样，在美国以前的奴隶让白人恐惧，而在巴西情形不是这样。

151 另外一个重要因素是，与贩运到美国的黑人之间缺乏联系相比，巴西的非洲奴隶与非洲保持着紧密的联系。不仅仅巴西比美国与非洲在地理上更为接近，而且巴西黑人——奴隶和自由人——与母体非洲维系着经济和文化的紧密联系。许多以前的奴隶返回了非洲，甚至参与奴隶贸易，这种活动几乎一直延续到20世纪。这样的跨越大陆的联系在北美洲黑人与非洲之间却未能形成。今天,人们也能在巴伊亚——以前的奴隶进口地——看到这种微妙差异的遗迹,在那儿,仍然保持着非洲食物、宗教、音乐和许多其他文化因素。今天许多巴西人真正感到与非洲相连,受非洲吸引。很少北美黑人有这样的思想感情。

所有这些历史文化的发展形成了巴西和美国特有的不同种族文化关系。人被以种族的观点来看待,很大程度上是一个经济、文化、地理、历史的产物,并极大地影响今天的社会观念。因为巴西人是以同身体特征和社会阶级相关的一系列地位划分的,所以南美洲民族没有遭受像美国那样的“我们”对“他们”的精神痛苦——德格勒称之为美国人的“强迫关注种族纯洁性”(189页)。在巴西,混血种人可以利用“姆拉托人逃过统计”的优势,而在美国,混血种人仍然是黑人。然而,两个国家种族政治的这种差异不应当解释为对巴西的非洲后代有利。因为,在巴西种族从来就不是一个大的问题,种族主义常常带上不甚明显的形式。结果是,很少有人亲身意识到种族问题,也很少发生反对种族歧视问题的政治活动。

> 我们都有棕色眼睛、棕色头发、棕色皮肤。我们为何相互残杀?
>
> 旧金山市海湾地区团伙暴力中被杀害的
> 13岁女孩的母亲的话

任何绝对意义上的基因因素都不可靠,但种族确实以各种散漫的模式发挥作用。事实上,当“文化”确实可以更准确时,
“种族”是一个频繁使用的术语。种族是合适的身体线索。然 152
而,身体特征可能是相当微弱和误导的文化表征。我们通过观

察成型的独特的思想行为方式,将自己与他人区别开来,我们寻找身体特征指导我们的分类。这种典型的活动马上发挥作用,帮助我们感觉世界,保护自己,但同时,它们可能产生不可靠的文化结论。来自索马里和尼日利亚的非洲人可以都是黑人,但他们的文化却大不相同。日本人和越南人可能有相同的身体特征,但他们也大不相同。德国人和法国人(主要地)被划分为白种欧洲人。挪威人和意大利人也是这样。阿根廷人和危地马拉人都是说西班牙语的拉丁人,但显示出巨大的文化差异。

内部文化模式

如果文化模式不是基因和种族所决定的,那么它们来自何处?鉴于有证据表明基因无助于解释人类的差异,那么合乎逻辑的结论是,人们由于影响社会群体的环境因素而在文化上相互不同。如果是这样,中心问题则是长期存在的环境影响。文化模式是短期的吗?或他们经过长时间进化而来?文化群体以独具特色的方式思考行动,主要是因为他们今天所处的形势,还是行为的潜在倾向受制于存在了若干代的环境影响?这个问题的答案来自许多方面,而且经常受到明显的有偏见的政治动机的激发。例如,有人认为文化模式,尤其在“没有成就的”群体中的文化模式,是对受压抑的、地方的、相对短期的条件的反映,他们常常认为政府或者其他机构的干预可以解决这个问题。一个这样的突出例子是,确定积极的行动计划,通过降低标准或定额给“没有表现机会的少数民族”,提供更多的工作和受教育的机会。

有些人认为,今天的文化模式是很久以前发展起来的,并已经经历若干世纪。这些模式不是给定的、遗传的，也不是永恒的，但是它们会延续若干代人并保持相对的稳定，即使文化成员从一个地方迁移到另一个地方也是如此。然而，这种观点在许多学术领域里被认为是错误的或“政治上不正确的”，因为它撇
开基因或种族的阐释，却仍然认同总体上种族有相当稳定的价 153
值观和行为，而这些在他们新的环境中可能会也可能不会很好地服务于他们。

“长远”观点的最有说服力的代言人是美国黑人历史学家、斯坦福大学胡佛研究所的高级研究员托马斯·索威尔。索威尔长达几年漫游世界的目的是，为了研究种族与文化之间复杂而敏感的关系。他认为文化的延续性和持久性，可主要运用他声称的内部文化模式来解释，而这种模式先在于当前环境：

> 群体文化模式可能真是环境的产物——但常常是存在于大海对岸，存在于早已忘却的祖先的生命中，而作为经过提炼的价值观、偏爱和习惯，经过几代人传递下来的环境的产物……通过过去的不同外部环境形成其技能和价值观的人民，在今天倾向于拥有不同的内部文化模式，通过它去迎接展现在当今外部环境中的机遇与挑战（索威尔，1994：X，229）。

内部文化模式来自哪里呢？索威尔认为，文化形成和延续的关键因素主要与地理的社会后果相关。文化与文化不同，其部分原因在于“不同的人民和不同的文化从极端不同的地理环境演化而来这样一个简单的事实”（索威尔，1994：13）。他说，获得有用的水道也许是最为重要的。获得有效的海上航运船只才允许同其他文化群体的相互交流。在有关“海岸人民”长期

拥有的优势的讨论中，索威尔指出，黑人非洲国家的水道尤其有局限性："地理不决定一切，但它可以极大地设定人类发展可能的限度"（索威尔，1994：237）。

内部文化模式居于并长期存在于集体意识和集体记忆的最隐秘处。它们不是绝对的或决定性的，它们于任何文化群体中每一个人都不一样。它们通过日常生活不断得到强化。正如索威尔指出的那样，这些模式很难变化，特别是在那些与其他文化
154 群体相对隔绝生存的群体。墨西哥南部奥克萨卡州的内陆高原的米克丝特克本地人就是这样。美国的一个慈善机构最近在奥克萨卡建立了一个医疗诊所，帮助米克丝特克人治疗严重的疾病，防止早夭现象。然而，米克丝特克人断然拒绝了这个现代化的诊所，拒绝优秀的医生和很好的药物，相反，他们爬上山坡，走过诊所，来到一个天然的喷泉旁向上苍为自己的健康祈祷。米克丝特克人认为，他们所染上的疾病是上帝对他们的惩罚，而决非北美医生说的是由于恶劣的卫生条件所致。

索威尔的概念"内部文化模式"是否意味着，文化群体被永久地刻上了特定的角色和地位？内部文化模式及其后果是否会改变？是否有一个永久的全球性的文化等级？根据索威尔的观点，"没有必要说，特定的人们或特定的文化在所有事物和所有时候都比别的优越。相反地，能在科学、技术和组织领域处于世界领先地位，是经历几个世纪和上千年的世界历史，从一个文明转移到另一个文明的结果"（索威尔，1994：6）。例如，索威尔做出了惊人的研究发现，在罗马人到达时，英国人在文化上完全不为人所知："在古代英国受到罗马军团入侵征服以前，没有一个布里顿人做过一件在世界历史上留下其名的事"（索威尔，

1994:63)。他说在罗马人于公元5世纪撤出英伦三岛以后,英国又倒退至野蛮的社会活动状态。罗马人缔造了后来可能成为世界第一的工业化国家的文化,但它在当时却是所有欧洲民族中最落后的文化。

那么,文化特点或品质绝不是先在的、无法避免的或永恒不变的。这是极端重要之点,因为它意味着,内部文化模式概念绝不能与任何基因决定论或种族决定论解释相混淆。

托马斯·索威尔在其讨论种族与文化的著作中,仍然对提供任何政治正确的利益不感兴趣。相反地,由于他主张被有些学者视为保守的甚至反动的文化观点,而经常招致批评。这反映出人们对种族抱有的极端敏感的态度。有些批评家尤其怀疑索威尔的观点,因为他是黑人。尽管他有无懈可击的证明材料,但是,20世纪90年代晚期,在前任总统克林顿任命的一个吹牛拍马的种族关系委员会中,托马斯·索威尔很明显地被排除在外。作为一个历史学家、经济学家和"自由市场"的倡导者,索
威尔说他尽可能客观地考察事实与倾向,然后试图解释文化如 155
何发挥作用,尤其通过考察不同文化的经济生产力。例如,索威尔想了解,为什么犹太人、中国人和黎巴嫩人无论到哪儿,在经济上都能做得很好。另外,他指出,正是他们的坚持不懈和成功,他们有时受到移民的反对:"许多国家的许多人已经认识到了犹太人、中国人和黎巴嫩人的能力,而其他的人则将这种能力作为歧视他们的理由"(索威尔,1994:155)。在印度尼西亚,最近刚发生的印度尼西亚人对华人的骇人听闻的虐待,仅是这种破坏性文化倾向的一个特别麻烦的例子。

被"解域化"的文化群体(如,巴西的前非洲奴隶,法国的阿

尔及利亚劳工,美国的墨西哥农场工人,英国的印度专业人员,中国香港的菲律宾家庭佣人,瑞典的智利难民)在他们新的国土上总是面对歧视。歧视的形式由于文化和阶级的不同而不同,不总是有意识地或恶意地歧视。当今,处于"解域化"的人们的文化模式反映了他们的内部文化模式的忍耐力,以及他们在最近历史的当地条件下的反应方式。除了与之相反的特征外,美国对于来自世界各地的其他移民有如此大的吸引力的原因之一,是因为人们能相对自由地进行文化表达。美国人奉为至宝的权利——尤其那些宗教自由和言论自由权利——真正是一种文化自由的保证,而在地球上鲜有地方能找到这种自由。

社会阶层与文化

文化不仅基于种族,而且基于社会阶层。种族与阶层紧密地相互交织在一起,但是在文化分析中它们的联系往往被忽略。例如,谈到韩国文化,会使人想到一种定型的或理想化的形象,这种形象掩盖了在很多方面,富有的韩国人与穷困的韩国人的生活是多么的不同。假如文化成型于日常生活的话,而穷人与富人的日常生活不相同的话——即使在同一阶层,而且生活联系紧密的人群中——那么,文化则通过社会阶层有意义地显示出其不同之处。从另一种角度来说,社会经济等级中的个人或家庭的地位不仅仅是经济地位,而且也是一种文化的界限。

在各种各样的批评理论中,这种社会结构与文化的关系已
156 经得到充分认识。然而,这些学者们所做的典型论断是,文化不应当作为分析概念被赋予太高的地位。他们说,文化不能独立

于政治经济力量而存在。事实上,文化是由这些力量所创造的,文化是一种政治经济“结果”。人们如何生活,主要取决于他们在收入与社会地位方面位居何处。

我们不能接受这个论断。事实上,文化以各种不同的方式结构,其中一些是以社会阶层的差异来结构的。但是,*文化当然不由物质关系或社会阶层地位决定*。文化也不居于次要地位。那些将文化看做社会阶层的产物的人没有考虑文化的变体、权力和范畴,以及它尖锐的矛盾性。任何认为文化受政治经济力量决定的理论,忽视了人们在常规的及不太常规的日常生活中,进行文化生产的重要而富有创造力的方式。因此,文化不能被认为是某种“简单地派生于阶层,似乎是意识形态的粗糙形式”的东西(罗和谢林,1991:9)。文化差异与阶层差异不一样。我们需要一种目光不怎么褊狭的批评观点。

多年来,社会理论家和研究人员事实上一直在社会结构与文化的复杂联系中艰苦探索。例如,在社会学与传播学方面,一些学者曾试图解释在文化领域内如艺术与音乐,为什么不同社会阶层的人会喜欢不同的风格,为什么一个巴西青年会喜欢桑巴音乐而另一位却酷爱摇滚乐?为了解释上述差异,美国社会学家赫伯特·甘斯试图用他所定义的“品味文化”概念来将社会阶层与文化联系起来。品味文化指的是在一个社会中所处的**文化阶层**,它与该社会的**社会阶层**紧密相连。然而,甘斯(1974)并没有将两者等同起来,他发现了两者之间很有意义的对应关系。社会经济上层人士比下层人更喜欢古典音乐,便是一个简单的例证。然而,社会阶层与文化品味之间的这种对应关系并非像上述的例子那样绝对。重金属、打击乐、摇摆舞、摇滚乐、爵士乐乃至乡村音乐和西部音乐的乐迷群体，虽然他们更多的共同点在文化，而非音乐趣味，但决不能将他们用社会经济阶层来简单归类。让我们再回到桑巴与摇滚乐的例子上来。在巴西，桑巴被认为属于社会经济下层青年，而摇滚乐则属于上层青年；然而换到欧洲和北美（在那里桑巴完全被当成一种异国风情的文化形式来接受），情况则截然相反。乔治·H. 刘易斯
157 认为，品味文化并非仅仅植根于社会阶层地位之中，他将甘斯的理论富有成果地进行了详细阐述。刘易斯（1992）的研究阐明了：人们为什么会对打击乐、乡村音乐、西部音乐等音乐形式产生偏好；文化品位与人口结构、审美倾向与政治策略是相联系的。

习　性

法国社会学家皮埃尔·布尔迪厄的研究著作（1984；1990a；1990b；1993）当然算是关于文化品味与市场结构之间问题重重的复杂关系在理论上最体系化、最深入的研究成果之一。布尔迪厄研究了20世纪60年代法国社会中生活在不同社会地位的人们的文化价值观及其活动。他试图找到一种描述和解释法国人的生活方式的方法，这些人在如下一些因素有所不同，如生活地区、职业及谋生手段、经济地位和受教育情况、艺术偏好和审美品位以及其他日常生活的方方面面。布尔迪厄重新恢复了习性这个概念，将所有生活方式纳入一个基于一定的社会互动的解释范式。这种涵盖性的理论概念就是习性——一种通过社会习得的文化先在倾向及活动，通过生活方式将人们加以区别。

人们声称习性解释文化品位的同时，它却不是一个僵化的、游离于感知的社会的审美体系。习性是我们生存的方式。它渗透于我们的身体和头脑及我们的情感和逻辑之中。

习性通过社会经验习得。社会阶层以主要的方式组织社会经验，因为人们主要受到他们的当下环境中的社会经济条件的影响。他们“在社会空间中内化其地位”（布尔迪厄，1990a：110）。但是布尔迪厄和其他理论家指出，社会经验不只反映个人在社会经济等级上的位置。一个人在文化方面学的东西，不只局限于相同社会阶层的人们的品味及活动，虽然要受到它的影响。我们在法国和任何其他地方所见到的文化风格的多样性，就是以部分通过社会经济因素形成的方式而组织起来的，同时，也受到其他的次要的结构性和可预见的影响而发展起来的，尤其在一个大众媒介和象征性文化形式广泛传播的时代（汉内兹，1992：13—14；汤普森，1995）。

那么，我们如何发展我们的文化风格，我们的习性？布尔迪厄以一种来自于体育世界的著名隐喻，来描述文化学习的过程。158
他认为，习性发展的方式与运动员获得知识与策略的方式有相似之处，即通过他们的“对运动的感觉”的方式。尤其在处于经常活动的体育运动，如足球或篮球中，老队员几乎本能地知道该做什么。像熟练地参与一项体育运动一样，文化性质与风格变成了第二特性。基于积累起来的知识，你知道做什么，甚至不用思考一下。对文化游戏的感觉从有动机的、策略性的、重复性的和切合实际的经验发展而来。以这种方式，习性变成了“一个获得癖性的系统”和一个“行为的组织原则”（布尔迪厄，1990a：13）。

体育运动不仅为习性如何习得提供很好的例子，而且也表明习性如何体现。奥运会与世界杯给人们提供绝佳的机会，观看来自世界不同文化的选手和运动队上演不同的体育比赛。例如，当两支队伍在同一赛场遵守同一规则进行比赛时，想象德国队与尼日利亚队参与比赛的方式多么的不同。巴西闻名全世界，不仅因为其无法超越的胜利记录，而且因为它参与比赛的“漂亮”形式，一种反映巴西文化整体上的创造力和感觉。

159 构成习性的有关癖性的体系与语言非常相似，有一种生成特质(乔姆斯基,1972)。像语言一样，文化的倾向性是开放的体系，在实际运用中，它特殊的形式、风格和意义不断地被创造、强化和传承(即“生成”)。习性的生成特性强调了布尔迪厄提出的几项关键的理论性论断：社会因素是有目的的、积极的中介物，它不是盲目地复制文化；构成习性的行为模式是模式化的，而不是很有规则的或合法的；癖性体系的一部分以及习性的切合实际的逻辑是“不透明”，这确保即时性和临时创作将使人们具有“与世界普通关系”的特征(布尔迪厄,1990a:78)。习性的不明确性、生成特性和不透明性反映了它的多种可能性。习性不是个人或群体的适用于所有场合的一致的文化风格，与之相反，它是与不同的文化领地、文化范畴或“领域”相关，独特地获得并得到锻炼的(布尔迪厄,1993)。

结　　论

皮埃尔·布尔迪厄的理论著作特别重要，因为它试图提出一种有关文化与社会的恰当的复杂而动态的理论。然而，当今的全球化的文化现实,与布尔迪厄分析过的阶级等级化,相对同一的20世纪中叶法国社会轮廓没有多少相同之处。当今的法国有更多的移民人口,特别是北部非洲移民。而且,最为重要的是,那个时代的法国的传播和娱乐媒介与今天法国人能获得的手段大不一样。文化生活的本质特征与动力已经变化。用理论术语来说,作为相对长期性的整体的文化,在许多方面,已经让位于商业媒介充满享乐主义的短期生活方式。在世界许多地方,文化已经变得鲜有集体性,更多的个人主义,鲜有群体身份,更多的个性化风格。许多年以来,人类对社会性、群体性和身份的需要也许变化不多。变化的是人类,技术的和符号的全貌,引发新的文化形态和样式。在21世纪的曙光出现时,文化的中心是下一章的主题——大众文化。

第七章

象征性权力与大众文化

充满羡慕之情的朋友："嗨，那就是你那个漂亮的宝贝！"

母亲："哦，那没什么——你应该看看他的照片！"

丹尼尔·J. 布尔斯廷，形象

非常有意义的是，在上个世纪末，詹姆斯·邦德系列电影之一《明日危机》中的重要人物——一个恶棍，不是一位为一个变节政府、一个腐化的工业家或宗教恐怖分子卖命的侦探，而是一个卢培特·默多克、特德·透纳或西尔维·奥贝卢斯科尼式的媒介巨头。邦德在电影中的对手不仅报道新闻，他还试图通过垄断操纵全球卫星电视系统和成千上万的日报，从而生产、控制新闻。这部电影令人吃惊地、具有批判性地展示了在信息时代和高科技传播时代，社会权力的工具和手段已经发生的变化。

权力有许多形式。正如约翰·B. 汤普森(1995)指出的，*经济权力*在工商业界制度化；*政治权力*在国家机器里制度化；*强制权力*在军队、警察和监狱机构制度化。但是，*象征性权力*，在今天有重要的意义，它持久、具有弹性、更为民主。象征性权力被界定为“运用象征性形式干预事件进程的能力,影响他人行为而创造事件的能力,采用的手段是象征性形式的生产和传递”(汤普森,1995:17)。

一种“象征性形式”可以想象成类似一个身体姿势,语词言
语或者洞穴壁画之类的某种东西。但是,用于我们的目的,象征 161
性形式主要指通过印刷、照片、电影、视听或数码等技术复制和传递的人类交际的内容。

象征性形式不随意或孤立地出现。它们构成代码,要求知识,提供阐释。它们被设计为其创造者和资助者服务。尽管象征性形式的意义从来就不能完全固定,但是,它们反映一定的社会文化和意识形态主题以及偏见。通过传播媒介和受众,象征性形式被做成叙述、风格流派和语篇的形式。这是象征性形式确定其个性和力量的重要方式的一部分。

像政治、经济和强制权力一样,象征性权力经常被制度化,并为社会经济精英的利益增长而发挥作用。明显的例子是大众媒介组织,它们的自身产品就是象征性形式,正如《明日危机》中令人不安地描述的那样。几个世纪以来,象征性权力推动了宗教界的利益,教会“主要关注属于野蛮、精神价值观和来世信念的象征性形式的生产与传播”,也推动过学校和大学的利益,它们“关注获得的象征性内容(或知识)以及有关技能和能力的谆谆教诲”(汤普森,1995:17)。所有社会影响的源泉依赖于象征性形式,依此调节它们在当今大众媒介化世界中的力量。在一个拥有电视,投票人缺乏热情,人们在政党间游移不定的时代,政治竞选者们要求精心设计个人形象。广告公司和公共关系公司联手策划象征性的、宣传其客户的运动。政府运用宣传

训练它们的人民。旅游产业激发岛屿幻想。甚至政府军事力量也通过梦幻般的征兵广告,试图将没有魅力的工作吹得很有魅力。

任何人都可以成为那些依赖象征性权力强化和使信息关联的社会权力代理人。但是,象征性权力,不只是扩大那些从其他制度化权力形式受益的既得利益和目标。比“硬性的”政治经济强权的权力来源更为易得和有用,象征性权力与“软性的”意识形态,艺术和文化领域相关,并有促进作用。这些领域是社会精英力量最终无法控制的。尽管象征性权力能由金钱和权威策动,但是,它不要求金钱投资或管理。象征性权力强化硬性权
162 力,但是它也降低、嘲讽硬性权力并使之相对化。日常生活中,人人都可以创造性地利用象征性权力,帮助个人和群体应付、适应、创造和改变经济政治力量和强迫性影响所构成的环境。

这是因为,象征性权力的原材料——象征性形式——不像政治经济强权源泉那样有局限。政治竞选者、政党和竞选经费的数量是有限的。经济机构有预算和最低限量。军队的武器弹药可以计算。另一方面,象征性在人类想像力无止境的至关重要的领域发挥作用。象征性形式永远也用不完。它们天生就对可能的阐释的不定性、多样性敞开大门,这是一种鼓励人们创造性地运用象征性形式的情形。

象征性形式是*多义的*。它们对于不同的人们意味着不同的意义。它们是多义的,因为对于相同的人在不同的时间、地点和场合以及不同的情绪下,可以有不同的意义。象征性形式有*聚合性*,因为它们能富于创造性地综合、改变、重新结构语境并分化,以及增加到其他形式上。意义从来就不是明白的。意义结

构是过程化的,高度主观性的。这样,象征性权力由信息发送者和信息阐释者以及使用者,在相对宽阔的能指范围内被操纵。

60年代与象征性权力

来吧,战争的主人
你,制造了所有的枪炮
你,制造了死亡飞机
你,制造了巨大的炮弹
你,躲在高墙后面
你,躲在书桌后面
我只想要你知道
透过面罩我能看清你

鲍勃·迪伦,“战争的主人”,1963

充实你的头脑

杰弗逊飞机,“大白兔”,1967

象征性权力长期被宗教组织、政府、公司、教育机构、政党和主流文化媒介用来提高它们的利益。但是,20世纪60年代,在 163
美国和其他地方,象征性权力十分盛行,不仅仅强化社会的固定性机构、它的主流意识形态和文化的方式。相反地,象征性权力被用来发动意识形态的和文化的战争,对抗权力集团。60年代为人们提供了一个绝好的例子,表明:极具扩张性而无所不在,最终无法控制的象征性权力如何使传统的社会权力形式相对化,并永远改变了文化景观。

几个历史因素为20世纪60年代象征性权力的爆发搭建了

舞台。美国被以下事件分裂了:越南战争,民权运动,“黑人权力”运动,“信用差距”以及“代沟”,女权主义的死灰复燃,性解放,越来越多的中上层阶级的青年吸毒,约翰·F.肯尼迪、马丁·路德·金、罗伯特· 肯尼迪以及马尔科姆·X 等人被暗杀,对中央情报局非法卷入外国事务的指控(特别是智利总统萨尔瓦多·阿连德的被杀),对环境问题及核武器潜在的破坏力的认识,消费运动,理查德·尼克松由于“高层犯罪”受到弹劾威胁而被迫下台,美国青年对已经建立起来的价值观、教条和生活方式的全面的重新思考。

60 年代的政治文化混乱(这种混乱至少一直延续至 1975 年美国从越南发狂似地撤军)主要由可供选择的通讯媒介的迅速发展推波助澜,由传递给迅速扩大的受众的富有创新性的象征性权力内容推波助澜。象征性权利需要象征形式的流通/传播。没有这些发展,60 年代的革命氛围和随后的觉醒都不可能发生。

甚至最为主流和商业化的大众媒介——电视也扮演了政治文化领域的革命角色,它把战争带到千家万户,这是以前人类社会从未经历过的方式。战争开始时,90% 以上的美国家庭拥有电视。来自东南亚的电视报道,对于政府所作所为变得越来越挑剔。战争的形象出现在电视上,让美国公众为之震惊。

60 年代,广播成为施加象征性权力的强有力的媒介。调频电台改变了广播模式,从古典音乐变成了激进的摇滚乐(起初为“地下音乐”),以此吸引迅速崛起的“出生高峰期”一代的消
164 费者市场。20 世纪 60 年代中期以前,调频广播很少;收听调频广播是高保真爱好者的收听范围。但是,随着一些激进的调频

电台在如旧金山、纽约、洛杉矶等地市场上涌现,年轻人全部开始购买调频收音机,改变了广播与音乐产业。由于其优越的真实性、更大范围的听觉表达力、立体声表现力以及可供选择的音乐文化,调频广播电台开始占领听众份额。保守的电台老板雇用长头发的嬉皮士播音员,因为他们的"怪异"、他们的责骂、他们的音乐能比以前的播音员和播出形式赚更多的钱。音乐主持人鼓励听众制止战争,凝聚种族,摆脱商业的单调乏味,吸毒,置疑权威,摆脱父母的控制,并且干脆抛弃现存的一切。

激进的摇滚乐的流行暴露了一代新兴的音乐人和音乐类型——极其有力的象征性形式——从吉米·亨德里克斯,"大门"乐队和"凌脂"乐队到琼·贝丝,拉维·桑卡和法洛·桑德斯。加利福尼亚的蒙特利流行音乐节和纽约的伍德司托克音乐节进一步使激进音乐和媒介倡导的选择意识成为规范,并进一步使之强化。

其他可以选择的媒介包括地下报纸、《滚石杂志》、独立的及进口的影片、甚至连环画册,都为革命的象征性环境做出过贡献。

毫无疑问,60 年代是美国和世界历史上不平凡的时期。针对战争、种族、性别、身体以及美国价值观和美国政策的核心进行着激烈的政治斗争。社会权力术语蜂拥而至。60 年代,政府和大公司最大限度地实施政治、经济和强制权力,但甚至最无选举权的嬉皮士也感到,"统治人的权力"、"花朵的权力"、"做爱,不要战争",其他的同时代的象征性运动与呼吁也有强大的渗透力。在 60 年代的文化骚动时期,象征性权力不只是弥补政治经济强制权力的缺乏,它激发了文化反思和意识的转变。因为象征性权力在神秘的人类想象和意识领域发挥作用，由它引发的心理的、社会的和文化的影响只能估计，从来不能精确测量。另外，60 年代的象征意义从未死去。它的社会政治和文化影响在全世界范围内以集体记忆的形式保留下来。

大 众 文 化

165 一些人追随勃拉姆斯，斯汀和卡洛斯·福恩特斯，其他人更喜爱胡里奥·伊格来西亚斯，阿来扬德拉·古丝曼和委内瑞拉肥皂剧……好莱坞及流行音乐偶像、标名牛仔裤和信用卡，各国体育运动英雄……构成时常可以获得的符号的全部内容。

加西亚·坎克里尼，1995:51

符号的游戏变成了经验的范畴。

查尼，1994:213

拉丁语中的术语“大众文化”字面上指“人民的文化”。在此意义上，流行并不像人们经常理解的那样，仅仅意味广泛流传、主流、居支配地位或商业上成功。大众或通俗文化意指*这样一些艺术与风格，它们来源于普通人的创造力，并根据人们的兴趣、偏好和品位流传于人们之间*。这样，大众文化来自于人民；它不只被给予人民。这种观点背离将文化材料生产者和消费者区别开——将文化产业与接受语境割裂。通过阐释和使用流行的象征性形式，人人帮助生产大众文化。

大学教师喜欢问学生的一个问题是,“大众媒介是反映社会现实还是创造社会现实?”毫无疑问,最佳的答案是“都是”。更为有趣的问题也许是“媒介怎样反映和创造社会现实？谁受益？通过什么方式?”或“媒介怎样帮助促成文化现实的社会建构?”当然,从技术上来说,媒介既不反映也不建构“社会文化现实”,因为不存在这种纯粹的永久性事物。另外,媒介制作者没有兴趣反映或创造现实。他们所做的就是将象征性的碎片连缀起来,以此种方式而非彼种方式生产出与我们的环境相似的形象和故事。

除了迅速抓住公众的好奇心并获得短期效益以外,没有谁会忠实地生产任何事物。例如,在开发黄金时间的电视节目过程中,制片商、广播网络官员、电视台决策人和广告商都在研究并挖空心思猜测观众愿看什么。[1]同样地,流行音乐产业出生的艺术家和作品代理人穿行于大街小巷,搜寻可以打开市场的人才。所有被文化产业选中的内容被包装起来,投入预演,同时充 166
满风险的事业开始了。大众文化市场非常难以预测。一定的主题、体裁、声音、风格与明星奏出互相呼应的和弦,与受众成员的身份、情感、意见、品位和抱负形成共鸣。然而,绝大多数电视节目、流行音乐、快板歌、小说、电脑软件和其他文化产品都不能带来利益。

因此,文化产业的角色就是招揽、选择、分类、推销和分配一定的象征性资源,希望能吸引一个能独立发展的市场。这些资源的形式有人——作家、演员、歌手等等,以及剧本、场景、歌曲以及它们创造的其他象征性形式。文化产业的大多数决策人干这行完全是为了吃饭。他们不关心自己销售什么,只要能赚钱。

甚至最具威胁性和无政府主义的文化材料和政治言论也不知羞耻地加以包装并且出售。例如,著名说唱歌手艾丝·T的歌曲《警察杀手》为华纳通讯公司赚下成千上万美元的效益,直到最后从唱片套中消失为止。原初的摇滚乐、酸性摇滚乐、民间摇滚乐、朋克音乐、重金属音乐以及说唱音乐都为创造它们的艺术家的文化政治抱负服务,同时为文化产业带来巨大的财富。事实上,服饰、音乐、语言和舞蹈领域的主流开始都源于“百姓文化”的“激进的”表达形式。

表格7.1　大众文化的过程

大众文化(1)	文化产业	大众文化(2)
民间起源,人民之声	梳理选择系统;高技术	阐释,个人的和社会的用途;爱好者,消费者
普通阶层创造的象征性形式;共同的文化	选择,放大,修改,强化,包装,分布,推销,改进象征性形式	认知的连贯性,个人与集体身份;制造感觉,社会互动与影响
艺术,偏离;以青年为导向	经济风险与利益;主流市场与极小份额市场	积极的受众;意义,愉悦;象征性权力

大 众 接 受

167 即使一个人感到远离遥远的政治经济秩序,他也能维护自己存在的权利。

梅费索里,1996:44

文化产业取材、满足、强化与挑战大众文化痴迷者的冲动、偏好和忠诚。毫无疑问,媒介形象的社会传播带来了商业的成功，并帮助主流意识形态的传播成为可能（参见第二章）。出现在商业大众媒介上的形象提升了特殊产品，帮助创造消费产品及品牌的消费群体，总体上强化一种消费主义的氛围。

然而，在为文化产业赚钱的同时，这种制度化优势并没有简单地复制主流意识形态与文化。文化产业对流行符号形式的包装，也没有扼杀受众成员的创造力。可实际情形恰恰与之相反。首先，电视、电影、音乐中的东西以及其他商业文化必须吸引受众。不能强行制定受众的接受标准，他们的口味总处于不断的变化之中。其次，流行符号形式以大量不同的方式，被广泛认同，成为受众享用的可以获得的资源。那就是现在文化材料流行的部分原因。这种偏好、阐释和使用不仅仅是意识形态与文化再生产的问题。许多最为复杂的大众文化的后果——支持与抵制主流思想模式——刚好在于人们怎样与媒介形象结合，从而表达自己，感受稳定，建构自己的身份以及影响他人。因此，要使符号形式流行起来，受众必须在每一个阶段扮演积极的角色，因为受众主要凭自己的兴趣行事。所以，他们在整个过程施加了巨大的影响。

最近几年，约翰·费斯克已经成为文化研究理论家中最坦率的人。他说，受众成员决不会无可奈何地受制于大众媒介和文化产业。费斯克试图表明，从破烂的牛仔裤到流行歌手、流行歌曲的符号或象征性形式，如何被歌迷们创造性地用来提高自身利益（1989；1993；1996）。但是，费斯克有关人们对待自己的文化经验的能力的论述，朝着自相矛盾的方向前进了一步。按照费斯克的观点，大众文化是严肃的社会斗争。与人们经常听到的批评意见相反，即大众文化仅仅是资本主义商业剥削或

168 "大众文化"。费斯克认为，普通百姓生产大众文化事实上与主流意识形态和文化力量相对抗、相背离。与任何意识形态霸权完全相反，费斯克相信，人们施加象征性权力赢得与来自政治经济文化"权力集团"的压迫者的斗争。赢得这种象征性的斗争为那些抵制霸权的人们带来快乐。以此来看，快乐便是一个关键性的概念。用费斯克的话来说，"流行的快乐必须是那些受压迫人的快乐。他们必须包含反对者的、背离者的、造谣中伤者的、进攻者的、粗俗者的与抵抗者的要素"（费斯克，1989：127）。

根据此观点，大众文化是可以带来权力的。大众媒介通过将文化资源分配给个人和群体，而为授予权力的过程做出贡献。这些个人和群体然后利用这些象征性形式为抵抗霸权主义的、联合的遏止战略而构建策略。费斯克的最为尖锐的例子之一就是有关年轻的澳大利亚土著居民的。他们观看美国西部老影片时，不是把自己与西部白人牛仔联系起来，而与印第安人联系起来。土著居民观众"当看到影片中的人物袭击马车队或住宅，杀死白人，掳走白人妇女时，情绪激昂"（费斯克，1989：25）。

约翰·费斯克相信的有关受众成员在"与文化集团的斗争"中的自由与创造力的乐观态度具有传奇色彩。他坚信媒介受众成功地颠覆了意识形态和文化的控制力量，这无疑消除了那种认为受众仅仅是媒介被动的消费者或牺牲品的观点。赋予受众这种荣誉，在媒介、传播和文化研究的历史中是一个重要的理论动向，在以往这种研究过于重视大众传播的消极与操纵性的"影响"。

但是，让我们别走得太远。许多学者相信，费斯克绝望地将意义建构中的受众成员浪漫化，而他的理论主张得不到经验证据的支持。英国的社会学家凯什·特丝特是费斯克的批评者之一。他指出，“费斯克的作品混淆了受众实施对媒介文本阅读的可能性与他们实际的阅读。费斯克混淆了可能发生的与实际发生的之间的界限”（特丝特，1994:70）。

另外一个严肃的理论难题是被费斯克与其他文化研究者和作家过分简单化了的关于“愉悦”的概念（康迪特，1989）。例如，在完全一体化政治的国家里，人们作为抵制主流意识形态和 169
文化信息的情感很难称为“愉悦”。例如，我们必须当心别将一个美国姑娘对“科特尼之爱”、对阿拉尼斯·莫里塞特或麦当娜反叛行为的着迷，与中国年轻女工收听国家电视台的宣传时的感受相混淆。

作为该部分的结尾，大众文化中的“大众/流行”的真正含义指，来源于日常环境的文化主题与风格——有时，而非经常以抵制的方式——被文化产业与大众媒介改变传播以后，被普通人群参与、阐释和利用。媒介总是会激起受众的想像力，他们将象征性的表征用于其日常生活环境。因此，当总部设在全世界的娱乐之都的商业企业生产与分布大众媒介化的大众文化的图像声音时，这些象征性形式总是会为生活在更为遥远省份的非专业文化生产者评价、阐释和使用。

大 众 情 感

笑声与反讽是生命的爆发，尤其当生命被剥削与被压制时。

梅费索里，1996:51

我恨你。

“杀手”乐队演唱的流行重金属歌曲

最近几年,令媒介倾心的最为迷人的故事——O.J.辛普森丑闻——涉及陪审员之间的紧张关系。这些陪审员花了几乎一年的时间,审理的著名的美国黑人橄榄球球员杀死妻子与妻子男友的案子,整个审理过程由电视转播。构成极为复杂的陪审团成员同住一家酒店,共同进餐,并且共同出入——但是从不允许谈论有关案子的情况,也不允许观看电视(为的是避免媒介评论对著名的法庭程序的影响)。他们将怎样打发时光?他们被允许一起观看电影录像。假如真的由陪审员们,即大多数美国公众,最终以自己的种族——或包含,其文化——为基础来判
170 断辛普森有罪无罪,那么整个世界将通过观察陪审团选择的影片来预测种族的文化差异有多重要的意义。当陪审员们选择影片无法达成一致时,一个严肃的问题产生了。据一个因为与其他陪审员争论过多而被解雇的陪审员说,陪审团成员最难达成一致的就是什么影片令人好笑。这些被隔离的陪审员们,很显然想用他们喜爱的幽默风格的娱乐度过业余时间,这是文化最为重要的特征之一。

希望在一天紧张忙碌工作之余开怀大笑,放松身心,陪审员们需要令人满意的情感经历。文化媒介总是试图激发人们的情感,有时以残酷的方式。文化产业生产者通过各种叙述方式,有些以书面形式,有些不是,十分渴望激发受众的情感反应,通常也很成功。正如大众传播理论家可能指出的,人们从来就不只是“看”电视,或者像符号学家所说的,他们不单单“读”电视。

受众不是别的，而是“感觉”电视与其他流行媒介，通常很深入。我们也许高速行驶在当今逻辑驱动的“信息时代”的快车道上，但是我们也依照惯例为获得其他情感愉悦，在崎岖的情感小道上，进行慢速的、难以预测的远足。

自从有了电影，一边看电影一边大声哭泣，放声大笑、尖叫，看着银幕爱上电影明星，这一切已经成为人世间的一种激情流露。有些妇女私下观看“一部伤感的”电视连续剧时，品尝着她们每日的哭泣（莫利，1986：159）。音乐激发所有情感——从快速的金属撞击般的愤怒到浪漫的歌谣引起的甜蜜的伤感。有些男人为电视转播的体育比赛获得胜利而欢呼，看到比赛失败又陷入绝望之中。电视人物煽动宗教狂热，鼓动经济捐助。政治竞选者鼓噪选举人的心。

文化产业与流行媒介的有魅力的英雄获得成功之时，就是他们能够有效地把象征性形象与人类情感和经验联系起来那刻。爱、恨、恐惧、希望、欢乐、忧伤、厌恶：所有激情在电子媒介里都发挥着良好的效用。

情感“标签”

广告商们也想将他们出售的商品和售后服务与日常生活的复杂的主观性结合起来。他们认为，消费者与产品建立的关系，更多是基于自身的主观情感，而非对商品客观特性的对比。广 171
告业界的功能主义者们坦率地借助于使用情感的诱惑，试图“引诱”消费者看着“标签”消费他们的产品。

全球的广告业决策人们认为，在发展中国家，情感标签对于中产阶级消费者最有效，而在更为发达的国家，它对于相对贫困的人们最有效。广告许诺的幻想和获得更多物质材料的梦想，对于收入不多的人们来说更具有说服力。因为，广告能刺激对“更好的生活”的憧憬。通过情感领域的竞争，产品质量和价格已经变得非常的不重要了。

媒介化的感情

媒介内容真的重要吗？难道人们不知道媒介提供的并非真实？难道人们不与电影、电视、网站和其他媒介保持一定距离？两位美国传播学研究者所做的经验研究显示，人们在电影电视中所看的内容当然重要，人们无法保持其与媒介化传播互动的距离。人类在心理、认知与情感方面广泛经历着共同的方向、感情和交际行为，这些都被可视的通讯技术调控，似乎都是真实的(里夫丝和纳斯，1996)。

确实，电视、录像和电影的生产者、作者和支持者恰恰依靠这种人们深深体会到的超社会、超情感的互动，并且有意识地激发其观众的情感能量。他们很少遇到来自观众的抵制。事实上，电视录像和电影观众要求媒介激发比他们习惯了的感情更为极端的情感。例如，成功的动作冒险影片和恐怖电影激发出以男性为主的观众中的极端情感反应。

色情录像已经成为特别流行的中产阶级媒体类型。它能使观众激动，达到狂喜和性高潮的地步。色情录像通常被用来激发完成或代替“真正的”性接触，或者通过间接的、共享的性经历，刺激现实伙伴之间的互动行为。与色情录像的象征性的互

动,需要技巧,即能够同时将在想象中进入性活动场景与操纵录 172
像设备的技术能力结合起来(慢动作,慢速倒带),目的为了制造出最大限度的身体快感。

肥皂剧,尤其被称为拉美变体的电视小说,吸引观众在情感经历的海洋中遨游长达数月,有时甚至几年。这种吸引力对于人们来说似乎不会衰退。拉美电视小说在黄金时间播放,并具有巨大的社会和文化意义(马丁-巴贝罗,1993;冈萨雷斯,1998)。为了获得成功,电视小说必须经常地通过叙述和画面激发人们的巅峰情感。紧张的情感现实主义是最重要的。这种情感的联系构成了肥皂剧观众与媒介消费者想要经历的"感情的悲剧结构"(昂,1985)。

在情感经历面前,种族的、代际的、性别的和社会阶层的差异已经不复存在。例如,种族多样化的贫穷的巴西妇女,急切地观看黄金时间播放的上层阶级背景和故事以及浅肤色演员为特色的连续剧。观众们忽略了自身与媒介化的现实之间的差异,而将注意力放在这些非常流行的电视节目的情感、亲密感和社会用途上(图夫特,2000)。连续剧唤起我们情感的猥琐的一面。著名的墨西哥连续剧之一,从拉美到中国它已成为了一种全球化的现象,通过它的标题揭示了这种观点——《富人也会哭》(Tambien Los Ricos Lloran)。观看活动并不沮丧或让观众泄气,而是猥琐的情感在激励它。确实,情感的不完美是"生活的象征"(梅费索里,1996:38)。

电视与其他媒介采集、重新语境化和压缩的不仅是信息,也包括情感。通过这种方式与它们的受众建立起重要的联系。例如,当今的各种经历,包括恐惧、浪漫、愤怒、激情、欢快、忧伤和痛苦，都被高级的数码视听技术的技术品质所加强。通过“全球性的”传播技术传来的媒介化了的情感挑逗，可能被看做远比本地的、未媒介化的感情更为紧张刺激。

故事、体裁、话语

几乎所有的媒介节目，甚至没有文字的体育比赛，也有故事。故事的讲述对于文化是基本的。它们帮助人们感觉自身环
173 境。故事代表着文化价值观并提供文化连贯性。但是，文化不仅仅作为文化工具机械地发挥作用；他们是相当有趣的。故事激发想像力，联系情感，刺激幻想。读者、听众和观众预测故事结局并获得快乐，特别是连续剧（泽门诺，1998）和有关丑闻的消息（伯德，1997）。

故事构成体裁，这是媒介内容的门类，如动作影片、爱情故事或情景喜剧。体裁可以通过传统的形式加以辨认。例如，“西部的”就以典型的场景（19 世纪美国西部）、人物（英雄般的枪手，坏蛋牛仔，充满威胁的印第安人）和事件（枪战，纸牌游戏，诈骗，酒馆争斗）为特色（格罗斯伯格、沃特拉和惠特尼，1998：160）。不同文化之中，有的故事和体裁吸引男性，有些更吸引女性（罗尔，1988；1990）。

话语是象征性形式，故事和体裁表征重复生产的模式化了的意识形态和文化主题。一种话语就是公开谈论的事物和观点的方式，它有助于传播观念和理解事物。话语帮助形成意识形态和文化。然而，按本书主题观点，我们知道这种结构性的倾向并不决定受众的反应：“提供主要叙述形式的某种公式和体裁

可以构成流行的娱乐形式……但是，即使这样，人们也急需表演[与]风格的新颖”（查尼，1994：210）。

象征性权力的文化功用

象征性权力重要与否，关键在于如何应用。*象征性权力明确地表达在历史的特定文化情景之中*。符号由阐释赋予意义，而每一个阐释发生于一个文化语境之中，并为一个文化的目的服务。人们运用象征性权力达到个人和集体的目的。这就是我所说的象征性权力的文化功用——象征性形式的特定的、语境化的利用，以便建构认知的连贯，确保本体的安全，带来社会影响，帮助形成并强化集体与个体身份。现在，文化比以前更与象征性权力互动和同化，因为现在文化不仅由传统的价值观、持久的特征与形成地方生活环境的常规活动构成，而且也由大众媒介和其他社会机构所展示的广泛而有吸引力的一系列象征性资源所构成。人们经常选择并将媒介化的、公众可以获得的象征 174
性表征和话语编制进日常生活的情景与话语之中，生产出“文化的对话……社会组织的特别模式”（詹森，1990：182）。

当人们使用象征性表现——包括系统化的意识形态与文化的联系，权威的结构，以及隐藏在背后的规则——于人们的文化互动与行为策略时，文化影响就产生。确实如此，媒介化的象征性形式通过它们的资助机构的构建、组织和表述，获得文化上的权力。但是，象征性权力的文化功用最终反映在某种确定的日常生活领域，群体与个体怎样建构、宣称与实施他们的文化身份与活动，以及这些表达与行为怎样影响别人。

象征性权力和大众文化联合起来，在当代“文化资本”的形成过程中，扮演一个中心的角色（布尔迪厄，1984）。在我们讨论象征性权力的过程中，“*文化资本*”的概念相当重要。当然，“资本”这个术语就是金钱的同义词。我们使用经济资本购买东西并赢得各种各样的社会地位和影响。文化资本也是这样，它指文化知识和风格。像金钱一样，文化知识和风格可以在社会互动中被展现或“花费”。因为当代的文化形式已经变得越来越具有象征性，文化的“交往”就是象征权力的实施过程。

商业化的大众媒介已经极大强化了象征性权力的性质和影响，并使它们多样化。象征性权力使得个体和群体能够产出意义，并且建构（通常是部分地，暂时地）生活方式（或者文化地带的荟萃）。这些象征性的空间和媒介化的家园吸引自我和别人的感觉、情感和思想。象征性权力的文化实践范式就像安东尼·吉登斯所说的“生活的政治……一种有关选择的……有关生活方式的……有关生活决定的政治”（1991：214）。尽管象征性权力有一定的人们深深感觉到的经济政治根源、维度和后果，但它却与政治的、经济的或强制性的权力不一样，它也不仅仅被业已有权有势的人们产生出来。政治权力产生管理和合法的权威与影响。经济权利可以因为物质优势而兑现。强制性权力威胁种族灭绝和全球性的毁灭。在充满竞争的文化市场中，一个成功的“文化策划人”导致其独特的角色、地位和成就。

175 以前人们的经历主要局限于当地的环境和影响，与此不同，当今的文化更具象征意义、多样化和变化性。价值观念、信仰和生活方式远非局限于特定的时间与空间。人们创造、阐释并利用大量的符号和生产符号的技术，以便设计出多种文化风格和身份。由于人们能够通过各种途径获得大众和微型传播技术，以及由于传播技术拥有象征性大众文化的充满活力的特性，使高度个性化的建构和专业化的阐释群体得以形成。

象征性权力的不同寻常功用在于能从文化上界定一个情景。这种界定可以受到限制和规定。例如，控制在某种特殊语境下使用何种语言的决定，就是从文化上界定情景的根本方法。制度化的文化管理也有规律地在规则结构中显示出来，例如，校服编进代码，告诉学生何种服装和发型在文化上是可以接受的。这些代码不仅意味着规范外貌和行为，而且允许当局区分自身与他们在文化上无法管理的主体之间的社会权力差异。[②]

但是，语言、发型、服装和几乎所有其他的文化特征都能够以规定的和创造性的方式被使用。这种象征性的利用和确认，对于年轻人如何与别人交往、如何建构自身的文化风格和身份，十分重要。例如，最近许多的美国中小学校已经开始使用校服符号，以反击学生的“分散”个体服装模式（发型、珠宝、服装款式）以及他们使用的代表帮派的颜色。生活在社会边缘的年轻人尤其是活跃的文化清道夫和摆弄者，将他们的环境结合起来——尤其是象征性的竞技场所——寻找某种代表他们身份的东西，并以此表达他们的信念和价值观念，作为其文化风格，有时作为非主流文化（赫布迪格，1979；威利斯，1990；罗尔，1992a）。

音乐是大众文化的一个领域，在那儿，我们可以容易地发现象征性权力在文化上如何起作用的惊人的例子。我们已经在一定程度上讨论了 60 年代。但是，想想 60 年代先驱们的文化维度和文化潜质——20 世纪 50 年代的摇滚音乐。50 年代不止是一个流行音乐史上的新纪元。它是一个被广泛认同的,明显与众不同的,浪漫化了的文化空间。服饰、舞蹈、语言和性别关系都别具一格,这是与原初摇滚乐时代相关联的文化特征之一。
176 对于出生高峰期的中年人来说,通过使用50年代的摇滚乐激发文化风格,是一种返老还童以及向他人展示文化才能的方式。这样做暂时获得一种(部分)生活方式的特权——在此指少年的反叛行为,追求享乐以及感觉性感。50年代的摇滚乐形象将会永远存在我们心中。一个文化时期完成其原初的循环几十年以后,视听录制技术使得人们保留和运用这样或那样的大众文化的象征性表征成为可能。确实,20世纪90年代晚期的"摇摆舞"时尚非常成功地复活了音乐风格与文化怀旧色彩。通讯技术使人们能够生活在更为广阔的*文化空间*与*文化时间*之中。

所有的流行音乐形式都有特定的文化关联与文化暗示。美国当代的hip-hop文化已经成为一种发展文化身份与影响整个社会的主流象征性空间。说唱乐实事求是地说出了城市黑人青年的日常生活环境,同时,它为居住在远离城市若干光年地方的听众的时尚需求和文化趣味服务。

以音乐为基础的亚文化群体,通过明显的风格表达自己,比如,我们与hip-hop、重摇滚、朋克、雷盖乐以及重金属音乐相联系的风格。亚文化通常形成、发展、传承于与政治息息相关的时代,正如20世纪60年代的嬉皮士时代一样。今天的阿尔及利亚,对于政治文化的抵制通过地下音乐(rai,即"思想"或"意愿")加以表达。在20世纪80年代晚期的中国,流行歌手崔健是一个强有力的文化力量。音乐被用于政治文化斗争的例子举不胜举。由于音乐容易获得并且富有“弹性”，它可能是不同政治文化团体和运动表达的完美形式（罗尔，1992a）。

立陶宛的象征性权力，文化空间与“时间”

（本个案研究部分基于作者与立陶宛维尔纽斯 KOJA 唱片公司经理古斯塔斯·马莫托瓦斯的个人交往。马莫托瓦斯也是抒情诗《时代》的作者。）

作为波罗的海沿岸三国中最南的国家（其他两个是爱沙尼亚和拉托维亚），立陶宛在 20 世纪绝大部分时间里受俄罗斯的 177
统治。拥有几乎 400 万居民，立陶宛是波罗的海国家中最大的。这些国家对于前苏联都至关重要，这些国家给予苏联到波罗的海和大西洋的出海口，否则，苏联几乎与西方隔绝。

通过卫星电视，全世界在 1990 年十分惊讶地发现，爱沙尼亚、拉托维亚和立陶宛这三个国家勇敢地站了起来，反抗苏联的霸权，宣布独立并脱离苏联的占领。那年晚些时候，柏林墙轰然倒塌，东德与西德归于统一。波罗的海国家人民的勇敢行动导致了苏联帝国的最后瓦解。

整个激荡的政治文化转型过程，流行音乐扮演了中心角色。在前苏联帝国的加盟共和国中，摇滚乐已经成为了反抗斗争的主要形式（威克，1992）。当爱沙尼亚人团结起来宣布脱离苏联独立时，几乎是全国所有人口的 150 万人聚集在首都塔林外的巨型广场上，手挽手高唱前共产主义时代的国歌。

但是，这个简短的分析聚焦于立陶宛及其他波罗的海国家 1990 年独立以后，特定音乐的发展情况。本个案研究反映出流行音乐的超凡的象征性价值。

一位来自立陶宛首都维尔纽斯的 20 岁的说唱歌手，与维尔纽斯的 KOJA 唱片公司经理共事，他想到一个主意，要与著名的立陶宛歌剧男高音威吉利乌斯·诺里卡一起创立一个文化二重唱。这种想法受到 1997 年出版的拉普索迪·奥弗特尔专辑的启发，那张专辑中，著名的说唱歌手与著名的歌剧歌手录制了二重唱。这位年轻的说唱歌手卢卡丝请他的姐姐——其校友是诺里卡的儿子——向那位著名的歌手提出此项建议。

诺里卡热情地接受了这种混合两种唱法的想法。卢卡丝提议让立陶宛高层制作人加入进来，而古斯塔斯·马莫托瓦斯自告奋勇为一首名为《时代》的歌曲作词。这首歌在立陶宛成为畅销歌曲，卖出了 17000 多张碟。同时也制作出了舞蹈与古典音乐混合的光盘和录音带专辑作为延伸。

1998 年新年前夕，在维尔纽斯中心广场，这首歌被 10000
178 多人现场演唱。一段有关此次事件的录像剪辑制作出来，并在立陶宛国家电视台重复播放。

这当然是流行音乐成功的故事。但是，为什么这种特殊歌曲与艺术力量的融合如此重要？答案在于其产生的文化历史的特殊性。

这些人代表了立陶宛的两代人，他们从不同的角度穿越了争取独立的历史斗争。当苏联人离开时，说唱歌手卢卡丝只有 11 岁。诺里卡在共产党的专制统治下度过整个成年时代。过去几代立陶宛人经常为反对政治文化问题而斗争。老一代人更为保守，害怕变化；年轻一代渴望变化。现在苏联人已经离开，立陶宛不同年龄的人们可以在较少分歧的状况下走到一起。歌唱界中卢卡丝与诺里卡的联手象征着这种积极的政治文化变化。

以下是他们那首非同寻常的歌曲的歌词： 179

《时代》

你们可能很难理解我们
因为我们出生在不同的时代
几十年分开两代人
时间割裂了关系
我们都成长在
无休止的孩子—父母的战争

但我坚信时代的力量
我感到历史的车轮将翻转过来
时代之墙轰然倒塌
几代人将走到一起

合唱：你无法停住时代
你不能倒转时代
时代面前我们平等
时代是全能的

时间滚滚向前
我们与父母开始同唱一首歌

没人相信不久以前
我们会丧失雄心改变世界
请你打开——
通向成年人的世界房门

我已经扔掉紫色眼镜
我已经准备遵守时代的法则

本个案研究不仅代表了象征性权力的潜在力量，也代表了“文化融合”的创造力和影响力，这将在最后第九章讨论。

文化和物质世界

180 作为芝加哥公牛队的篮球队员，迈克尔·乔丹对去年美国经济的影响：100 亿美元。

《财富》杂志，1999

我想为锐步公司做点什么，就像迈克尔·乔丹为耐克公司所做的那样。

在初步确定为明尼苏达森林狼队职业
篮球队员的当天，史蒂芬·马伯里如是说

你赢不了银牌。就丢了金牌。

1996 年亚特兰大奥运会期间，耐克公司的宣传广告

隐藏于人们一定行为背后的一个强大的驱动力，就是对物

质的渴求。这看起来明白不过，但是不能过分强调。每个地方的人们都想得到“东西”。一种超级竞争的、全球性的资本主义经济制度在战后的胜利就是生活的现实。消费品和媒介形象对于这种系统非常重要。

这种商品和形象，可能被看做仅仅是世界上更为发达的国家主宰全球经济文化的物质与意识形态的组成部分，尤其是美国、欧盟成员国和日本。但是，真实的情形远非如此。毫无疑问，商品与形象在全球范围的流通给生产者们带来了利益，但物质商品也以积极的方式挑战并改变着文化。正如保罗·威利斯指出的那样，市场刺激了一种“在任何文化中消除旧的束缚与依赖的永久而自相矛盾的变革”（1990：26）。构成风格与生活方式的意识形态倾向和社会实践，在很大程度上由商业市场的象征性资源与物质资源所构成。这些资源不是无形的，但它们也不是起决定意义的。在形成偏好、意见和品位的过程中，社会演员发现“世界不仅仅表现为杂乱无章，完全缺少必需品，能够以旧的方式建构。但是，这个世界也不完全以结构的形态表现自己，或者以自己的建构形态强加于任何能思考的主体的方式表现自己”（布尔迪厄，1990a：132）。这样，我们不能简单地将人们看做其物质倾向的牺牲品。消费就是一种没有成型的文化过程，而不仅仅是一个结果。

关于生产与消费之间、意识形态表征与社会阐释之间、象征性权力与文化用途之间的联系，一个绝妙的例子就是美国运动鞋现象。到 20 世纪 90 年代为止，耐克已经成为世界范围的令 181
人吃惊的经济的、象征性的和文化的成功范例，它融合了力量、超越和杰出的主题（戈德曼和帕普森，1999）。许多美国运动员，尤其是职业篮球明星如迈克尔·乔丹、史蒂芬·马伯里和阿兰·艾弗森已经被招募，为耐克、锐步、费拉以及其他品牌的昂贵球鞋做广告。

这一部分开篇所引述的马伯里的评论揭示了由经济对大众文化的影响所带来的令人难以置信的转换。马伯里不怎么担忧自己如何能帮助自己的球队赢得多少比赛，相反，他更多地担忧另外一场比赛。他想为他的球鞋公司刺激销售。这是因为马伯里和他的代理人知道钱在哪儿。迈克尔·乔丹作为体育服装和消费商品的代言人的收入，远远超出了他作为球员的薪水，有时候两者比例达到10:1。他为耐克、MCI世界通讯、加托雷德、维迪斯以及其他公司所挣的钱，比他所参加的比赛售出门票与电视转播权的收入，要高得多。[③]

但是，电视广告的获利不完全是确定性的，也不完全用美元或英镑衡量。运动鞋现象的象征性层面在许多方面比它的经济后果重要得多。城市内部黑人文化在许多广告战中被过分渲染，尤其是运动员的球鞋广告。粗糙的城市内部的运动场已经成为一种文化所指物，它表明真正优秀的运动员来自何处。有些商业广告拍摄成黑白胶片，以便强化“风帽”的粗糙品质。推销技巧是把以文化建构的世界、贫民窟运动场转化成消费者产品，即运动鞋。商品通过文化空间得以重新表明。格兰特·麦克拉肯指出：

> 有创意的广告代理人寻求加入[文化建构的世界和消费者产品]这样一种方式，以便观众/读者一眼就看出它们的根本的相似之处。当这种象征性对等被成功地建立起来，观众/读者将其了解的存在于文化建构

> 的世界中一定的特性归于消费者产品。这样，为人所知的世界的特性就会存在于不为人所知的消费者产品特性之中。从世界到产品的意义转换就这样完成了。(1990:77)

运动鞋的商业广告代表、商品化和拓展了文化。例如，崇拜和认同迈克尔·乔丹的绝大多数人从来没有亲自看见过他打篮
球。但是，乔丹不是媒介的创造；他是人们为了商业目的而策略 182
化地重新创造出来的。媒介使得他或任何人都变得更为有血有肉。每一个细节都处理到了完美的地步——从耐克电视广告中的慢速动作和飞身扣篮动作，到加托雷德广告中擦去眉间汗渍(“假如我能像迈克一样”)以及来自维迪斯的坦然的微笑。由于其篮球天赋、个人魅力以及非常高的媒介露面频率，乔丹在英美大众文化中已经成为偶像。他加入到了最高层次的杰出文化巨星的行列——他们包括猫王、甲壳虫乐队、马丁·路德·金、玛丽莲·梦露、詹姆斯·迪恩、戴安娜、约翰·F. 肯尼迪和芭比·露丝。

现在，乔丹已经退役几年，但其比真实生活高大的媒介形象，仍然是受人欢迎的一组被文化化了的当代象征性资源。在这些背后的篮球鞋和充满竞争的广告大战，不仅将文化变成了商品，而且延伸了文化。但是，由于产业才能出售球鞋，文化就只能被日常生活中的商贩加以包装和出售。这些文化代理人包括城市中心贫民区的黑人男孩和郊区的白人女孩，前者的生活方式因商业媒介而变得荣耀，后者相互击掌，彼此称郊区女孩。他们都利用大众文化变体的象征性潜力为自己获取利益。这个原则几乎适用于所有的大众文化形式。

大众文化资本：黑金

我们应当更快地得到我们的自由；
你永远无法在《度蜜月的人》中看见一个黑人

昆西·琼斯，《回到布洛克》。《度蜜月的人》是20世纪50年代著名的美国电视连续剧

被黑人垄断的领域——篮球、爵士乐、橄榄球——都是即兴地作出决定，在情感压力下一瞬间决定数不清的因素，难道这是巧合？

索威尔，1994:184

我喜欢这项运动！

在一次美国国家篮球协会发表晋级申明时，美国黑人爵士音乐家温顿·马萨利斯

Hip-hop 正是文化激情之所在。

《洛杉矶时报》，1999年1月1日

183 美国的最受尊敬的流行音乐批评家之一，《洛杉矶时报》的罗伯特·西尔伯恩在1999年的第一个专辑中宣称“摇滚乐（又一次）死去了”。回顾了过去几十年间统治好莱坞、夕阳地带以及美国音乐产业的乐队如“鸟”、“门”、“鹰”、“范·海伦”以及“枪与玫瑰”，西尔伯恩发现，当前的摇滚乐队如“糖棍”、“火柴

盒20”、“克恩”、“樱桃爆大师”等“已经让人厌倦……终将死亡”。西尔伯恩说“现在你最可能听到的来自好莱坞的夕阳地带与大街上的声音……就是大师P、DMX、威克利夫·让或布丝塔·莱姆斯的hip-hop”。第一次有一张hip-hop唱片(《被教坏的劳伦·西尔》)成为格莱美1999年度唱片奖得主。④西尔伯恩相信,现在摇滚音乐不可能恢复,因为“四十年来,摇滚音乐第一次丧失了他的青年听众,也失去了与长期支持它的三十岁以上的拥护者的紧密联系”(《洛杉矶时报》,1999年1月1日)。尽管在美国从总体上说摇滚乐CD的销售量超过说唱歌曲专辑,但是,说唱歌曲的销售量正以很快的速度上升,并且它的文化涵义甚至更大。

摇滚乐代表白人的美国和北部欧洲。对于音乐界内外的人们来说,甚至“摇滚”术语指代“非黑人的”。另一方面,说唱音乐和嬉皮士文化起源于美国黑人城市街区,代表一种十分明显的美国黑人文化的变体。hip-hop的盛况体现了非洲裔美国人的影响,包括马尔科姆·X和路易丝·法拉坎以及穆罕默德·阿里和沙奎尔·奥尼尔。有一些说唱音乐的变体,即非常著名的“群体说唱”,是公然对社会的批评,而不仅仅是舞蹈音乐。说唱音乐比当代的摇滚乐更有活力,更具锋芒。曾经被认为与迪斯科有血缘关系的正在过时的风尚,说唱音乐和hip-hop音乐坚持不变的音乐观点,从这些观点来看,“德里博士”、威尔·史密斯、LL.库尔·J、格兰马丝特·弗拉希、图帕克·沙克尔等人的音乐现在被看做是熟悉的经典流行音乐。

过去几年,大众媒介,尤其是电视被指责为明目张胆地使种族群体定型化,特别是非洲裔美国人。当然,忽视黑人的“歌手、舞蹈家、运动员”传统原型是不完整的、误导的和种族主义的评价。而且,这种忽略整体上也误解了大众文化的权力。今天的流行音乐倾向是美国和全球大众文化急遽变化的一部分,一种被黑人明星彻底取代的青年人的文化。黑人运动员的力量和优美,黑人歌手的宏伟歌声、说唱乐艺术家的态度和文化魅力
184 以及快速流畅的黑人舞蹈风格等,都是当代大众文化最具诱惑力的形式。歌手、舞者和运动员是一流的文化英雄,他们的象征性权力无法估量。尽管媒介在追求共同利益时,通过保持人物与故事的可预测性,继续将注意力集中于美国黑人(和其他)文化的定型化的方面,但是它们也挑选许多人特别是年轻人发现的有吸引力的形象,并赋予其应有的魅力。

而且,具有讽刺意味的是,主要是白人所拥有的商业大众媒体和文化公司,包括体育专卖权,在很大程度上都为提升黑人大众文化在世界范围的显著地位立下了汗马功劳。当然,那也不是一步登天的事。例如,黑人音乐家们过去就曾一度被音乐公司拒签唱片合约,甚至到本世纪才被接受。黑人运动员也一度被职业化组织拒之门外。20 世纪 70 年代前,黑人演员也很少在电影或电视公司找到固定的工作。不愿包装推销黑人艺术家的情绪一直到娱乐业认识到黑人文化的庞大市场时,才最终得到克服。现在,大众文化中黑人的出现率远远超过非洲裔美国人的人口比例,而且不只是在音乐领域。例如,根据尼尔森电视分级公司的调查,到 20 世纪 90 年代晚期,商业电视中表现美国黑人的内容是美国社会黑人比例的两倍。

非洲裔美国人本身就是波普/通俗文化特别是黑人/通俗文化产品最积极的消费者。尼尔森公司报道说,美国的黑人家庭

每周看电视达 70 小时，是其他观众所花时间的一半。黑人孩子比其他观众多花三分之二的时间看电视。另外，黑人观众更倾向于观看黑人演员、黑人故事与文化的节目。例如，几年以来名列前茅的以白人明星、故事与文化为特征的节目《辛非尔德》和《改善家居生活》，从来就没有吸引太多的黑人观众。在 1998 年的《当代少年》的年度调查中，当被问及最崇拜的媒介人物时，10—17 岁的黑人孩子们将下列人物作为其最喜爱的人——迈克尔·乔丹、摩莎、威尔·史密斯、马丁·劳伦斯、LL. 库尔·J 以及奥普拉·温弗雷，均是黑人明星。

电子媒介和其生产的声音形象与文化交际的黑人风格口语特性互相辉映，给人的感官带来强烈的冲击力。不同肤色、种族和文化渊源的人们都热切地购买黑人音乐，为黑人运动员欢呼，定时收看黑人电视节目。例如，同样的 1998 年的《当代少年》的年度调查表明，白人孩子、拉美孩子和亚洲孩子同样地将黑人
明星列为他们最喜爱的人——迈克尔· 乔丹、威尔·史密斯以 185
及奥普拉·温弗雷。汇聚各个种族的文化跨越朝着黑人大众文化的方向发展，而不是相反的方向。年轻人中这种趋势最为明显。

价值 32 亿美元的美国汤米·西尔费格服饰王国获得如此大的成功，根据纽约杂志的分析，因为他是第一位白人设计师，让白人孩子——更不用说亚洲、拉美以及其他地区的孩子——买到了黑人孩子愿意购买的衣服，而不是相反。

我们可以运用黑人大众文化的案例帮助展示种族与文化的关系。让我再度使用美国媒介的例子。《阿波罗号谈话秀》是一个源自哈莱姆戏院的周末深夜大众电视节目，其前主持人喜

剧演员辛巴达将一位聪明的参赛者看做“我曾见过的最黑的白人”介绍给观众时,会用他一个星期以来所想到的最好的语言赞美这位参赛者。在这个现场谈话秀的每个嘉宾必须做一件事:当黑人。他们不是被强迫当黑人,而是心甘情愿当黑人——美国黑人,仅仅如此。如果白人、亚洲人或者其他歌手、舞者或喜剧演员通过重复黑人风格参与竞争,在阿波罗号节目现场的黑人观众不会介意。事实上,只要扮演成功,他们都会开心地鼓掌。关键是你能否掌握要点,你最好是在文化上“是(美国的)黑人”。那些黑人种族的人们希望你从文化上就是黑人。要证实自己足够“黑”,能清晰地表现与黑人文化相关连的大众音乐的风格,这使当今的白人说唱歌手比任何人都感到压力。

通过聚焦某些市场的特征,大众媒介和大众文化倾向于将种族群体转变成可以预测的文化现象。例如,通过获得黑人文化的外部形象,所有种族的人们接下来也获得黑人“种族”的某些东西。

大众文化市场当然不能消除种族主义,一些批评家认为市场只是在许多甚至更多的方面介绍、开发了少数民族。但是不可否认,它为人们接触黑人文化空间提供了前所未有的途径。这的确是真的,也不仅仅只是在体育、音乐和戏剧这些领域。到了20世纪90年代中期,美国许多主要的城市市场的流行音乐电台已完全被当代黑人音乐形式所主宰,这些形式包括说唱乐、“浩室”音乐和爵士乐。在演唱技巧上和节奏与布鲁斯爵士乐、灵魂乐、朋克和老迪斯科互相融合。收听率很高的电台——这些听众包括不同种族、不同文化群体——主要青睐青年黑人男播音员,他们在歌曲之间或歌曲之中互相谈论,和打进电话的人

交谈。听众通过调频电台很容易走进和融入黑人文化之中。再 186
后来,经过了一段艰难的开始时期,那时黑人音乐团大量从节目单上拉下来。此后,音乐电视和其他音乐录像频道也已经广泛播放黑人青年文化节目。到了 20 世纪 90 年代早期,说唱乐专辑节目(说唱乐音乐电视)成为著名音乐频道中最热门的文化资产和收视率最高的节目。黑人乐手经常和一些黑人艺术家和乐迷在音乐电视上做谈话节目。在全国性的联合电视由非洲裔黑人如 A. 霍尔和 K. 威南斯主持的“谈话秀”节目中,黑人俚语、黑人话题和黑人谈话风格都占主导地位。这个节目已经变成了通向日常黑人文化的康庄大道。涉及丑闻的美国谈话秀节目主持人说,他的节目以及其他的与之相似的节目,是黑人可以成为自己的媒介空间。在他的节目中,有关嘉宾的暴力行为是否真实的疑问,杰里·斯普林格对 MSNBC 说,“通常情况下,黑人须像白人一样穿戴一样说话。而在我们的节目中,他们却不必那样做。”⑤

大众文化可以帮助保留种族为基础的社会影响。这是象征性权力的潜力。例如,起源于 20 世纪 60 年代的“黑人权力”与“黑是美的”社会运动,比肤色、种族和政治更有力。这些是根本的文化吁求:“大声说出来! 我是黑人,我很自豪!”黑人权力是象征性权力,现在已经广泛地被各种媒介机构和各种肤色、各种文化的观众盗用。不仅仅把出现在大众媒介的美国黑人大众文化形象看做是功利的,我提议从另外的角度考察这个问题,即考虑它所产生的超乎寻常的象征性权力和文化资本的力量。

狂欢节文化

足球、电视、狂欢节具有相似性，因为每一种形式都创造了巴西人生活的大多数领域所缺失的民主。

科塔克，1990:43

黑人大众文化的成功决不止于其在美国或英国的发展。而且，尽管跨国际的商业媒介和文化公司在很大程度上为黑人大众文化在全世界范围内的有效传播立下功劳，但那决不是成功的惟一途径。巴西，与美国相似，也有大量的黑人人口（虽然正如我们在第六章所讨论的那样，“黑人”主要是一种在北方用来
187 划定民族范围的方式）。20世纪30年代，巴西曾颁布过一项国内政策，把黑人文化归于本国民族文化的一个重要部分。在黑人文化元素之中被挑选出来担此重任的正是桑巴音乐和舞蹈。而受命于传播桑巴音乐影响的媒体则是电台和唱片公司（罗和谢林，1991）。这样的历史性发展虽然没能在经济上、政治上和社会地位上给巴西的黑人社区带来太多的帮助，但是它的确为巴西的黑人提供了强有力的文化资本。在生活在这个南美洲大国之外的人看来，是为整个巴西人创造了文化资本。正如哥伦比亚的马丁-巴贝罗所观察到的他的邻国文化：“黑人矫健的身姿变成了流行的中心……这条源自于堪多蒙布（一种非洲裔巴西人的宗教）的道路经历了一段蜿蜒的小径，曲折往复，又负载了其他的意义，最后把音乐带到了唱片和电台的面前”（1993：174）。

桑巴是巴西的“官方”音乐，而狂欢节是官方的聚会（请参

见第四章“规则与文化”)。每一个巴西城市都有自己的狂欢节庆祝活动。狂欢节是巴西人感情的一种体现——一种已经被文化产业和新闻机构变得媒介化、商业化和全球化的文化礼仪。狂欢节文化的电视形象是当代巴西文化的偶像。事实上,狂欢节的高潮——桑巴学校的游行——对于大城市绝大多数普通人群来说,只能通过观看电视来感受,因为参加现场观看盛况的门票已经高达一个普通工人一个月的收入。另外,当这种著名的狂欢节仪式把非洲裔巴西文化的许多特征融入原本属于葡萄牙的一种节日形式,即改变这种全国性聚会的整个面貌和氛围时,黑皮肤的巴西人在许多方面就被排除在自己的聚会之外了。他们之中很少有人能够购票亲临现场观看,而且,游行中被推出的许多人也是巴西电视与其他媒介的浅肤色的明星。

另一方面,除了最为贫穷的巴西人以外,电视确实把游行和狂欢的经历带给了千家万户。这样,狂欢节文化起源于穷人阶层社区,以游行的方式为基础传递给精英阶级和上层阶级,然后又在电视上回到穷人中去。电视转播也许会错过现场庆祝活动的宏大和气氛,但是,它增添了自身生产的技巧,强化了庆祝仪式的影响力。摄像机的镜头聚焦于被推出的明星、漂亮的莫雷纳(白人)扭动的臀部、旋转的巴伊亚人、风驰电掣般前行的桑巴舞者、专家所做的评论以及游行活动精彩时刻的回放。

结　　论

当旧的大众媒介变新时,恐惧就会蔓延。上个世纪早期,大 188
众媒介和娱乐形式曾吓坏了有些理论家(尤其在欧洲),因为可以接受的文化风格和标准消失了，受到通文化俗品味的攻击。逐步蔓延而不为人所知的"城市乱民"（皮尔森，1983），似乎通过在商业化的大众文化市场强行兜售粗俗的偏好而占据整个社会：

> 这些关注中最有力的一种是，人们害怕新的文化产业将作用于大众受众的品味，使其变得荒谬可笑，结果是这些[受众]不仅不能够欣赏文化创新解放的潜力，反而会被具有魔力的领导潮流的新形式所奴役。（查尼，1994：14）

今天的"城市乱民"以及其他的社会的芸芸众生，作为媒介化传播活动的源泉和接受者，不仅消费而且帮助生产大众文化。他们自己居于有魔力的潮流领导者。今天的文化现实越来越多地以媒介化经验的象征性环境为基础。文化面貌在象征性层面展现。在媒介内容中，在构成日常生活的常规的社会交往中，象征性权力和大众文化彼此依赖，相互强化。当今正在迸发的各种文化创新，可能与20世纪早期欧洲批评理论家喜欢的精英标准不一致。与此同时，其他的文化创新已经涌现出来。还有，新的文化风格和主张的象征性力量，确实帮助制衡更有预见性而常常是压制性的影响，这些影响来自于权力、机构及其后面的人物的传统形式。

第八章

变化中的意义

如果没有约束，人们总是以对自己最有利的方式行 189
动，那么，人们生存不了。经济精英竭尽全力维持他们的权力。主流意识形态强有力地影响社会。但是，坚持贯穿全书的主题，交际与文化最终决不会完全被社会的政治—经济权力的代理人，包括大众媒介形象的制造者所控制。在当今这个飞速发展、矛盾交错和加剧的世界里，意识形态的断裂和社会动荡已司空见惯。虽然，社会制度和信息技术都清楚地以某种方式维护其管理者、主宰者的利益，但是它们也能联合起来从根本上动摇主导的政治方向和文化传统。这些过程是本章和下一章的话题。但在我们讨论这些复杂多变的力量是如何互相作用的具体事例之前，让我们将政治经济理论作为我们的理论框架，先考察一下工业化和现代化影响商业、信息、娱乐生产的一些方式。

媒介与文化帝国主义：简略的评述

工业化的资本主义社会生产大众传播信息，与其生产其他产品大同小异。对这两个领域的生产的历史比较（见图8.1）[1]，让人很是惊讶。在前工业社会里，人们必须极端的依赖自我——生产食物、修建和维护生活空间、缝制和缝补衣服等。因为一些人比另一些人在某些方面要熟练，故在前工业时代，手
190 艺人时期出现了。紧接着便出现了最早的有组织的生产活动——制造业时代。怀有不同本事的男男女女将自己的手艺奉献给老板，老板负责组织生产、开拓市场和销售最初的成批生产的产品。全面发展的西方资本主义工业化从制造业时代起就阔步向前。工业流水线促进了生产的速度和效率，公司的出现如雨后春笋，销售业和广告业作为相关产业也应运而生。

然而，如此疯狂的工业增长，随之带来了沉重的社会代价。工人们被迫联合起来，以便保证他们享有健康、安全、工作保障、基本工作条件和最低工资的权利。但是，工会并不能解决工业化带来的所有社会问题。工业化带来的对人心灵的影响是深刻的。吉登斯是这样总结经典马克思主义和对工业化的大众社会批评的：

> 随着生产力的发展，特别是在资本主义生产条件下，个人对生活环境的控制让位于机器和市场的主因影响。人的本质发生异化，人的力量是通过来源于客观社会环境的力量来表现的(1991:191)。

图表 8.1　资本主义生产的阶段

产品	信息
自足	人际间交流
手艺人	艺术家
制造业	独立的生产者和代理商
工业化	生产网络

在大众信息和娱乐的生产中，能追溯到一个相似的历史弧形。最早的传播形式，当然，是非媒体的相互交流，如在家里、邻里间、社区里。但是，像产品的生产一样，有些人成了信息和娱乐专家——讲故事的人、音乐家、艺术家、作家和演说家。资本主义社会里传播技术的发展导致了公众信息的批量生产，191
其方式与高级工具和机器——以及操纵它们的追求劳动和工业生产利润的机构——使得扩大生产成为可能大体相似。各种大众传媒开始依靠企业代理商和独立的投资者（譬如：与出版商谈判合同，安排音乐和戏剧巡回演出等）。艺术主导和艺术真诚因为大众信息和娱乐变得制度化、商品化和商业化而失落。

“大众文化”的生产和经销很快就成为一种支柱产业，特别在美国。这种发展以图表 8.1 所示的最后一个阶段的信息生产“生产网络”来表示，这与产品工业化生产相对应。所谓“生产网络”，我指的是文化产业的复杂结构，而非仅仅是电视网络。在网络中，信息专家和娱乐节目演艺人员失去了对自己工作的控制权。在永无止境的经济利润追求之中，商业决定一直控制着艺术的选择。

在 20 世纪的大多数时候，文化产业的拥有权是朝着越来越少的跨国集团手中集中（巴格迪吉安，1997）。不仅如此，文化产业成为了巨大的相互联系代理机构体系的一部分。比如，在美国，这包括政府机构（联邦通讯委员会、联邦贸易委员会、新闻出版署）；工业集团（如，美国报纸出版协会、全国广播协会、全美动画片生产与发行协会、杂志出版协会）；国内和国际信息供给者如，有线服务、电视节目生产公司和辛迪加企业联合组织、音乐产业、广播和电视网；广告公司及其代表的委托人；还有个体出版社、广播和电视台、电缆代销店、卫星系统和节目制作分配商、电脑软硬件生产商、因特网服务提供商，甚至地方电话公司，过去十年间已经分化成了许多商业通讯服务行业。所有这些代理机构在维护现有的政治—经济—文化体系方面有着投资兴趣。这在今天已是一种工业聚合和一种具有世界影响的基础意识形态存在。

如今传播产业中的信号化趋势早在五百年前就已见雏形。
192 现代西方媒介的渊源可追溯到15世纪中叶欧洲最初的大众传播技术——印刷术的发明。其社会意义非同小可并影响深远。谷腾堡（欧洲人认为是谷腾堡最早发明了印刷术，其实他比中国要晚若干年。——译者）印刷术的发展使得社会权力游离教堂而靠向新的象征性文化中心。教堂曾经通过控制公共流通渠道而控制思想及信息的流传（汤普森，1995）。因此，现代传播技术的最初的主要社会后果，就是挑战制度化权威的权力边界。随着印刷术的出现，“人类社会在历史上首次心甘情愿地接受了一个非宗教性的社会变迁的代理者，并允许其在一个延续不断和系统化的基础上，最终改变社会生活的每一个特点”（麦克拉肯，1990:29—30）。

传媒技术的进一步发展，以及象征性权力由一个集团向另一个集团的转移，滋生了新的意识形态的特权阶层。从一开始，媒介产业就是“按资本主义结构组织起来的商业集团”（汤普森，1994:33）。不仅中世纪末和早期现代欧洲的印刷业如此，若干世纪以后，美国的电影、广播和电视也是如此。如英国和欧洲其他国家一样，美国最初的法律制定者们就努力使具有让人害怕的传播能力的新型电子媒介为人道和艺术服务。比如，在20世纪20年代，美国议员们制定的法律就规定，当时的新媒体——广播——不仅仅只是一种商业工具。但，正如在美国其他公共领域市场的威力颠覆了人们的社会乌托邦理想一样，人们对媒介作用的期望很快就成泡影。就在美国的第一个调频广播电台开始播音后不久的数十年，商业电子媒介的最根本的使命——作为“公众工具”来广播，根据“公众的兴趣、方便和需要”来广播——被人们忘得一干二净。今天，美国的传媒管理机构如联邦通讯委员会（FCC ）和联邦贸易委员会（FTC）更多的是代表企业的利益，而不是保护公众的权利。官员们都是由他们管理的企业选拔上来，最后也回到那里去。市场已替代政府成为媒介的立法者。

经济现实巨大地影响新闻和娱乐的国际流动。新闻和娱乐与美国具有高度影响力的世界范围的工业、军事、交通和技术存在联合起来，创造并维持能保持其国家利益的现状。所有更发 193
达的国家（“核心”国家）有运用现代传媒技术来控制生意并在世界范围内代表他们的经济利益和文化价值观。主要的西方国际通讯社——美联社、国际联合通讯社、路透社和法新社——在全世界进行有文化偏见的新闻报道（史密斯，1980）。通讯技术的发展使全球新闻报道的垄断以及不断地传播英语语言成为可能。正如芬兰通讯研究者特里·兰塔能所指出的那样，“美国成为了世界上惟一拥有两大国际通讯社的国家，并因此在世界新闻市场居于支配地位。这种发展与美国在有线通讯、广播和动画片领域的扩张是同时发生的”（兰塔能，1994：34）。而且在娱乐业，美国的大众文化产品仅仅受到作为该国最有利可图的飞机制造业的挑战。美国的大众音乐、电视连续剧、电视游戏、书籍、电脑软件等在世界范围内销售良好。美国大众文化产业非常依赖这些利润。例如,60%以上的好莱坞电影资金来自海外。

很多年来,美国的政治经济学家赫伯特·希勒一直被认为是世界上对上述现象进行批评的最直率、最善辩的批评家之一。我们在此谈论的这种支配有时指代媒介帝国主义或文化帝国主义。希勒主要斥责美国在国内国际政治—军事—工业的野心勃勃的资本主义冒险(1969;1973;1976;1991;1996)。希勒认为美国公民自身首先落入"共同—信息之茧……[但]现在正发生的是创建和世界性地拓展一个几乎是完全共同的信息—文化环境"(1989:168,128)。结果是,按照希勒的说法,美国的文化形象和文化商品通过"一种消费病菌""愚钝人们的感官"而"已经覆盖了世界的很大部分"(希勒,1991)。媒介和文化帝国主义现在更多地被当作合作力量,而非政治力量。

希勒及其同僚认为,由于传播技术与"科技信息、计算机技术和跨国合作的巨大拓展"的相互作用,共同意识形态、话语和
194 行为的世界霸权才可能形成。而这又进一步地与"市场化的意识形态氛围"融合在一起,"市场化的意识形态氛围"在美国自二战后一直受到军事—工业伙伴的培育呵护(希勒,1989:69,33—34)。二战以来,美国、欧洲和日本的跨国合作力量已经支配了全世界大多数的贸易。多边投资协议(MAI)、关税及贸易总协定(GATT)以及世界贸易组织(WTO)的形成,都进一步为不断增长的单一世界经济推波助澜。

历史上,传播技术由资本主义社会的军事和经济权力中心

发展起来并为之所利用，希勒在这一点上完全正确。一次大战中的广播和二次大战中的电视，以及冷战、越战、海湾战争、南斯拉夫战争中的信息技术都是如此。后来，第一个卫星频道的分配是由美国控制的通讯卫星和国际电讯卫星监督进行的，而后两者都慷慨地为其第一个委托者——美国商业服务。从一开始，卫星频道就主要用于跨国企业通讯。

到 20 世纪 90 年代中叶，通讯技术的发展真是让人吃惊。同时，最直接的受益者还是那些能从收集、储藏、处理和发送信息能力扩大中获得最多物质利益的人和组织。跨国公司牢牢抓住一切，从卫星频道、强大的计算机主控制器、多媒体建造到传真机、电子传声系统和蜂窝电话。技术也为相对较小的企业提供了一个很有竞争力的边缘地带。比如，远程推销商通过计算机的声音直接向千家万户不断推销零售商品，叫卖各种商品，从杂志征订到房地产。

卫星/有线电视的结合意义非凡，以至于在 1991 年企业家塔德·泰勒被《时代》杂志誉为“年度人物”。1998 年 CNN，泰勒的有线播报王国，使人类的戏剧和海湾战争的高科技光辉曾经三次变成了超真实的枯燥乏味的录像节目幻影。几年前，美国前总统乔治·布什承认，CNN 的日常新闻报道成为了影响他决策的重要信息源。当伊朗总统穆罕默德·哈塔米想减少与美 195
国之间的政治紧张关系，并开始可能的贸易谈判时，他通过在德黑兰的 CNN 的一次采访节目，直接向美国公众发表讲话，以此绕过美国政府的信息过滤，表达自己的愿望。美国前总统比尔·克林顿指出，“在 CNN 开始谈论科索沃以前”，美国公众没人知道它在何处。然后，他就指望 CNN 和其他新闻渠道教育美国公众,让他们了解北约军事侵略的目标。“CNN 效应”毫无疑问是当代全球政治的中心部分,但是,我们开始看到当代的新闻收集与传播活动有多方面的后果,不都是霸权主义性质的。

CNN 的影响,成为了 20 世纪 90 年代全世界商业电讯令人难以置信的飞速扩张的一部分。过去的东欧和中欧共产党国家,观众搭建卫星收视天线,以便从西部(指西欧。——译者)接收信号,从而为推翻压迫性的政治体制做了贡献。在斯堪的纳维亚和西欧,从电子媒介出现以来就坚定不移地郑重承诺——播报为大众服务,但它让位于由卫星及有线系统引起的残酷市场竞争现实。在整个拉美,公众服务的电视频道很快被私有化。中国的电视一年比一年更加商业化,卫星电视开始覆盖整个亚洲。而且,虽然在美国商业网络的观众份额继续减少,但现在,数以百计的卫星和有线频道为了能在不断扩大的电视观众中占哪怕一点份额而拼命竞争。

像赫伯·希勒一样的批评家相信,受跨国公司利益驱动的通讯活动,在全球范围内,都带来了一系列负面的文化后果。有些国家的政府明显感到相同的情况。例如,20 世纪 90 年代晚期,加拿大从黄金时间播出计划中取消了所有的美国电视节目。1996 年以法国保护贸易论者为首的欧洲议会投票,限制欧洲以外的电影在欧洲国家的电视、录像和网络在线服务器上播放。这种限制与禁止措施在其他国家,尤其在发展中国家非常普遍。阿富汗的伊斯兰教塔利班政权最为极端,1998 年开始禁止使用所有的电视机、盒式磁带录像机、录像播放机、卫星接收器。

无法确定的区域

我们现在将质疑并估量前文所述的许多假设和观点。到目 196
前为止，我给大众媒介化的传播蒙上了一层令人悲观的色彩。在整个工业化和网络化的过程中，媒介机构支配了手艺人和艺术家，使他们的工作失去人性，剥削他们的劳动力，剥夺他们的创造力。制度化的基础设施和技术联合起来，过分代表资本主义业主和经理们的利益。西方跨国贸易利用先进的通讯技术，垄断信息的国际流动，使世界上的文化失去基础，并使它们被殖民化。

尽管我坚定地相信，这些说法有一定的真实性，并相信它们有分量有逻辑。但是，我仍然不能放弃进一步的分析。例如，我们不能假设工业化天生就具有奴役性，也不能假设机构都是政治经济文化控制的强大工具。通讯技术从来就不仅仅为其创造者、开发者和管理者服务。象征性形式也没有一刀切的阐释。

英国批评理论家约翰·汤姆林森（1991；1999）对希勒和其他人提出的媒介文化帝国主义论调，做了一个非常有理论基础的针对性个案研究。汤姆林森表明为什么这些帝国主义理论误导人们，因为它们都完全是：（1）功能主义的（似乎通讯是一个封闭的体系）；（2）决定性的（似乎意识形态的“影响”是一贯的、可预测的）；（3）非经验的（这些理论缺乏现实世界的证据，特别是有关受众如何阐释和使用象征性形式的证据）；（4）非理论的（交际过程没有足够的阐释，或者被置于宽泛的社会理论之中）；（5）简化论的（复杂的社会现象被简化成人类行为的简单模式)；(6)悲观的(作品浸透着一种没有道理的“忧郁—命定”的受害的主题)；(7)家长式的(作品的特征是一种精英的、斥责的和权威的语气,与作者的“优越”观点沆瀣一气,不为争论和讨论预留任何余地)。

我完全赞同汤姆林森的观点,并在此开始对媒介和文化帝国主义做更为深刻的评价。首先我置疑经典的帝国主义工业化和现代化批评,在本章开篇我已经做了简略的评述。我们接着讨论。有些评论家相信,许多批评理论浪漫化地错误阐释历史,尤其在解释社会权力时更是如此:

197 在许多前现代语境下,个体(和整个人类)比现代环境下的人类更为无力。人们典型地以较小的群体和社区居住在一起;但小的居住规模与权力不一样。在许多小群体环境中,个体相对无力改变或逃脱他的社会环境。例如,对坚持传统,就经常或多或少地难以改变……前现代的家族系统……通常相当牢固,给个体提供较少独立活动的范围。我们很难证实这样一种概括,即随着现代机构的出现,大多数个体还是(或感觉)比以往时代更为无力。(吉登斯,1991:192)

在有关个人渴望自由独立的核心假设方面,吉登斯的观点也许反映了一种文化偏见,但是,它确实打破了对西方社会历史所做的浪漫化的误导性解释。而且,在今天,东方的某些长期固守的文化传统事实上正在改变,这是真的。例如,西方社会的个人主义已经极大地影响了日本、韩国、中国台湾和香港、新加坡,甚至中国和越南的人们的生活。在任何情况下,我们都不能在字面意义上接受这样的观点，即工业化、现代化和全球化在某种程度上极大地违背集体意志从而破坏了文化。

为什么全球性的交际与商业的后果不能确切地预测？本章的这一部分我命名为——“无法确定的区域”。这意味着任何传播系统的四个主要成分——源头、渠道、信息和接受者——最终是任何政治—经济—文化力量无法控制的。这些要素，或区域，是无法确定的。

本章剩余部分将集中讨论传播系统的前三个构成要素——源头、渠道和信息。我们的目标是通过仔细考察交际的真实过程，表明我们将看到特定的后果是无法决定或不必要的。这意味着有关媒介和文化帝国主义的极端悲观的看法是不可取的。我们将在第九章通过考察第四个要素——接受者——继续解构帝国主义。

传播源头：制度化的多样性

有关帝国主义论断的第一个应当被放弃的假设是，制度化
的基础设施和技术以联合一致的方式仅仅为其拥有者和管理者 198
带来利益。真实的情况是，大众媒介所做的恰恰相反；它们刺激意识形态的和文化的变体，有时正好与其拥有者和管理者的意愿相矛盾。媒介机构毕竟是社会机构。他们由人构成。因此，就像任何社会群体的成员、日程和活动随着时间变化一样，社会机构产生的无论何种意识形态结构，像他们的创造者和阐释者一样，都不是一成不变的。“现实的社会建构”应当被理解为一个过程，此过程适用于机构的特性，包括媒介机构，就像它适用

于任何地方的日常生活变化一样。

没有一个机构/制度能表达惟一的意识形态。当然,媒介机构也是如此。事实上,当我们仔细考察全世界大众媒介上所展示的内容时,变体和矛盾则是涌现出的基本主题。这是因为各个机构都有多个创制者,人人都有自己的身份、价值观念和思想观念,并以此吸引和取悦于各种各样的要求很高的受众。另外,大众媒介职业常常吸引相当独立的、有创造力的、挑剔的甚至反叛性格的人员作为其雇员。许多年以前,美国社会学家赫伯特·甘斯就指出,美国的商业媒介节目制作者不断地"竭力表达他们的个人价值观和品位……并摆脱受众和媒介主管的控制"(1974:23)。通过对节目的文本分析,以及同美国电视制作人和作家的访谈,霍勒斯·纽科姆和保罗·赫希提出自己的论点,并支持甘斯的观点。他们辩称,电视当然是作为表达观点的论坛,因为它是任何居于统治或支配地位的政治经济团体或阶级的意识形态武器。他们声称,电视系统作为一个整体产生一种"意义的多样性",并且强调"讨论而非灌输……对抗而非一致"(1987:459)。因此,电视节目最终反映人们持有的一系列价值观、信念和观点,这些人构成媒介产业。这就是"文化论坛"的意义所在。

文化论坛的原则运用广泛。例如,尽管美国和中国的媒介机构在非常不同的政治官僚体制中运作,但在两种语境下,媒介的功能都是一种论坛。中国媒介专家——例如,记者,电视节目作者和制片人、电影导演——所持有的非官方意识形态和文化的观念,在中国的媒介中,被当作一种无法避免的多种媒介职业
199 的后果加以表达,这些职业在工作场所例行公事地开展。

在20世纪80年代晚期和90年代初期,东欧、中欧及前苏 200
联的国家中发生着同样的变化。所有向共产主义当局造反的令人吃惊的事情是,这些造反活动部分地利用了国有国营的媒介机构,而建立这些机构的目的就是避免这种意识形态争论和社会危机。国际媒介的报道从一个国家传到另一个国家,点燃了抵抗的火焰。看看前苏联解体时发生的事件:

- 由于害怕摇滚乐的政治影响,前东德政府召集全国的流行音乐家举行强制会议,宣布严厉的音乐创作与演出的规则。该国政府蓄意动摇东德流行音乐运动,但它却提供了音乐家们开会讨论的机会。在这些场合,音乐家们组织起来,抵制召集会议压制文化动乱的东德政府(威克,1992)。
- 作为匈牙利官方电视新闻来源的“黑盒子网络”,作出另一个选择,它逼迫政府体制变得不再具有宣传鼓动性,更客观地对待新闻报道。当时,相对进步的官方匈牙利人新闻网影响了前捷克斯洛伐克和罗马尼亚的观众,他们可以从自己的受压抑较少的共产党邻居那儿接收电视信号。
- 前捷克斯洛伐克印刷和广播报道产业的自由的职业工
作者们,在导致“天鹅绒革命”(1989年非暴力地推翻 201
俄罗斯对这个国家的控制)的至关重要的几周内,行使了史无前例的自由。
- 前罗马尼亚独裁者尼古拉·齐奥塞斯库切断电视转播,作为他严酷统治的一部分,这导致愤怒的观众更努力地接收外国的电视信号。随着最贫穷的罗马尼亚家庭最终获得盒式录像机，录像带的非法买卖也增加了。后来，当革命力量与国家士兵在布加勒斯特发生枪战时，在罗马尼亚国家电视台机构爆发了更为猛烈的战斗。统治者被赶下台以后，新领导人伊安·伊利埃斯库在政府电视台宣誓就职。通过在国家电视节目中羞辱被捕的齐奥塞斯库及其家人，这个新政府的法制建立起来了。

最近在一些国家发生的意识形态与文化斗争，揭示了相同的制度化的倾向：

· 在古巴，由政府资助的国家电影产业拍摄了获奖影片《草莓与巧克力》，在 1994 年的哈瓦那国家年度电影节上为国际观众首映。该片通过具体暴露古巴政府如何压制同性恋行为，描述共产党霸权与反对霸权的激烈斗争，总体上反映了意识形态与文化的开放。这部影片成为古巴社会变革的纪念碑式的标志。

202 大众媒介众声喧哗。微妙而具有颠覆性的信息的象征性力量，比经常重复表达的主流意识形态重要得多。大众媒介中出现的内容经常与其他社会机构的意识形态观念表达相冲突。非
203 官方的得不到资助的媒介比官方的经济厚实的传播渠道有更强大的社会影响力。当条件成熟时，机构的和意识形态的变异会以引人注目的方式跳到前台，它能够改变历史进程。

市　　场

当电视表现的形象与当地混乱的社会现实相互作用时，电视能成为无法比拟的抵抗权威的代言人。让我们暂时回顾一个具有重大象征性意义的媒介瞬间——1992年加利福尼亚州洛杉矶市，电视转播的殴打黑人摩托车手罗德尼·金的事件。人们是否有理由认为，在电视上重复播放这盘录像带能帮助维持美国权力精英的霸权？或者这次具有高度象征性意义的事件——白人权力机构无情地打倒一个无助的黑人——是否真正削弱了有权有势人物的特殊利益？结果，罗德尼·金的录像带变成了一分钟的揭露种族歧视的商业广告。这些恐怖的形象与许多被剥夺权利的美国人，尤其是贫穷的黑人和拉美裔美国人亲身经历的情形巧合了。后来，当媒介第一次宣布警察残暴行为“无罪”的判决时，两个新的故事——金的被殴事件和判决——相互作用并点燃了洛杉矶南部中心城市的骚乱。媒介关于骚乱的报道紧接着使此次骚乱更为恶化。

是什么触动电视和其他大众媒介对罗德尼·金的故事如此注目？当然是此次事件的市场价值，比起其所应负的任何道德责任，新闻报道实践更多地归功于它的追求轰动效应，从而发起猛烈的反对霸权的反击。有关判决的新闻报道被耸人听闻地大肆渲染，尤其当电视上有关金的录像总是一再播放时更是如此。但是，没有人能预见到令人惊奇的后果，包括媒介业的记者、老板和经理。它的影响涉及骚乱中直接被烧毁的成千上万的企业，还波及后来1992年的失败的总统连任竞选，因为乔治·布什无法解释清楚这个问题。洛杉矶骚乱事件成了众人皆知的政治文化资源，它戏剧化地代表了“美国怎么啦”的疑问。原来的录像、骚乱和新闻报道帮忙赶跑了布什，与此相比，美国商业利益也遭受了损失，这对一个共和党人出身的总统而言感觉更舒服。对处于社会经济领域另一端的人们来说，金的录像的一个
204 主要影响是，让人们清楚地相信一种经常的抱怨，即美国的犯罪审判制度不公平地对待少数民族。在公众看来，对一个警官的法庭审判没有必要查明事实真相。在公众看来，发现警察无罪的任何法律解释，都只能进一步地成为明目张胆的种族主义和犯罪审判制度腐败的证据。洛杉矶骚乱事件是另外一种发自愤怒的公众陪审团的投票表决。

罗德尼·金事件的录像带和它所代表的一切在世界范围的传播之所以成为可能，是资本主义经济文化关系的主要因素——市场使然。全世界的电视新闻导演在电视节目中拼命播放这盘录像的拷贝。另外，无休止地播放金的录像带也不需要观众有多高的智慧与阅读能力，就能获得完全的效果。证据就在我们面前，主要媒体充满同情地展示和讨论这些证据。市场的力量已经发挥作用，给相对无权的人们以信息，点燃他们的不满情绪，而不是欺骗压制他们。

市场更能驱使媒体和大众文化的娱乐性的一面，而非仅仅是新闻和信息。娱乐业疯狂地搜寻下一个能赚大钱的事件。当然，这是困难的，因为文化产业巨头不想将大笔钱财投入没有得到证实的思想上。最好是在明显的赢—赔分界处强力介入。将要出售的东西必须买进。然后，一切就绪。大众文化市场最终打破任何强加给人的或主导意识形态的装腔作势。正如流行乐队“The The”的歌手马特·约翰逊在纽约新音乐研讨会上，对

与会者所说的那样，“唱片公司并不关心你是否是佛教徒、共产主义者或资本主义者，只要你能为他们赚钱就行。”甚至是赫伯特·希勒尖酸刻薄的著作，尽管它们明目张胆地批判帝国主义、跨国公司和媒介帝国主义，仍然由跨国公司出版并在世界范围内发行，给每个人带来利润，包括作者。

公共媒体的私有化

当代的一个重要现象是，在世界的许多地方，公共媒介渠道私有化，尤其是电视台。私有化在拉丁美洲已经蔓延，在那儿，205
国家扶持的“公共”媒介系统丧失了观众，而商业化竞争者，尤其是卫星电视则稳步地获得观众。

私有化是一个特别敏感的问题。在许多国家，国家扶持的通常是非商业化的媒介渠道已经被（尤其是知识分子和政治自由主义者）认为是不能触及的禁区，它们致力于保持文化传统、价值观念和优越性。这种渠道的私有化和商业化有时候被看做对资本主义和外国影响的全面的屈服。在面对全球性的竞争时，挪威媒介研究专家约斯坦·格里普斯洛德，是国家媒介角色最坦率的倡导者之一（1999）。格里普斯洛德认为，与进口的或者高度商业化的媒体相比，公共媒体更能够负责地回应国民的需求，就像挪威一样（那里多年来只有一两个电视频道供人们收看）。这种观点不是完全没有优点。

但是，让我们以墨西哥为我们的个案，考察一下这个问题的另一方面的情况。1993 年，一个墨西哥国家电视频道被私有化了，变成了商业电视频道“阿兹特克”。节目制作程序当然改变了，有些并没变得更好。然而，许多墨西哥人却喜爱私有频道的具有文化挑衅性质的节目制作战略。

最好的例子也许是“阿兹特克”电视台播放的正走红的墨西哥肥皂剧《一个女人的回眸》(Mirada Mujer)。在这部挑动情感的连续剧中,已经50岁的妇女遭受令人难以忍受的大男子主义迫害之苦,继而奋起反抗。[②]当女主人公的丈夫不断地虐待并抛弃她而爱上情妇时,她并没有像人们期待的传统妇女那样——耐心地、毫无怨言地等待丈夫最终归来——而是爱上了一位关心自己并且比她年轻20岁的潇洒男人。电视中的故事令人震惊的转折,公开地嘲弄了墨西哥文化对待婚姻问题想当然的双重标准,广泛地给墨西哥妇女以权利,并且点燃了有关婚姻状况的全国性的争论,以及许多有关以性别为基础的文化设定的争论。

这个节目也涉及其他一些曾经被媒介忽略的问题,例如,流产、性骚扰和酗酒。妇女与年轻人是《一个女人的回眸》的最具同情心的观众。

“阿兹特克”电视台的新鲜的节目制作策略,除了使人们的
206 注意力集中在对它的争论之外,还在长期的最受喜爱电视节目收视率上,更具有竞争力。收视率的成功也奠定了资金基础,以便向拉美其他国家市场扩展这种电视节目,其中包括危地马拉、萨尔瓦多和智利。这种跨国的文化影响可以通过私有化和市场的吸引力得到实现。

在这种对于机构性变体的分析中,我们主要讨论的是已经建立的大众媒介和文化产业。媒介和大众文化已经变得如此的全球化、多样化和商业化——与大多数批评观点相矛盾——结

果它们藐视意识形态的和文化的控制。如果我们将因特网和如今广为流传的以数字为基础的信息技术纳入讨论的话,那么,我们将远离我们的中心议题——无法确定性,而陷入混乱之中。在21世纪早期国际国内政策制定者所面临的诸多问题之中,最引起人兴趣的问题就是如何对待这个日益增长的通讯怪兽——因特网。因特网是真正游离于机构性的管理、调节和控制的,在这点上它比大众媒介和人们熟悉的一系列文化产业走得更远。

传播渠道:无法管理的技术

正如机构多样化而最终无法控制自身的生命一样,技术也同样不能完全被个体或联合的力量所控制。在第五章中,我们已经在一定程度上讨论了20世纪后期,录像、有线电视和卫星技术如何使消费者的选择非中心化,从而扩展他们的选择范围,将受众分割成很小的群体。在此,我们将探讨通讯硬件是怎样对此整个过程做出贡献的。

前文提及的罗德尼·金的事件,可以再度用来表明,技术决不仅仅是延伸和强化大的媒介机构的影响力。罗德尼·金的被殴事件被一个学习使用新型摄像机的人拍摄下来。他把这盘录像带交给了国家电视网,后者将它在世界范围传播。意识形态控制的两个载体——大型资本主义公司和传播技术——联合起来传播一种准确的、无法忘记的和不公正的形象。其结果显然 207
不能被看做是主导意识形态的强制,或者是媒介和文化帝国主义的技术展现。

技术如何才能发挥作用,代表那些普通大众的利益,刺激社会变化，这一方面罗德尼·金的故事是一个惊人的例子。罗德尼·金的故事烟消云散以后不久，另一件相似的事件发生了，直升飞机上的电视新闻摄像机捕捉到了南加利福尼亚州警察追赶殴打一卡车墨西哥非法移民的事件。移民起诉了加利福尼亚州，并且像罗德尼·金一样，获得了一大笔金钱补偿。几乎同时进行的O.J.辛普森谋杀案的审判进展如何？一位曾调查过现场的洛杉矶前警官马克·福尔曼在庭审过程中，碰到一盘录像带，它记录下福尔曼吹嘘自己及其他警官以前是如何滥用权利欺负黑人的，并且，该警官在录像带里所讲的话带有明显的种族歧视。然后，这盘无耻的"福尔曼录像带"成为辛普森成功辩护的首要证据，即仅仅因为他的人种不同就遭到警察的不公正对待。得克萨克石油公司在十多年前也经历了巨大的尴尬局面，因为有录像带揭露它的有些主管发表了种族歧视言论。

可视性与可解释性

不仅视听录像带对金和辛普森的案件审判是关键的证据，审判本身也通过电视向美国全国观众现场转播，还向别国转播，从而产生最大限度的可视性。与可视性同时出现的是可解释性，有权力的人们对他们的追随者而言所拥有的责任，正如我们在媒介丑闻中看到的那样（参见第四章和汤普森，1995；1997）。例如，罗德尼·金与O.J.辛普森案审判的一个重要的后果就是，洛杉矶逮捕的罪犯少了，特别当白人警官处置黑人嫌疑犯时。警察局现在装配上了摄像机，明显地为了保护公民权利，但同时也为了预防罗德尼·金所激发的对警察暴行的指控。许多专家赞扬电视在辛普森案司法程序中的角色，特别是因为它将律师、法官和证人聚集在一起，成为可向公众解释的事件。美国公众不会让辛普森丑闻消失，直到采取实现公正的措施。这些措施基于这样的事实，那个人被法律裁定“无罪”，而被全体人 208
民发现有罪，这是一个由观看电视转播的全国观众促成的判断，他们仍然认为辛普森应当对死者负责。

录像摄影机已经成为反犯罪的手段，普遍用于方便小商店、快餐店、银行、加油站、药店、百货商店和许多其他场所。摄像机已经用于医院和精神病院，防止医务人员虐待病人。因为用炸药炸俄克拉荷马城的美国联邦大楼而被判有罪的人，就在他租用卡车进行爆炸以前，被一家麦当劳商店的录像机拍摄下来，这成为他犯罪的证据。微型摄像机甚至安装在迪斯尼乐园的米老鼠、唐老鸭和其他卡通人物身上，以便查处那些损坏这些著名“人物”然后逃跑的少年。

全球性的可视性与可解释性

> 今天，我们习惯于将出现在电视银屏上的个体，看做属于公众世界，向我们全体开放。
>
> 汤普森，1995：119

> 没有电视时，两次世界大战。有了电视，什么也没有。我们热爱电视！
>
> 全美广播—电视公司的促销活动，1998

> 因为有了电视，他们再也不能愚弄我们。
>
> 一个24岁的大学生谈及政府；罗尔，1991

在其他所有媒介事件中,电视以及其他的电子媒体,已经使以下事件成为全球观众可以看到的非常抢眼的事件:越南战争、水门丑闻、海湾战争、阿拉斯加州1999年埃克森—瓦尔德兹石油公司的分裂、宾夕法尼亚州1979年三哩岛的核电站事件、乌克兰(前苏联)1986年切尔诺贝利核电站爆炸、罗德尼·金、O. J. 辛普森案件审判、戴安娜王妃去世、克林顿丑闻以及南斯拉夫战争。电子媒体可以即时地通报全世界,并且让掌权的人们为自己的行为负责。它们也可以阻止一定的行为。例如,军事行动不仅可以通过间谍行动和高科技监视活动,使政府一目了然,而且可以通过国际新闻收集机构的强大力量,让整个世界了解。
209 例如,在1999年的南斯拉夫战争期间,全世界的电视台通过卫星转播了美国战机摧毁一列载满无辜乘客的火车,以及误炸中国驻南斯拉夫贝尔格莱德大使馆的录像镜头,之后,北约和美国官方才承认发生过此类事件。

所有这些的结果有时被称作"令人可怕的影响"——媒介威胁和限制活动的能力——这毫无疑问并不总是一件坏事。上述全美广播—电视公司的自吹自擂可能过于简化了电视的角色,将它当作全球性的和平捍卫者,但是,这并不完全是一种没有根据的说法。

电视并不需要阅读印刷物的能力,因此,它广泛地扩展了媒介揭露许多事情的潜力。例如,1998年,在从衣柜里拿出莫尼卡的沾了污点的蓝色裙子以及法庭审判之前,克林顿—莱温斯基丑闻就已经够有说服力。全世界的观众可以通过观看重复播放的在接待处他们相互拥抱的镜头,看清克林顿和莱温斯基之间的身体快感和充沛的性能量。这些著名的画面被令人作呕地播放了一年，这种简单的重复表明当事人双方都有罪。人际交流的大多数信息是非言语的——电视非常清楚地揭露了视觉信号。

可视性与可解释性不仅仅由全球性媒介的视听技术质量所产生。采用新闻业的国际性标准也起一定作用。苛求而好管闲事的英美新闻报道风格，常常打破由语言和文化习俗强化的地方障碍，发现隐藏的事实的真相并暴露那些责任人（阿加尔，1994：195—206）。例如，年轻的墨西哥报纸《改革》（Reforma）在美国受训的记者，已经揭露了广泛的政府腐败行为，极大地减少了有偿新闻的传统做法（el embute；参见莱丁，1984：124—6），并使读者对诚实与公平的期待越来越大。充满活力的新闻业因此保护了人们的“知情权”。甚至讨厌的追逐名人、偷拍照片的记者，在媒介监督中也可以扮演正面角色。任何一件这类偷拍报道行为似乎都很卑鄙，但它们帮助揭露的丑闻又会使社会文化权力等式保持平衡（罗尔和辛纳曼，1997）。欲望犯罪的过分渲染的细节迅速传播，因可怕的象征性影响夸大而强化了原来的故事，而这些都是通过新闻、广播谈话节目、电视喜剧谈话节目以及因特网聊天室传播的。因此，电子媒介的全球性的可视性，暴露并抑制了那些持有传统形式社会权力的人们潜在的滥用权力的行为。

可视性还是监督？

传播技术在许多方面对社会有益。但是事情的另一方面又 210
怎样呢？政府或经济机构密切关注我们，这真是一个好主意吗？这种监督为谁的利益服务？赫伯特·希勒（1996）、奥斯卡· 甘迪(1993)以及其他人已经注意到,利用传播技术所进行的不断的社会监督与社会公益事业相违背,而主要保护社会的政治经济权力拥有者的利益。技术变成了监督手段,被有权势的人和机构用来强化社会准则,维持统治。按照这种观点,充满威胁的"大哥"的面孔,不仅成为技术的可能,而且已经付诸实践,对我们造成全面的威胁。

学术批评家们对监督的消极后果的关注,通常源自或偶合于近期著名的法国社会理论家米歇尔·福柯的著作,特别是其对监狱的分析《纪律与惩罚》(1997)。自从16世纪以来,西方社会的军队、学校、医院和监狱,在众多策略中选择紧密观察和引证的方法,创造了福柯指出的已经具有控制力的"有纪律的社会"(参见汤普森,1995:119—48)。

但是,情况真的如此吗?约翰·B.汤普森指出,福柯所指出的"全景监狱"——一种监狱监视系统,它对每一个人都留有警惕而带惩罚性的眼睛——不像"现代社会中权力实施的普遍模式"那样"有说服力"(汤普森,1995:134)。他解释道:

> 全景监狱让多数人受到少数人的监视,并且通过使多数人永久受少数人监督的方式,使权力能够施加于多数人身上;而传播媒介技术的发展提供了一种手段,通过它,多数人可以收集少数人的信息……由于媒介,那些拥有权力的人们而非被施加权力的人们,受制于某种特定的可视性。(汤普森,1995:134)

那种特定的可视性,在全球性的社会影响交织中,可作为一种调和力量,使各种人包括足球流氓、警官以及总统、皇室成员,比以往更有责任对其行为做出合理解释。通讯也激发一种普遍

的“文化可视性”。那是多年来不平静的共产党文化的一大部分，随着这些国家的人们能够看到更为发达的资本主义国家的 211
形象，这种文化加速了在世界范围的普遍衰落。主流美国文化的走向，生动表达了自由、权利、民主和愉快的生活方式，在全球范围尤其具有可视性。然而，这种有诱惑力的形象并未激起一致的反响。随处可见的行为是羡慕、厌恶、愉悦、嫉妒和不满。但是，媒介上出现的东西仅能表明社会影响的不完整形式。这样，可视性本身是一种非同寻常的权力。现在，我们拥有所有国家与文化的信息，使认识到的文化异同在世界范围内更为明显，同时隐藏了所有国家和文化都存在的内部的多样性。

无法预见的后果

虽然全球传媒业已经实现了进入很多其所期望的潜在市场的企图，但是，历史已无数次地向我们表明，传媒硬件被悄悄地乃至非法的方式盗用或改变。比如，通过卫星传播的信号就被轻易地拦截。在发达国家，一个懂得技术的电视接收迷总是想方设法获取经卫星传播的节目而逃避支付收视费。创造性的改头换面的截取也发生在机构这个层面上。比如，美国的电视网络和节目，包括西班牙语频道，都被墨西哥和加勒比海的大亨们截取、改头换面，然后通过有线电视系统传输出去，赚取巨大利润。

英国的社会学家和音乐批评家西蒙·弗里斯得出的关于音 212
乐发展的结论，也同样可广泛地适用于传播和文化：

> 如果说，20 世纪的流行音乐有一样东西值得我们学习的话，那就是技术创新会有难以预料的后果。音

> 乐的产业化已经改变了我们在演奏音乐或欣赏音乐时的行为……但是这些改变并不是生产者控制或决定的结果。他们也反映出了音乐家和听众的反馈(1992:69)。

为了补充弗里斯的观点,可看看20世纪60年代的摇滚乐。人们十分熟悉的摇滚乐的特质就是震耳欲聋的回音。这种声音专门由吉他手面对高音喇叭猛击其乐器制造出来。数年之后,hip-hop乐手通过有节奏地在维尼龙(制唱片的材料。——译者)唱片的音道上“抓搔”而制造出一种激烈的前所未有的声音。消费者在这种“混合”中发挥了作用。第一批作为放音机来销售的录音机,卖得并不理想。八声道的盒式录音机销路也不好。录像带的销售大大高于录音带。微型盒式录音机成为了产业的标准,而数字磁带录音机(DAT)一直未受到消费者的青睐。各种消费技术如汽车电话、传呼机、移动电话,甚至触音电话,都被毒品贩卖者盗用,也用于警用装置。家庭复制录音带和录像带大大减低了跨国音像产业的利润收入。[3]

一些技术应用到消费领域后,改变或降低了原始技术的社会影响。比如,电视遥控技术,就使我们轻而易举地摆脱了商业广告。现在,我们可以规定收视频道和时间,甚至可以将其设定在电视机中。拥有“不接受广告”的录像机,在观众想看录像带时,可以自动地“跳过”广告节目。有时,传播技术的社会影响是非常之微妙。譬如,电话信息储存机的功能不是为了某个机构保留信息需求的原故,而是为了往后反复播放这些信息,体验反复听到这些声音的感受。事实上,“技术改变并不是[社会]机构在使用技术之中自发发生的”(吉登斯,1984:178)。

因特网:在线文化的发展

> 对于我们大多数人来说,当我们第一次点击任何一个链接点,并发现自己被扔到这颗行星上时,“我发现了”的时刻即来到了。这种活动的自由与即时性——穿越信息空间从一个站点到另一个站点,跟踪引导我们的思想——是以前的任何事物都无法比的。 213
>
> 约翰逊,1997:110

在任何有关传播与文化的讨论中,信息技术不能简单地与其他技术手段堆积在一起。到现在为止,人人都知道新技术已经极大地改变了我们创造事物与交流信息的方式。大型跨国公司与其他大企业已经极大地受惠于信息技术,就像它们从以前的技术进步中得益一样。从网络内部交流、国际信息储备转移到利益不断增长的电子商务企业、高技术广告业、形象策划业和市场推销,全世界都已经找到相当老练的方式,充分利用信息技术最新发展成果。

文化产业就是获益最大的实体之一。各种各样可以想象的文化产品的网站建立起来了。因特网本身成为一种可供选择的播放系统,能够将数字化声音图像传遍世界。亚马逊商业网站的奇特成功反映了消费者的意愿,即通过网络交易的方式,将大笔的钱花费在书籍、音乐和录像资料上。主要的通讯媒介公司比如商业电视网和闭路频道,它们在因特网的形象和特性已经变得多样化,作为新闻与信息来源,相互补充扩大影响(参见第二章)。娱乐公司将大量资金投在以因特网为基础的项目上,在通讯信息空间展示、提升和销售它们的产品。具有首创性的大众文化艺术家如戴维·鲍威甚至成了因特网服务供应商(ISPs)。信息技术公司为惊人的利润抛售其股份。

但是,信息技术的权力不仅仅依赖大公司之手。它也不是从那儿起步。个人电脑及其软件的发明史资料详尽地表明,有创造力、思想独立的个人企业家的成就,包括长发披肩的斯蒂夫·乔伯丝,他在自己的硅谷停车库中设计了第一台苹果牌电
214 脑,还有令人乏味的比尔·盖茨,他中断哈佛学业创立了微软公司。那种独立的富有创建性的精神继续成为信息技术产业运作的特征,也是消费者使用其产品的特征。

信息技术比传统的通讯技术更为容易得到,对使用者更为友好,媒介也是如此。对于拥有充足的资源和动机的个体来说,电脑、电子邮件、因特网端口及其他信息技术和服务,在数字时代真正提供了令人激动的可能性。从即时国际电子邮件、对任何想象得到的话题展开讨论的聊天室及获得上百万条信息,到开发网站及以少量资金开展个人全球业务,即使最挑剔的时事观察家也不得不承认,大多数人可以有效地利用信息技术,否则,他们将会被抛弃。信息技术极大地扩大了交际手段、风格和文本的范围。随着通讯和因特网技术与联系变得更加集成化,这种可能性将继续增加。互动通讯如家庭录像会议、录像电子邮件以及不用录像机的录像带将更加普及。各种信息的下载、储存和找回将会对使用者更友好,在更好地处置时间、金钱和经验方面,给非专业人士更多的选择。

例如,MP3 因特网声音格式给消费者提供了获得音乐轨道的技术方式,消费者不必为购买唱片商店出售的昂贵的 CD 掏

钱。消费者不但能避免为不讲信誉的产业的利润而掏腰包,他们还能挑选想要的音乐频道——这是另外一个非专业人士“文化策划”的例子(参见第六章)。数字化的选择给小型唱片生产发行商提供机会,与大型唱片公司竞争,努力获得消费者对其产品的注意。

这种发展反映了,在意识形态的、经济的和文化的领域,因特网如何“削平比赛场地”。个人与群体广泛使用网站和电子邮件,把它们当作便利的全球性的“肥皂盒”,从而批评、抵制、中和、避免与嘲笑权威的制度化的结构、形式和权威个人:

- 美国的一家网站作为在新加坡的同性恋者相聚的地点。同性恋网站本身不能在新加坡注册或运营,但是新加坡的同性恋者可以在美国网站上交换信息,容易地相互联系,安排见面。
- 通过一次因特网组织的全世界伊朗人参加的抗议活 215
动,对伊朗政府施加压力使其改变决定后,1998 年伊朗国奥足球队落选的队员才被恢复原职。
- 美国最富有的娱乐人士,极为保守的、说教性的(但却相当受欢迎的)广播谈话节目女主持人“劳拉博士”(施莱辛格),被其抛弃了的一位男友原原本本地暴露于网站上。这位前男友说,他想要世人看见她的色情照片,以便能够了解她是怎样一个伪君子。劳拉博士无法在法律上弥补伤害。
- 圣何塞的阿多比公司的一位电话销售代表侮辱一位美 216
籍越南人,打电话说,“你们东方人很便宜!”这位越南人给朋友发电子邮件，朋友们将该事件的详情记录发表在一家亚洲社区网站上，几个小时以内有 15000 人得到此消息。网站成员用电子邮件轰炸阿多比公司，促使这位雇员承认种族诽谤，并辞去工作。

- 印度尼西亚的一次学生领导的网上抗议活动促使总统苏哈托辞职，并激发起来自美国的友好的政治干预。
- 墨西哥查帕司州南部本土的造反者向全世界的人道主义领袖发电子邮件，谴责联邦军队对该地区的血腥入侵，导致广泛的国际关注与谴责。墨西哥造反运动的加拿大同情者建立的网站继续发布最新消息和评论，帮助维持全球性的可视性，以观察另一方面的相对无权的土著居民。
- 以美国为基地的环境保护基金收集来自世界各地的环境数据库，建成一个单一的网站，“目的是为了利用信息革命并给公民权力”，为环境保护积极分子撑腰。
- 每年在中国对可以放映的外国影片数量的限制，反而激起很多的国内观众去观看盗版的电影录像，特别因为中国提供很少娱乐选择。录像机（VCR），影碟播放机（VCD）和数字化影碟播放机（DVD）已经成为城市居民常见的家用电器，特别是那些受惠于中国自由化经济政策的人，或者那些在中国香港、英国、美国和其他地方有亲人和朋友的人，亲人朋友可以给他们带回设备。[④]

消　极　面

217 因特网传播手段给个体和群体带来了极大的优势，但是，恰恰因为它太不受调节与管理,一些消极的后果也出现了。例如,电子邮件和聊天室允许匿名参与活动,参与者包罗万象,有甜言蜜语的好色之徒,有语言下流的可憎之徒。除开因特网的所有富有创造力和积极的用途以外,信息技术也被用于传递匿名的种族主义与性别主义信息,组织复仇犯罪,对孩子进行性犯罪。网上这些道德沦丧和犯罪行为很难得到指控和追踪。事实上,我们刚开始了解网上生活所产生的后果的广阔的范围,在那里,在一个完全没有控制的全球性的环境下,所有虚拟的表征、对话和话语与媒介化、非媒介化的交际互动与对话的传统形式激烈竞争。

传播信息:意义的影子

我们已经探讨了两个"不确定的领域",机构与技术。我们发现机构是多样化的,而技术最终是无法管理的。现在,我们应当集中讨论第三个不确定的领域——信息。我们将集中讨论从符号学、心理学和传播理论得来的两个重要概念,以便表明信息的意义不能由其作者强加给读者、听众或观众,无论他们居于媒介化的或非媒介化的环境之中。这两个概念就是*多义性*和*选择性*。

多种意义和多种选择

> Brahma:对西班牙人,是一头公牛;对巴西人,是一种啤酒;对美国人,是一种休闲汽车;对印度人,是神。

特殊的复义性和一般的符号学在传播学科中成为了一个重

218 要的研究领域。但是,分析象征形象是如何获得不同释义和应用的,却早在最近的文化研究潮流之前已经存在。这方面的早期著作主要是美国的心理学家和社会学家写的。在一部经典研究(库柏和雅哈达,1947)之中,研究者发现原打算设计来减少民族偏见的卡通片系列("狂人"先生[Mr. Bigot])不仅没消除反而加重了民族偏见。多年之后,其他研究者从对美国著名的电视系列《都在家里》的研究中发现了同样的结果(危德马和洛基克,1974)。该系列片的执行制片人,诺曼·里尔,努力使剧中的主人公阿契·巴恩克看起来像一个偏执狂傻瓜。里尔认为,有偏见的观众将会在阿契愚蠢的滑稽行动中观照自己并因此而改变自己的方式。《都在家里》成为了一部家喻户晓的片子,也引起了争论。但是,就像《"狂人"先生》喜剧动画片一样,该片也产生了始料未及的后果。不但没有被阿契形象所刺激,相反,有如阿契品格的电视观众发现阿契很可爱,甚至有点英雄气。他们认为他踏实、诚恳、勤劳和善良。在另一方面,反对阿契价值观的观众则认为,他疯狂、粗俗、呆板、霸气而且虐待爱看电视的妻子。如何理解"狂人"先生和阿契,这由读者和观众的价值观和动机所决定。这些先结构[性格]不容易改变。[5]

这些例子正好表明,象征性符号的阐释具有开放性、多样性。信息是多义的。它包含多种可能意义。对于不同的人,信息意味着什么,这全依赖信息如何被阐释。信息意义的阐释就是意义构建的选择过程。

另外一个早期研究成果,分析了美国两所大学的学生是如何阐释一部电影的。这部电影是关于学校之间橄榄球比赛的。对这部电影的阐释描述五花八门。研究者的结论是,"这场'比赛'实际上是许多场比赛,对其过程中所有事件的每一种看法,都只是对某个人而言是'真的',正如其他看法对于其他人也是真的一样"(汉斯托夫和堪特里尔,1954:134)。他们解释说,"没有一种'比赛'这样的东西纯粹'在那儿'供人们'观看'。这比赛为某一个人而存在,只是某些事件从他的目的来看有意义,仅从这个层面,他经历它"(133)。

这些早期社会心理学和传播学的研究揭示了两个最基本的原则,这两个最基本的原则现在在符号学分析和文化研究中从不同的角度提出来:任何东西都没有中立的解释,意义是不能强加的。从两个角度都很清楚,人们对于文化现象如流行歌星、电 219
视节目和体育运动的理解和应用,都是以他们认为有力、有趣甚至有利的方式进行的。大众文化不是一种反对个人和社会意志的独立力量。它总体上产生于社会并与之和谐相伴。媒介和大众文化有时催生社会变革。这种情况的发生是因为所表征的思想正好契合了人们已有的倾向和意图。媒介主要是提供了例证并给出具体的建议(甘斯,1974:57)。[6]

意义的阐释系统

意义不是仅仅分配给外部物体的东西。阐释工作本身就是一个自我发现和理解的过程。对于一种符号的阐释同时又是一种想象自我的阐释和变形。譬如,一个十几岁的女孩,在评价加拿大摇滚乐现象阿兰尼丝·莫里塞特的时候,也在评价自己。当一个赫尔辛基的青年男子第一次穿上一条牛仔裤时,他想象一个美国的形象也有一个自己的形象——也许是一个自己在美国的形象!在英国,"年轻妇女利用自己对一个[大众]明星的偏爱，来帮助描述她们认为重要的人际关系标准，从而发现她们与同伴在欣赏男人的品位方面如何的不同”（威利斯，1990：57）。中国观众在观看进口的日本电视连续剧时，他们随着故事的展开而理解发生在周围的一切。巴西谈话节目主持人西尔维奥的普遍受欢迎，可以追溯到他自身的个性与形象同巴西文化主要支柱产生的共鸣，这就是家长作风、宗教、阶级和家庭（乌里伯，1995）。

因此，所有的符号活动都是由流动于内部和外部世界之间的复杂联想组成的。这种主观活动和联系构成了深层次的、难以察觉的、变动不居的意义生成过程。

在人们的日常交际互动行为中，人们选择、整合和传播媒介表征和其他象征性文化形式，通过这样做，产生出意义和大众文化（第七章）。这些意义都有社会文化的起源、阐释和用途。电视明星、大众歌星、体育明星等等最终受到接受的重要性与程度，是由各种追星族而非明星本人决定的。人们从呈现在其面前的象征性领域选择事物，阐释它们，使用它们，以一种能为自己带来好处的方式来做，并通过这样做，他们实现了一种变化了的象征性权力。

多义性的女王

220 现在，我们要请出美国大众文化史上两个异乎寻常的媒介明星——玛丽·泰勒·摩尔和麦当娜——准确地展示多义性与选择性是怎样发挥作用的。

玛丽·泰勒·摩尔是美国大众文化的真正的偶像。这位可
221 爱的女演员和电视制片人在各方面都很成功，但是，玛丽·泰

勒·摩尔秀中的电视新闻记者,可爱的玛丽·里查兹仍然最为知名。是什么使得玛丽·泰勒·摩尔变成如此的超级明星?为什么她许多年以来吸引这么大量的观众?麦当娜又为什么不仅成为大众文化的大腕,而且在学术界成为著名的而有争议的人物?大学课程已经分析了麦当娜现象。科学性的杂志展示了有关她的统计数据,学者的著作仍然对她的心理—社会文化—性的重要性争论不休。谁崇拜麦当娜,为什么?

通过试图回答这些有关玛丽·泰勒·摩尔和麦当娜的问题,我们可以开始理解人们怎样建构其大众文化经验的意义。让我们首先考虑玛丽·泰勒·摩尔的例子。我做了一个经验研究,考察在玛丽·泰勒·摩尔当红时期,为什么美国的电视女名人获得成功(罗尔,1980)。妇女们要求回答为什么喜爱当时的"电视女明星"。玛丽·泰勒·摩尔脱颖而出。观众把她列入一流的或接近一流的电视女明星,并给出了许多的理由。她被人们想象成为"典型的美国女性","像我的人","我想当的人","我想拥有的朋友","我想要的母亲"。其他女明星都没有玛丽·泰勒·摩尔那样有魅力。二十年前,她是一个拥有所有需要和观念的人物,而今通过卫星和闭路电视频道重放她的节目,则吸引了老追星族,同时还吸引了整个一代新的崇拜者。

奥普拉·温弗雷在她的谈话节目中解释说,她之所以有勇气从事播音记者的生涯,因为她非常崇拜饰演记者玛丽·里查兹角色的玛丽·泰勒·摩尔。多年以后,当摩尔作为嘉宾出现在奥普拉的节目上时,那位著名的谈话节目男主持人变得相当紧张,并且开始哭泣!

许多不同类型的人们因为不同的理由而欣赏麦当娜。麦当娜拥有狂热的追随者,他们或老或少,或正直或淫荡,或有学问或未受教育,或来自第一世界或来自第三世界,他们或黑人、白人、棕色人或黄种人;他们有不同的性偏好以及来自不同阶层和各种各样的生活方式。在麦当娜的多侧面、多种媒体上的公众形象中,相互之间有差异的人们仍然可以发现一些相关的东西。女权主义者在面对有窥淫癖的年轻男性时,与麦当娜的在你脸上"我用自己的方式拥有世界"的态度相认同,从她那儿男人们
222 对她的公众人物形象中大胆表露的性感神魂颠倒。麦当娜与多重的经常矛盾的文化价值观和生活方式、个人认同和幻想产生广泛的共鸣。麦当娜的追随者们以各种方式将她投入文化,发挥作用,于是,她的重要性被发现、强化和传递。

玛丽·泰勒·摩尔和麦当娜吸引了各种各样的谜,这是成为超级巨星的关键。在他的事业巅峰,迈克尔·杰克逊有同样的魅力。不仅是杰克逊的天赋,还有他变化多端的形象(黑人/白人,小孩/成人,男性/女性),推动他成为国际流行文化的顶级人物。这些媒介明星拥有多层含义,形象的含义越多(开放性),受欢迎的潜力越大。出于不同的原因,与媒介产品相认同、相关联的人们的范围越大,流行的东西成功的潜力也就越大。人们为了适合自身的需要、兴趣和幻想而阐释媒介明星。

更受欢迎的阐释

我们在此必须小心,谨防掉入任何陷阱,误以为人们能完全自由地以自己喜爱的方式去阐释世界。这决不会成为事实。媒

介和所有传播源会对信息的创造与传递产生巨大的影响。他们总会牢记具体的目标，在他们预期的接受者面前安排议程和风格。信息传送者构建信息框架，鼓励能增加他们利益而非我们利益的阐释。媒介样式和格式创造一定的期待。这种信息内容的构架就是我们所说的*更受欢迎的阐释*，它指*信息源希望我们做出的阐释*。毫无疑问，可以预见的信息结构和内容与日常社会互动行为的同化，引进、强化和扩张了主流意识形态与文化的根本主题。

结　　论

因此，在歌颂人类原动力、创造性和传承性的过程中，我们
别丢失了洞察力。在主导意识形态和文化源泉面前，个体与群 223
体的自由和权力不是无穷无尽的。出于这个原因，我不想完全反对听来刺耳的过于简单的推理，这种推理包含媒介理论与文化帝国主义。社会主导意识形态的生产机构，通讯技术和主流信息确实在很多方面相互强化，并重申基本的经济政治文化权力的互补性模式。很明显，这种观点很有道理。而且，尽管人们在一定环境下，在其生命的某一个时刻，确实有选择地阐释，发明并再发明意识形态与文化，但主流形态不会走远。

然而，在本章中，我们已经看到，社会机构特别是大众媒介，产生了大量的观点，所有这些观点对于有导向的而最终没有限制的阐释是开放的。不断扩张的通讯技术不能被完全控制。事实上，人们确实以增加自身利益的方式，与象征性形式和通讯技术相关联。随着机构增长和技术变得越来越容易获得，尤其在

因特网时代,象征性形式及其导致的意识形态也在扩张和变得多样化。使用者的自由和创造力也在增长。

即使有了这些,那种认为意识形态和技术以一些宏大的计划,完全地窒息了感觉的观点——媒介和文化帝国主义理论的基本观点——是站不住脚的。尽管社会的精英机构和领袖找到由其支配使用象征性形式和其他资源的方法,但是,在最终的分析中,不可能出现完整的、可控制的和霸权主义的效果。

在本章中,我们探讨了大众媒介和文化产业中的机构多样化,技术的社会影响的不确定性,以及象征性形式的多重含义的特性。这些是传播过程中不确定性的三个层面。我们现在转向第四个层面,"接受者"的社会—文化世界。我们探讨在全球化传播时代,文化领地和身份如何转变。

第九章

全球化与文化领域

中东的某个地方,几个年轻人身着牛仔衣,喝可口可 224
乐,听说唱乐,在去麦加朝拜的路上使用一枚炸弹袭击一架美国飞机。

亨廷顿,1996:58

真实的情形是,可口可乐、旅游者的T恤衫以及晶体管收音机已经成为普及的东西,这些西方文化的事物和象征符号已经融入全球人民的日常生活之中,即使这些东西的生产地为香港也是如此。

弗里德曼,1994:100

我们见证了大众媒介、统一服饰和快餐外卖点的不断加剧的相互渗透;同时,我们也能看到地方的传播技术的发展,个人服饰的兴起,地方特产与烹调风味。这样,我们似乎正处在一个重新调节我们的活动的过程中。人们根据这种事实得出这样的结论,它不但没有消除我们联系纽带的力量……技术的进步有时候甚至会强化它们。

梅费索里,1996:41

今天，大众与微型传播媒介容易跨越国界与文化边界。这是一种技术进步，这种进步直接影响国际政治关系，因为它强化了有关文化统治权力的争论。全球性通讯的影响已经为联合国教科文组织（UNESCO）自20世纪70年代以来的政策所特别关注。普遍关注的是西方国家——以美国拥有的跨国公司为代表——已经垄
225 断了世界通讯，并且达到如此程度，即在经济文化上稍欠富裕的国家已经极大地遭到破坏。

这种当代跨国的、跨文化的局面——物质文化资源的全球化——按照安东尼·吉登斯的说法，是高度现代性的必然后果（1990:63）。但是，一些批评家一再坚持的观点是，现代性与全球化不能简单地看做世界历史的阶段，而应当看做第一世界经济利益驱动下的破坏性的不可逆转的发展。根据这些批评家的观点，全球化不仅仅是一种*流动过程*，而是剥削的*世界体系*。最尖锐的批评家之一，瑞典社会人类学家乔纳森·弗里德曼辩称，世界体系以“多国经济组织、全球投资和预测机器”为基础：

> 已经涌现一个全球性的阶级结构，一个由高级外交官员、各国首脑、政府官员助理和国际组织如联合国的代表组成的国际精英，他们打高尔夫球，喝鸡尾酒，从而形成一个文化团体。这个团体的集结与一个艺术贩卖者、出版与媒介代表和文化产业的大腕构成的精英群体相重合，后者直接从事媒介表征和媒介事件，生产出世界的形象，并为世界生产形象。
>
> （弗里德曼，1994:205—6）

弗里德曼指出了重要的一点，即世界体系的精英力量联合起来，增大相互间的利益。为了回应其他批评家如赫伯特·席勒，弗里德曼指出，多国公司利用现代通讯媒介确保并强化全球性的经济文化支配地位。根据这种观点，整个世界已经成为一个由全球资本主义的支配力量所驱动的大市场。竞争浸透于一切事物之中，从战争、宗教、国际贸易和科学革新到流行音乐和邮购新娘的产出。

毫无疑问，这种趋势存在着。来自发达国家的学生相互竞争，为了赢得知名大学的培养规格如“全球管理”等的高级商业学位。有利的贸易平衡和经济生产力给使用侵略性全球市场战略的国家与公司带来好处。强国对国际货币基金组织、世界银行和世界贸易组织所作出的决定施加巨大的影响。新兴的经济必须融入全球信息基础设施中，这种设施也是由世界的政治经 226
济强国操纵，并为自己带来好处。第三世界国家——被大公司看做廉价的劳动力与未来市场，拼命吸引资本，以便不至于在世界争夺美元的过程中落后于别国——在它们的国际合资企业和贸易政策中，牺牲了文化价值观。西方的理性主义、个人主义和竞争性在世界范围内，被当作经济成功的关键。整个世界采纳一种“北方的”时间财富观。从食物、性到宗教的任何事物，在全球范围内变得越来越商业化。

警告：全球环境处在危险之中！

（设在加利福尼亚州旧金山市的海岸雨林联盟首席执行官、世界环境问题权威迈克尔·马克思博士写下如下文字。他指出，全球化的环境后果给我们带来了灾难……）

作为环境保护主义者,我关注的问题是地球养活人类、动物、昆虫,提供植被环境的能力持续下降。我发现全球化是一个相当令人头疼的现实。它已经加快了生态系统破坏的速度,目的是为了满足大公司及其股民的饕餮胃口。

假如我们能只交流文化艺术,不传递文化价值观,或者,假如被交流的文化建立在尊重人类的圣洁,就像许多的土著文化那样,我就不会这样焦虑。很不幸,全球文化的传递自然地包括价值观念的传递。在全球范围兜售的主流西方文化,仅仅将自然看做一个有待开采、加工、销售和抛弃自然资源的仓库。我们销售美国文化的同时,也销售美国的业务,这个过程反过来销售那些加速环境破坏的产品。

那些在环境、民主方面还没有遭受全球化后果影响的人们,应该考虑一下在全球性的政治经济环境下,一大笔钱能购买什么。让我举一个有代表性的例子。智利是世界贸易组织(WTO)的一个成员国,而世贸组
227 织是调解世界贸易,代表130多个国家的国际机构。因为智利融进了由WTO管理的世界特权经济体系,它就能够为美国的一家公司波丝·卡丝凯德投入资金,在智利南部的依尔克湾建造世界最大的木材加工厂。在那儿,波丝·卡丝凯德公司砍掉了五百万英亩的原始森林,将这些树木转变成纸张和建筑材料,供日本和美国消费者消费。智利的统治精英致富了。波丝·卡丝凯德公司致富了。然而,不幸的是世界上最受威

胁的生态系统之一的壮丽部分——温和的雨林——永久地被破坏了。

世贸组织有权否决城市、州和国家寻求环境保护的决定,方法是通过限制一定的具有破坏性的商业活动。这样,实行导致乌龟死亡的捕虾业的国家要求世贸组织推翻美国的规定,这些规定限制它们向美国出口虾类的能力。世贸组织召开关门会议,不吸纳市民或科学家,大笔一挥,否定了美国的法律。世贸组织行使相同的权力,否决了海豚保护法案,该法案禁止用网抓捕金枪鱼,而金枪鱼被抓捕,会导致海豚遭殃。世贸组织也规定,马萨诸塞州不能通过法律,禁止投资于造成环境破坏的野蛮的缅甸军事独裁统治。仅仅对于一项世贸组织决定的威胁就能迫使一些国家撤回既有的政策。例如,当加拿大拒绝一家美国公司向一家加拿大公司销售致癌药物时,这家美国公司威胁世贸组织作出一项决定。结果,加拿大被迫赔偿上百万美元的利润损失。

因此,这就是我与本书作者、我的朋友詹姆斯·罗尔的乐观观点的分歧所在。那些赞扬流行文化的全球化的人们,很不幸地忽略了这些文化材料如何共谋支配性,如何共谋造成我们赖以生存的生活环境的破坏。结果是,今天的流行文化与早期的传教士为宗教和政府服务一样,起着相同的作用,为大型公司的利益服务。传教士们销售宗教的同时,也推销他们的文化与价值观念。流行文化的偶像就是新型的全球性传教士。他们不仅销售自己的产品(激光唱片、电视节目、电脑游戏、T 恤衫等等),他们也(有意或无意地)推销西方经济的物质主义、过度消费与浪费的价值观念。例如,音乐电视节目——巨大的房屋、豪华的家具、昂
228 贵的小车和时髦的服饰所构成的令人难以置信的图画——向世界重要自然资源的故乡印度尼西亚和马来西亚的学生传递信息,假如他们模仿美国文化的话,他们同样能够拥有这些豪华的生活。

迈克尔·罗丝恰尔德(1995)已经把公司描写成具有生命的器官,随着它们长大,适应能力相应增强。这就是商业领域经常听到的词语的一部分,“生存或死亡”。当传播到其他国家时,流行文化就像侵入性的物种,改变环境并使它为更具破坏力和侵入性的物种所接受——跨国公司。随着公司侵入外国文化,它们吸引、控制和集中大量资源的能力将竞争对手击败。事实上,它们的真正对手是一些非营利性的组织,像“绿色和平组织”、“雨林法案保护组织”和“西拉俱乐部”——这些群体保护环境、人权、宗教自由和真正的民主。

世贸组织产生的目的就是为了增长全球性的公司利润。商业最终关心降低成本、增加利润、将财富集中在公司领导层和股民手中,这些人错误地认为,他们过得有滋有味,毫不顾及任何后果。流行文化在全球范围内的传播,搭起一张供这种经济剥削环境破坏的桌子。试想,随着大公司聚集权力,在全球无处不在,世

> 界范围的文化多样性将怎样改变。就像宗教国家被民族国家代替一样，民族国家正在被公司国家所代替。由世贸组织调节的美国价值观和贸易在全球的传播，是加速这种灾难性的历史转型的主要途径。必须指出，全球化不能给这颗行星带来福音，也不会给它的居民带来福音。

迈克尔·马克思做出了强有力的而可信的论断。全球生态系统很明显遭受自然资源的疯狂消耗，主要是世界的更为发达的部分，尤其北部国家如英国和美国。帝国主义的文化价值观无疑导致并加剧了这种过度的消费行为。我们恰恰播下了全球环境恶化甚至毁灭的种子。

而且，当然不只是雨林和臭氧层遭受破坏。著名的波兰社
会学家西格蒙特·鲍曼——在第一章我们讨论过他的著作—— 229
是那些担心全球“人类后果”的人之一。鲍曼的悲观论调提醒我们，进步从来就不是以平均主义的方式前进的，当代传播形式倾向于为商业利益服务，而忽略人道主义的目标，强化社会的决定性意义，而非创造社会统一与和谐（鲍曼，1998）。

因此，我们面临一个令人不快的悖论，而没有好的解决办法。事实是，现代性和全球化业已存在。尽管好心的环保主义者与机构做出最大的努力，这些倾向还是无法消失，不可逆转的。其他社会倾向压倒了仍然相当抽象的“为全球环境负责”的概念，或者任何全球福利状态的发展。几乎人人都不愿意严肃考虑环保主义者预测的灾难性的后果。

然而，必须指出，不重视环境和人类问题的重要意义，全球化的影响就不能完全预测，并且不总是坏的后果。民族、文化、

经济、公司、社会运动及其他必须做到,或者融进全球性场景,或者忽略或脱离与它的联系。毫无疑问,融合意味着妥协。但是,忽略或与全球性场景脱离联系则是另一种方式的自我毁灭。经济的自给自足和文化孤立当然不是改善生活标准的可信的选择。对环境负责的呼吁往往来自于消耗地球自然资源最大份额国家的专家学者。因此,环保主义者对克制消费的呼吁,不总是要求生活在物质财富不怎么丰富的国家的人们,因为这些信息很容易被阐释为,对于永恒的前现代性与边缘化的真诚的谴责。

传播接受者:全球文化的制作

从第一章的第一段开始,我们强调了人类“潜能”的意图、创造力和生产力。在上一章,我们描述了当代人类传播的三个“不可决定性层次”,作为对媒介和文化帝国主义理论的悲观论调的回应。我们分析了传播源头、技术和信息。有关传播系统的第四个组成部分“接受者”,在第五章已经仔细讨论过了。在
230 那一章中,我们说明媒介受众如何聪明地以不受意识形态结构决定的方式引导他们的构建的象征性世界。我们现在继续这种对帝国主义的批判,集中精力讨论:在全球化时代,“运动中的人们”如何建构自身的文化世界。

尽管大众文化形式如电视节目、电影和流行音乐都清晰地表达了特定的文化价值观,但是,这些大众形式和价值观从来不会被全球受众,以任何一种统一的方式简单地接受、消化和运用。*任何种类的象征性表征与阐释和使用都不一样*。正如我们

在这些章节中所见到的那样,象征性形式有时候生成传递者不愿看到的信息结果,甚至是与其想象中相反的结果。有些大众文化产品在世界的某些地方变得相当流行,而在其他地方却被抛弃。文化形式在局部范围比全球范围传播得更好,因为文化与语言的相似性,与缺乏共鸣性的形式相比,能促使更明确的理解与欣赏(例如汤姆林森,1997;1999)。这一点在当今高度联接的世界尤其如此。

在任何情况下,文化群体从来不会简单地模仿其他的文化群体。从世界一个地区向另一个地区流动的流行文化,生成某些相似性,但是深层的差异仍然存在。全球文化互动的典型结果就是产生了杂交的文化。尽管文化的象征性表征来自大众媒介与微型媒介技术驱动的遥远地方,但是它们在其进入的语境下,被批判性地调节,被社会地文化地加以欣赏。

进而,现代化与全球化的许多后果是积极的。这种趋势决不局限于目前的时代。例如,正像托玛丝·索威尔观察的那样:

> 有些人可能悲叹,非西方社会的丰富多彩的地方纺织品,被欧洲或者美国工厂大批量生产的布匹所完全代替。他们也许会惋惜,因为看到传统的饮品被成箱的苏打所替代,或者本土乐器搁置一旁,而人们用日本生产的便携式收音机收听美国的流行歌曲。那些哀叹这种事情的人们也正在哀叹文化融合过程本身,正是通过这样的融合,人类几千年来不断前进。(索威尔,1994:226)

索威尔的评论刚好符合几年以来美国工业生产商发起的“购买美国货”运动的情况。例如,美国人被鼓励购买美国车, 231

仅仅因为这些车产于美国，即使日本车远为便宜。难道我们必须消费本国生产的商品吗？思想观点的流传又怎样呢？有关民主与法律规则的信息的跨国流传对于整个世界是一件坏事吗？对于妇女权利或者本土人民斗争所增强的意识，是否对生活在受压抑环境下的妇女、男人、儿童帮了倒忙？确实，所有民族的和全球的社会运动——包括环境运动和人权运动——要求一种干预，这种干预只有媒介化通讯的象征性力量才能做到。

这些过程自然导致全球的社会活动。根据乌尔夫·汉内兹(1992)的观点，媒介化的可视性与互动性，给我们带来更多的"同代人"。他所谓的同代人意指，"我们所意识到的同时生活的人们，我们想象的人们，我们以某种方式施加影响的人们，尽管我们从来就没有亲自见过面"(汉内兹，1992:30)。将通讯技术的潜力与大众文化联系起来，产生一种新的"时代精神"(梅费索里，1996:73)。

全球化也增强共有的情感。全球化的媒介常常扩大情感联系，激发"电子化的移情作用……别人的观点，与人为的差异相比较，它与一种共有的人类特性的观念更相关联"(汉内兹，1996:121)。戴安娜王妃死后，悲伤情绪和同情心的涌流，就是一个绝妙的例子。它表明共有的情感如何能浮现，并且如何以预示人性好的一面的方式，使人们看得见摸得着。尽管全球援助机构由于一些资金滥用的原因受到批评，但是，它们也激发全球人们对于展现在非洲、拉丁美洲和其他地方的社会悲剧的意识和责任感。例如，国际红十字会是一个负责任的、全球化的减灾组织，它的标识与耐克鞋发出的声音、美国国旗一样有效地到处传播。确实，在许多情况下，"全球的"事实上是改善"地方的”条件。

因此，我们能得出结论，铁板一块的世界体系理论过分强调了正在发生的事件，尽管它的出发点和论调具有合理的批判性。乔纳森·弗里德曼想象的受压抑的全球“文化同伙”的阴谋力量，或者迈克尔·马克思描写的像“侵入性物种”游荡于整颗行星的盎格鲁—美利坚流行文化，都是具有洞见的而且重要的观点，但是它们却简化了相当复杂的文化过程。

确实，最近一些理论推理得出结论，认为一些完全不同的事 232
正在发生。在一本吸引了众多人的注意力的书中（当然不是所有人都喜欢），美国政治学家塞缪尔·P. 亨廷顿（1996）运用大量的历史事实，证明西方世界尤其美国的政治、经济、意识形态和文化力量正在消退。根据亨廷顿的观点，“我们正在见证由西方意识形态主导的‘进步时代的终结’，并且，我们正在进入一个多种文明互动、竞争、并存，并相互补充的时代”（亨廷顿，1996：95）。他指出，基督教、多元主义、个人主义和法律规则使西方能够产生现代性，传遍全球，并成为“其他社会憎恨的东西”（56—78）。但是，这种主导地位会走到尽头的。当西方国家与日本仍然支配着先进的技术工业时，国际市场则鼓励销售相同的技术。这意味着，西方国家和日本最终将失去这种先进技术提供的优势（亨廷顿，1996：87—8）。

这个世界是否正变得没有了差异了？许多当代观察者得出的结论是，形象、意识形态和文化风格的全球传播——被多民族文化和通讯产业强化——事实上促成了象征性创造力，减少同质性，并增加文化多样性。全球化的一个无法避免的、复杂的和无可否认的后果就是象征性权力多样化、它的文化功用多样化和语境的复杂化。同样地，坚持认为传统文化应该像博物馆的坟墓一样保留，这种观点是不明智的，也不具有前瞻性。历史表明，文化——如跨国公司，也许像生物体和思想一样——必须生长，否则就会死亡。

全球文化的混合体

- 一个秘鲁乐队，在墨西哥普腊亚·德尔·卡门市的旅馆，演奏传统的安第斯民间音乐，突然转入英国“女王”乐队的“我们要撼动你”，以博取在场观众中的德国和加拿大女孩的欢心。
- 许多出生于多米尼加共和国的纽约人定期在全国大选时回加勒比海岛国去投票。他们说他们既是美国人也是多米尼加人。
- 233 由鲍勃·马里、彼得·塔什和黑人尤罗演奏的牙买加的“雷盖”(reggae)(西印度群岛的一种节奏强烈的流行音乐和舞蹈。——译者)音乐在摩洛哥的费茨人民市场的流行服装商店里高声播放。
- 在美国出售的马里诺灯的生产地在台湾，而由一个法国批发商推销。
- 全世界有四亿人口，包括俄罗斯、突尼斯、瑞士、津巴布韦等国，定时收看源于西班牙语国家的电视连续剧。
- 德国的流行乐队旅行到美国，只为越南—美国籍移民演唱，而这些移民用这种乐曲来团结他们的群体。
- 在洛杉矶有两家顶级广播电台只用西班牙语播音，并以班达音乐为特色之一——墨西哥地方民乐，融入了传统的巴伐里恩节奏和乐器，包括低音喇叭。

- 在加利福尼亚州的桑塔巴巴拉，警察在巡逻拉丁人居住地区时坐在一辆特制的警车上。警车车门是喷漆的金属板壁画，车轮是镁合金，以象征拉丁青年人开的“低骑”汽车。
- 拉丁美洲的音乐电视流行音乐播音员，向墨西哥人、哥伦比亚人、委内瑞拉人以及其他拉丁美洲人解释说，为什么黑人的安息日对于可恩（Korn）的影响如此重要。

全球化并不意味着一些广泛的、以技术为基础的超级社会能覆盖全球，破坏地方的社会体系和文化。虽然技术有令人惊奇的能耐，我们没有也不会变成一个民族。强有力的同一力量如英语、汉语、阿拉伯语以及其他主要语言、军事装备、广告技巧、因特网工具、媒介格式、国际机场以及流行服饰倾向，毫无疑问地影响世界上每个角落的意识与文化。这些影响的领域无意引进并强化一定的标准化的价值观念和行为。但是，这些政治—经济—文化影响不会一致地进入文化语境。它们总是与地方条件互动，产生多样的变动不居的后果。语言是语言内部杂交与外来文化的绝佳例子。而且，正如电视节目、电影和流行音乐，在任何单一的社会中，不会将个体消费者变成被动的傀儡，传递信息的力量同样不会刺激自动的模仿或一致行为。情形完全相反。通过传递负载丰富文化内涵的象征性资源，电视、因特网以及其他所有大众媒介和微型媒介，在各个方向开辟延伸文 234
化作品的可能性——发明、混合、删除。

现代性与全球化的力量无意已经改变了世界文化面貌，并影响了政治经济关系。但是，总的影响“更是多样性的集合，而非一致性的复制”（汉内兹，1990）。思维与生活的地方和地区性方式，在面对外来文化影响的时候，没有完全消失。当全球化不可逆转时，全球的东西没有破坏或者代替地方的东西。文化本身的概念预示着差异。正如英国社会学家安东尼·D.史密斯所指出的那样：

> 如果我们提及“文化”，就意味着一种集体生活模式，或者全部信仰、风格、价值观和象征符号，那么，我们只能说多种文化，而非文化；因为一种集体生活模式，或者全部信仰等，在一个模式与全体事物的宇宙中，预示着不同的模式和全体。这样，一种“全球文化”的观点是不具有实际意义的。（1990:171）。

形 象 国 家

> 有什么你的国家能为你做，而一张好的信用卡却不能为你做的事呢？
>
> 汉内兹，1996:88

尽管乌尔夫·汉内兹提出了富有启发性的问题。像其他大多数观察者一样，他认为当国家政体受到挑战并发生变化时，它并不会走得太远。国家政体仍然区分重要的意识形态的、社会的和文化的差异。人们仅仅需要试图协调欧盟国家，就会发现要统一不同民族与民族文化并使其政治化是多么艰难。而且，假如国家政体真的以某种方式衰退，成为一个合法的社会组织中心，什么将替代它的位子？美国人类学家阿君·阿帕杜莱想知道，“假如国家政体消失了，什么机制将会保护民主权力最小分布的少数人以及文明社会增长的合理可能性？”（阿帕杜莱，1996：19）。

但是，确切地说什么是“国家”？这个概念是否仅仅指代占有特定的一片土地的政体？或者国家是否是一种思想的政治文化状态？人们的最终忠诚在哪儿？

通讯技术、多样化的象征性形式，以及网络空间的无限广 235
大，向传统的时空观发起挑战，在这样的世界中，地理学意义上的领土仍然具有重要意义。南斯拉夫、埃塞俄比亚、巴勒斯坦、西班牙、卢旺达、印度、斯里兰卡以及其他地方争夺土地的斗争如火如荼。新西兰、墨西哥、澳大利亚、危地马拉、夏威夷和其他地方的本地人集中精力于土地权利和土地分布的问题上。殖民化、奴役、战争和移民让他们广泛觉醒于“分裂的社会”（亨廷顿，1996），在那儿，不同文明中崛起的人类群体，在共同的地域过着不同程度的不舒适的生活。同样的例子包括分布在西欧的穆斯林，以及北美地区不断增长的西班牙人和亚洲人。

加拿大的分离主义运动提供了一个绝佳的例子，表明地理区域、政治合法性和通讯媒介有时候在民族主义斗争中，遥相呼应并相互强化。[1]许多年以来，来自说法语的魁北克省的分离主义分子，一直想建立一个独立的国家。1952 年，当第一个法语电视频道出现在联邦的、国家支持的加拿大电视网（CBC）时，分离主义分子的民族想像力被激起，并且极大地强化。多年以来，法语频道以其颇具文化吸引力的媒介内容，强化并进一步激发起许多说法语的加拿大人的分离主义倾向。今天，闭路电视和卫星电视上爆发出越来越多的特定文化频道，法语广播和印刷媒介、录像、流行音乐，连同因特网和其他信息技术，使得说法语的加拿大人更容易将自己想象成另外一个社区的成员——一个他们希望最终在政治上也能独立的象征性国家。现代国家依赖于大众传播，正因为这种象征性的存在与连续性（安德森，1991；查尼，1994）。

媒介在1979年伊朗伊斯兰民族主义革命中，也扮演了主要的角色，而且继续成为一个关键的因素。最基本的动乱部分地因西方文化的传播而起。与城市化、社会动荡化和更高的读写水平与教育水平一起，被强化了的传播和媒介消费“扩大了与西方文化及其他文化的互动，削弱了传统的村庄和氏族联系纽带，造成了分离和身份认同危机”（亨廷顿，1996：116）。然而，这场革命形成的伊斯兰政权，像其他极权主义政府一样，在接管
236 国家媒介系统以后，无法控制住伊朗文化。卫星电视从外部涌进来，即使使用卫星接收器为非法，许多中产阶级观众仍想方设法接收远程信号。结果，伊朗政府控制的电视台不得不改进电视节目，使其多样化，以便吸引观众。而在网络空间，政府艰难地找到了一项因特网政策，它允许利用信息技术传播宗教教条，并且有效地融入世界经济体系。但是，同样的发展也意味着，伊朗人同样可以获得鼓吹“自由伊朗”的网站以及色情网站、以西方为基础的新闻报道及政治上与文化上不能接受的材料。

在一个全球化的通讯环境下，这种开放与保护主义之间有问题的平衡，是任何地方的民族政府面对的主要问题，但尤其出现在像伊朗这种国家里，在那儿，政府管理严厉而经济却相对贫

困。例如,同样的问题出现在越南,在这个国家,几乎不可能阻止因特网上反对共产主义的宣传、涉及人权的材料以及色情内容。像伊朗和越南这样的国家,不能忽视或者取缔信息技术,因为经济发展依赖于快捷的信息交换。但随着这些国家为了经济发展大开技术的方便之门时,它们同时开放了令人难以想象地扩大了的、转瞬即逝的公共空间。这些微型媒介、与因特网相关连的力量,在社会与文化层面与更传统的媒介互动。

在越南,很像中国,来自美国、日本以及其他国家的商业广告节目出现在政府的电视系统。越南人同意播出这样的节目,一方面因为伴随他们的外国广告,给他们带来了许多急需的硬通货币,另一方面,这些节目给人们提供了廉价、有吸引力的供娱乐的精神食粮。例如,在越南,美国电视连续剧《海湾救护队》相当受欢迎。著名的日本肥皂剧《阿信》在那儿已经成为最受欢迎的剧目。人们利用主要人物的相似性,在电视上销售产品,咖啡馆和音像店里播放着早期故事的磁带录音。河内有家名叫“阿信”的餐馆开张了。域外迷人生活形象展示的意识形态及文化后果,在越南这样贫困的国家甚为深刻。

亚洲拥有世界人口的三分之二,是许多快速增长经济的故乡。它有强烈的文化传统。亚洲也是争夺这些复杂的、现代国家市场的全球性热点。

全球文化的动力学

阿君·阿帕杜莱专门研究当今正在发生的威胁着国家状态 237
(1990)的多种全球性的经济文化活动。他的基本观点是,文化是异质的；它会带上许多形式。阿帕杜莱详细列举了他认为形成当代全球文化多样性的五大因素。他把这些维度称为“景象”。阿帕杜莱指出，这五个景象确保不可能有文化的同质性与支配性。全球文化的方面（景象）是种族景象、技术景象、资金景象、媒介景象和意识形态景象。每一种概念指代一种运动。例如，种族景象指从世界一个地区到另一地区的人口流动。这包括旅行者、移民、难民、流放者、打工者等等。技术景象指跨越国界的工业技术的传输。例如，为了建立一个大型的钢铁企业，印度、中国、俄罗斯和日本都曾向利比亚出口技术。资金景象指全球资金交换模式。外国投资通过世界银行进入巴西用于开发能源交通就是一例。阿帕杜莱指出，与其说世界政治经济文化超级大国的利益得到提升，还不如说种族景象、技术景象与资金景象相互之间的关系是“深刻分离而无法预测的，因为每一个景象都要受制于自身的局限与创造力……[并且]每一个方面都作为其他方面的约束力和参数而发挥作用”（阿帕杜莱，1990:298）。

除了这些分离的因素，还有两个内部相连更紧密的概念——媒介景象与意识形态景象。媒介景象指机械电子大众媒介硬件以及它所制造出来的形象。观众使用这些形象建构文化的“他者叙述”。例如，通过在欧洲电视节目中描绘非洲文化，媒介提供象征性的资源，激发人们想象南部大陆上的生命。最后一个因素，意识形态景象也指代形象，但特指政治方面——文化的意识形态特征。意识形态景象代表争夺权力过程中的党派地位，以及一个政体中资源的配置。意识形态的表达和传播总要因语境而改变。这样，意识形态的范畴如权力、自由、责任、平等、纪律、民主等等构成各国具有区别性重要意义的意识形态景象,例如在古巴、美国、苏格兰、南非、秘鲁、挪威和泰国。

这五个景象影响文化,不是通过它们的霸权性互动、全球性 238
融合和一致影响,而是通过它们的差异、矛盾和相互对立的倾向——它们的“分离”。通讯技术是这个论点的基础。大众媒介更多地扩展文化多样性,而较少使其标准化。与媒介和文化帝国主义理论或者全球化末日理论相反,全球经济市场也不单单引入跨国公司。转瞬即逝的货币、腐败、模糊变化的法律、大笔资金投资的风险、地方竞争和市场饱和,都对经济文化的支配地位不利。正如阿帕杜莱总结的那样,在建设当代全球文化的过程中,“人、机器、金钱、形象和观点越来越沿着不同形的道路前进”(阿帕杜莱,1990:301)。

因此,全球化最好被看做一个复杂的集合,包括人的、物质的和象征符号的流传互动甚至经常相互砥砺。它导致多样的异质文化定位和实践,这种定位与实践不断地以各种方式改变业已建立的社会政治文化权力部门。或者如杰西斯-马丁-巴贝罗指出的那样,“同质化发展的稳定而可以预测的速率,被深刻的差异与文化的断裂所打乱”(1993:149)。

这样,在永久性与变化之间、传统与创新之间,文化辩证地摆来摆去。人们如何组织这些文化的张力,则是理解现代人类与社会稳定的关键。

文化领域对于第三世界学者们来说,是一个相当重要的问题。最近几年,包括杰西斯-马丁-巴贝罗在内,他们之中还没有谁像内斯托·加西亚·坎克里尼(1989)那样,做出了令人信服而优美的论断。从外围开始,加西亚·坎克里尼加入了当代思想家的争鸣，这些人不再接受如下观点，即政治经济文化现实被大都市集团支配与操纵。他们坚持我们以前讨论的论点，加西亚·坎克里尼指出，文化帝国主义理论无法解释意识形态和文化形象怎样由生产中心生产与分布。艺术、大众媒介和文化生产的主体性，总体上避免了文化的同质化与可操纵性："作为象征性领域之间以及多样化群体相互之间的调节者，艺术家、新闻工作者及所有文化工作者的灵感，与朝着集中和垄断方向发展的市场的意念相矛盾"（344）。

239 依靠这种对全球文化活动趋势的基本理解，在我们寻求了解全球化时代文化领域的意义的追问中，我们现在要将重点转向人类迁移和象征符号流传的具体类型和例子。

解域化和移民

新的文化领域形成的第一步就是*解域化*。这个概念，指"文化与地理的和社会的领域的'自然'关系的破裂"（加西亚·坎克里尼，1989：288）。或者，"文化符号从时间和空间的定位中获得释放"（罗和谢林，1991：231）。用安东尼·吉登斯的话来说，解域化是人类和象征形式的分解，漂离了我们认为它们应该在的位置。解域化是文化结构、关系、场景和表征的部分离散。[②]

第三世界的人民大批移民到较为发达的国家——一股社会化的背井离乡必然使得主导文化遭到破坏和修正——正是解域化的一个难得的例证。经济的活力居于这种人类活动的中心。例如，殖民化的北美、巴西和加勒比海地区国家的奴隶贸易，就是为了寻求廉价的劳动力。今天,对廉价劳动力的市场需求,吸引着穷苦的移民到富裕的社会去。比如,加利福尼亚的金钱引诱墨西哥农场工人和国内工人背井离乡。大约三分之一的墨西哥工人非法来到这里,有时还经历了边境风险。在达到美国之后,他们才发现自己生活在贫民窟里,这里充斥着各种社会问题,如团伙暴力、滥用毒品乃至最终失业。洛杉矶业已成为吸引来自世界各地低收入者的巨大磁石。

联合国人口基金会将当代的移民称为“我们时代人类的危机”,因为贫穷、战争和拥挤迫使人们涌向已被别人占领了的地方。南斯拉夫战争期间,阿尔巴尼亚的民族难民拥挤在马其顿的塑料碎片遮挡不了的大雨、寒冷与泥泞里,这仅仅是这种悲剧在最近时期的全球性的形象。来自武装冲突地区如越南、智利、索马里、柬埔寨等的政治避难者已经遍布世界。

文化解域化是一个深刻的人类课题。解域化是趋向整体化 240
而令人恐怖的。把一群人与其语言、社会习俗、宗教和音乐强行剥离——正如在美国的非洲奴隶遭受的一样——就等于文化的屠杀。但是文化是不会消亡的,即使在遭到强行的压制时亦是如此。它能以变体的形式适应并生存下来。另外,文化的脱位决不仅限于被迫迁居的人们。比如,对于德国的土耳其劳工而言,就要面临和德国人的种族/文化关系,他们在德国相互之间的关系,以及他们和土耳其国内的关系。所有这三种关系同时在相互作用。在这一过程中,现代传媒技术起到了非常关键的作用:土耳其人是怎么了解德国的(还有,在较低的层面上,德国人是怎么了解土耳其人的);在德国,土耳其人是怎么保持和培育他们的土耳其人身份的;土耳其人是怎么和他们的母文化及同胞保持联系的。当然,这种情况也不仅仅是在德国的土耳其人才有的。只要有移民聚集的地方,就有这种情况发生。

移民所带来的广泛的文化脱节有一个共同的副作用,就是在涉及祖国时的政治极端主义。许多移民地理上生活在一个地方,而心却在另一个地方。例如,在加利福尼亚的越南人,为了推翻共产党在越南的领导,就已经进行了顽强而秘密的努力。1999 年发动了针对南加利福尼亚的一家书店的激烈的反共示威,这种意识形态/政治斗争演变成了暴力。这家书店的店主展示了一幅共产党传奇领袖胡志明的彩色画像和一面越南国旗,这点燃了被解域化了的越南人仇恨共产主义的怒火。加利福尼亚的越南人也经常发起抗议活动,反对那些支持与越南保持正常的政治经济关系的越南语报纸。这种反动活动对于那些被迫离开自己国家的人们而言并不新鲜,"解域化……有时引起夸张和激烈的批评意识或与国内的政治搭上线。解域化,无论是印度人的、巴勒斯坦人的还是乌克兰人的,或者阿尔巴尼亚人的,现在都是全球原教旨主义的精髓,包括印度教和伊斯兰教原教旨主义"(阿帕杜莱,1990:301)。在 20 世纪初非洲—美国人的遣返运动及后来黑人穆斯林政治活动,都是这种趋势的其他例子。

在他们新的土地上,相互冲突的移民群体产生敌对情绪,甚
241 至使之激化。例如,来自中国大陆、台湾和香港的中国学生在加利福尼亚的大学校园,建立起了自己的学生组织和唐人街,社会群体常常以来源地进行划分。到美国的墨西哥年轻移民,根据自己在墨西哥的地理区域形成帮派("北方帮"和"南方帮"),并将这些狭隘的敌对情绪输回墨西哥,这种新的发展趋势被媒介形象强化,尤其被描写和宣扬帮派战争的电影所强化。

人类移民并不都是没人要的,或者都迫于政治经济需要。受到良好教育,精通技术的专家的流失,如从印度、中国、伊朗、巴西到美国、欧洲,反映了全球经济市场怎样鼓励生活相对舒适的人们离乡背井。后果将会是戏剧性的。正如托马斯·索威尔指出的,"整个这颗行星上的大多数工商业都是大批移民创建的——无论移民到东南亚的中国人,到东部非洲的印度人,还是移民到巴西、阿根廷的德国人和意大利人"(索威尔,1994:69)。教授与学生之间临时位置的交换与脱节是很平常的。全球所有产业中获利最大的国际旅游业,跨国公司和联邦政府的人员再分配,也是有大量的人群生活在本土以外的原因。现代交通与传播的形式已经使人类移民活动越来越快捷容易。

文化融合与调解

> 移民们从城市的各个方向通过,就在交叉路口搭起建筑物,摆出他们的地方甜点、走私收音机、治病的草药、盒式录像带。
>
> 加西亚·坎克里尼,1989:16

当安哥拉人在巴西重新定居、印度人在津巴布韦落户、韩国人迁居日本、越南人在美国谋生、牙买加人移民英国时,他们不可能不与人交际,特别是青年人和小孩。背井离乡的人们以这样或那样的方式融入周围的环境。这样的结果就是一种文化的施与受(相互让步。——译者)。这些文化的相互作用被分别称之为跨文化化、杂态共生和本土化。这每一个概念强调文化交融和调解的一个不同侧面。

跨文化化与杂态共生

242 *跨文化化*是指文化形态穿越时空的一个过程，在这一过程中与其他的文化形态及环境相互作用，相互影响，并产生新的文化形态，改变文化环境。正如我们已经指出，这种文化的综合常常来自于人们从一个地方到另一个地方的物理空间移动。但我们不能简单地将跨文化化视为人口流动的一个结果。许多文化交融是由大众媒介和文化产业来完成的。有些最重要最宏大的文化领域和运动都是媒介化的、象征性的领域与迁移。

媒介形象也经常将互不相识的人们集合起来。“阐释性社区”是一些匿名的人们对媒介化的材料阐释的结果，这些人有共同的热情或相同的观点。浪漫小说的女性读者，帕特罗·伯森的电视福音十字军的长期捐助人，满世界追随摇滚乐队“光荣死神”（“死亡头领”）的乐迷们，每天收听罗茜·林波儿歌曲的听众，科幻电影《星际旅行》的爱好者（“星迷”），都是阐释性社区。对他们的界定，更多地通过共同的身份和话语，而不是通过人口统计的异同。

现代技术重构了文化的时空距离。这相对物理空间而言尤为明显。我们已经花了大量篇幅讨论过，信息和娱乐从世界的甲地到乙地的传播和接受是如何催生新的文化综合的。但是，传播技术也允许文化时代的新观念与用途。电影、静态摄影、动态艺术、录音带、录像带，还有今天的数字音像信息存储和检索系统，使人们非常容易走进文化的历史。电子与数字媒介保存文化的方式是印刷媒介绝对做不到的，并使人们能够获得富有创新意识的重新阐释。现在人们能够在新的临时背景下重新阐释和应用文化象征，这就大大扩大了个人的阐释权和社会用途的边界。将传统与现代融合在一起，这是完全合理的、可行的。运用消费者传播技术，象征性形式的文化档案能够创建性地获得或建构。

跨文化化在打破传统文化的疆域的同时，综合产生了新的文化类型。现代传媒技术和文化产业推进了这一创造性过程。正如坎克里尼在谈到南美文化时所描述的那样：243

> 复制技术允许每一个人的家里都拥有各种各样的音像磁带。这些磁带中有些属于高雅文化，有些则是大众文化。还包括那些在制作作品时就综合了各种资源的人的东西：皮亚佐拉把探戈、爵士乐和古典乐糅合在一起；塞坦罗·维拉舍和契可·巴克同时盗用非洲—巴西诗歌传统和实验音乐。(1989:283)

信息高速公路在穿越多方位时空的同时，也穿过文化生产和接受的语境。一定样式、形象和故事从甲文化场所到乙地迅速移动，极大地吸引人们。然而，信息或娱乐的各种类型并不是以相同速度传播。例如，大多数国家的与地方的新闻，甚至绘声绘色的丑闻，都更具有局限性；因此，比起高速路来，更有可能在尘土飞扬的县乡公路上传播(汤姆林森，1997)。

跨文化化产生文化的杂态共生状态——文化形态的融合。杂态的形式和类型是众所周知的。比如，想一想风靡世界的说唱乐。产生于美国城市中心的贫民区，说唱乐和 hip-hop 文化传播到了世界的每个角落，所到之处，遭遇和影响了许多种地方流行乐。一些非常畅销的拉丁美洲流行音乐艺术家糅合了说唱乐、莎拉乐、雷盖乐等。中国大陆的流行歌手也把说唱乐列入他们的节目单里。基督教说唱乐也四处飘扬。杂态共生不单是“一种文化注入另一种文化内容”,而是“涉及两种原始文化的摇摆状态”产生的一种“自由、流浪……甚至机会主义”的感觉(纳费西,1993:127)。

本 土 化

> 粉饰全球同质化的论调毫无疑问分成两种,即美国化的观点,或者物质化的观点,而且,这两种观点联系非常紧密。这些观点没有考虑的地方是,至少与来自各种大城市的力量一样迅捷,它们趋向于以某种方式变得本土化:音乐和住房风格是这样,科学与恐怖主义、见识与法规也如此。
>
> 阿帕杜莱,1990:295

244 本土化的概念帮助解释跨文化化与杂态共生是怎样产生的。本土化的意思是,随着文化杂态共生的发展,引进的文化形式出现了本地的特征。可继续以上一个跨文化的 hip-hop 文化例子来讨论,想象当说唱乐被引进到如印度尼西亚、中国香港或西班牙时发生了什么。陌生的、进口的说唱乐节奏和腔调被本地的音乐家调整了。说唱音乐也同时被本土化了。印度尼西亚、中国香港和西班牙的说唱乐用本地语言演唱,歌咏当地的人情风味、自然风光和政治时局。音乐的本土化是美国黑人文化
245 和印度尼西亚、中国香港或西班牙文化的混合。但是,必须明确,这种本土化并不是由当初的“纯”文化形态发展来的。美国的黑人文化早就受到非洲文化和欧美文化的影响,而印度尼西

亚、中国香港和西班牙文化也反映了长久而复杂的文化交融历史。早在它们彼此相遇之前，它们本身就已是杂态共生。

毛利人的 hip-hop 杂态共生状态

（下列分析来自于20 世纪 90 年代末我在新西兰的访问，同 246
时也来自于一位新西兰出生的澳大利亚行为研究理论家托尼·米切尔的作品（1996）。读者若要详细了解毛利人的 hip-hop 情景，应当参考米切尔的著作。）

> 随着我们与土地联系的打破，我们与生产模式分离的完成，我们的文化客观化，我们已经变得边缘化与迷失。而这就是我们与美洲黑人共同拥有的状况。
>
> 引自凯里·布卡南，米切尔，1996:246

> 现状，见鬼去！
>
> 流行金曲集的歌曲，《要求运动》，
> 毛利说唱乐队“城市棚区波西”所作

> 哈卡！我们之间将有一场战斗。但愿是你死我活！
>
> 毛利人战斗歌曲，被新西兰的英国保龄球队改编

英国探险家詹姆斯·库克于 1769 年驾船航行，通过了南太 247
平洋上的两个岛屿，就是今天的新西兰。他不是第一位接触那片土地的欧洲人。在此一百多年前，一位荷兰航海家到达北部海岸，并且遭遇了敌对的土著毛利人，毛利人杀死并吃掉了大多数船员。

库克为英国攫取了新西兰，开辟地区，发展海产业、农业、采

矿业、国际贸易和基督教传教事业。同时,英国人到来后,毛利人遭受了深重灾难。致命的疾病带进来了,出现了卖淫及其他社会痼疾,欧洲人占据了土地,部落内部的战争升级了。为了恢复岛屿的秩序,也为了平衡英国人与毛利人之间的利益,1840年英国国王的代表与毛利人部落首领签署了一项协议,《威坦哲协定》。但是,英国定居者与毛利人之间的土地争端继续着,协定保证赋予毛利人的权利也逐渐地削弱了。

很多年以来,新西兰作为一个国家和一个经济实体繁荣发展起来。新西兰有一个积极的国际形象。最近,一家颇受尊敬的国际组织将它列在世界上"最不腐败国家"的第四位,同时称赞它的人权和种族和谐状况。[3]但是,与英国人及其他欧洲人的新西兰后代相比,土著毛利人继续遭受灾难。构成新西兰总人口的10%—15%的毛利人的教育生活水平,平均比帕克拉(欧洲定居者)低得多。二战以后的经济繁荣期间,许多毛利人为寻找工作,离开乡村故乡,移居新西兰城市,特别是南奥克兰地区。这些城乡的许多地区由于贫困、暴力、失业和毒品走私而变得破败不堪。渴望将自己融进新西兰社会"Kiwi"主流之中,许多毛利人中断了与其文化传统、历史和语言的联系。

60年代给新西兰带来巨大的变化,就像它给世界其他地区带来变化一样。美国和其他地方的民权运动和反战示威激起奥克兰和其他城市的街头运动。毛利人发动了反对联邦政府的合法行动。骚乱的中心问题是土地权利和文化权利。一场毛利人
248 的分裂运动获得了动力。在所有政治法律的挑战过程中,许多年轻的毛利人开始对他们自己的文化遗产,包括语言、艺术和音乐产生浓厚的兴趣,并甚感骄傲。

正如第七章讨论的那样,60 年代初期,通讯媒介和大众文化在全球范围滋长蔓延,新西兰也不例外。年轻的毛利人变成了进口文化产品的劲头十足的消费者,部分原因是很多年以来,他们已经被排除在新西兰主流媒体以外。与任何地方的人们一样,毛利人尤其对非洲裔美国人的文化形式着迷。毛利青年很快接受了节奏与布鲁斯、迪斯科、爵士乐和踢踏舞。但是,真正引起回应的非洲裔美国人文化形式是说唱乐与 hip-hop 文化。

20 世纪 90 年代中叶,李·塔玛霍里执导并获得国际奖金的电影《昔日武士》使得新西兰的政治文化紧张状况引起了全球的注意。为这部电影的配乐的是最著名的永不妥协的毛利人说唱乐队,“城市棚屋波西”。导演塔玛霍里解释了非洲裔美国人说唱乐和 hip-hop 文化风格如何启发他的灵感:

> 我环顾大街。毛利人看起来绝对古怪。骄傲,富有。一种对服装的感觉。一种对他们外貌的意识。我敢说,这大多数来自音乐电视及其他电视节目,但关键是,他们全部接受下来,然后进行改造,做出自己的东西。你将会多少看到非洲黑人的痕迹,一声雷盖乐,一声东洛杉矶音乐,都经过他们自身文化的过滤。(米切尔,1996:252)。

新西兰年轻毛利人以各种方式接受国际黑人身份。这部分补偿了他们对毛利文化的无知,避免了毛利长老保守而等级化的要求,这很容易通过媒介与国际文化产业获得,相对容易适应,并且与毛利文化在整体上保持和谐,包括它的热带根源和口头交流传统。许多年轻毛利人认为(甚至下意识地),他们在新西兰的处境代表了广为宣传的美国黑人的政治民族斗争。“城

249 市棚屋波西”甚至旅行到了美国，与那里的政治文化领袖见面，这些包括有说唱乐队“公敌”，黑人穆斯林领袖路易斯·法拉坎——从他那儿他们借用了最有表现力的密纹唱片《要求运动》的标题。

有了国际文化产业和全球化的市场，生活在远离美国一万英里的另一个半球的最贫穷的毛利人，也能获得非洲裔美国大众文化的视听形象。这些资源已经以具体的方式本土化，这些方式强化并提升了少数民族毛利人的政治文化利益。但那并不是文化循环的终点。与非洲裔美国大众文化被美国白人及其他民族消化利用极其相似，毛利人的 hip-hop 文化、更为传统的文化成分比如毛利语言、服装，特别是明显的丰富多彩的肢体文身，也已经成为新西兰及全世界的年轻白人所喜爱的东西。[4]

“全球地方化”

虽然跨文化化、杂态共生、本土化可能会带来“不同文化的彼此转变”（罗和谢林，1991：18），但这种转变常常包括相互作用的文化之间的不平等的经济实力关系。一个极端明显并经常批判的全球大众文化符号是麦当劳食品连锁店。一位学者甚至用麦当劳店范例，表明他所谓的西方概念，“快餐”，一个特殊食品的标识如何能联合起来，对地方文化造成伤害。作者提及这种所谓的文化颠覆，将它当作“社会的麦当劳化”（里策尔，1993）。

然而，一个更为细心的分析揭示并没有汉堡包霸权存在。毫无疑问，最初在麦当劳连锁店用餐是美国风格的文化经验，但那并不是使它成为滥用的、文化腐败的或不健康的事。麦当劳连锁店为何不会在全世界成功？世界各地的人是否像他们的祖辈父辈一样，一定要以同样的方式吃同样的食物？我们是否应该期待世界文化如此久居不变？

美国人类学家詹姆斯·华森研究了麦当劳在亚洲的影响 250
(1997)。他指出，当然，麦当劳连锁店起初也与亚洲固有的烹饪和文化领域发生冲突。但是，随着时间的推移，汉堡包特许经销区，与面馆、临时摊位和盒饭小餐店一样，在亚洲的生活图景中变得为人熟知。在日本、中国香港，25 年多来，“一代儿童伴随麦当劳成长；对于这些人来说，一块大麦当劳汉堡，油炸食品和可乐不代表外国的东西。很简单，麦当劳食品就是本地的食谱中的食物”(华森，1997:2)。随着麦当劳向亚洲引进大众进餐的方法——就像鼓励日本人使用手指进食一样——麦当劳在亚洲的连锁店所有的货物作为西方的东西，现在就像东方的食品一样出现。例如，麦当劳菜单已经地方化(在印度叫“羊肉王迈克”和“蔬菜肉块”；在日本、中国台湾和香港叫“红烧肉堡”；在菲律宾叫“迈克通心面”，等等)。麦当劳的全球政策是尽可能快地让顾客进出餐馆，面对这样的策略，香港的年轻人已经将麦当劳变成放学之后的聚集处。他们在那儿呆几个小时，“学
习、闲聊、吃小吃；对他们来说，麦当劳餐馆就是青年俱乐部的代 251
名词”(华森，1997:7)。有时候，麦当劳甚至作为一种社会解放力量而发挥作用。华森列举中国台湾的例子，在台湾，麦当劳提供了一个罕见的公共空间，这里不是男人支配的地方。麦当劳在台湾的这种功能恰恰因为它并不源自传统的中国文化结构、传统或历史。

当然，麦当劳成功的秘诀之一是菜单的彻底标准化，快捷友

好的服务，可以信赖的产品质量标准和清洁卫生。因为多年以
252 来麦当劳已经是一个全球性的现象，它对于在外国旅行的非美国人也已经非常熟悉。例如，一个丹麦人来到雅加达后会发现，作为偶尔的选择，与其进不知名的当地餐馆吃不知名的食物，不如驻足于“金色圆弧”中更舒适。

但是，我们要小心一点，不要给予麦当劳太多的美誉。确实，挪威顾客在麦当劳可以订购烤制的鲑鱼三明治，土耳其人在那儿可以买到冷冻的酸奶饮料，意大利人能买到通心粉汉堡包，德国人一边嚼着迈克火腿肠一边喝啤酒，以色列人可以从按犹太人习俗配置的菜单选择食品。比如，麦当劳汉堡包在里约热内卢获得许可证，催生了一大批的独特的餐饮公司如麦克狂欢和加里约加午餐（当地人的中餐）。麦当劳，这外来的文化形式，已经被本土化了。但是，究竟谁得到了利益？从麦当劳的观点看，通过触及地方文化能多卖出汉堡包。这种地方特征融进全球产品的过程被叫做“*全球地方化*”（罗伯逊，1995）。里约的麦当劳们可能有一点巴西味，但是，当地的工人仍然在为自己那点最低工资而忙忙碌碌，大部分的利润还是跑到了圣地亚哥。世纪之交，麦当劳利润的一半以上来自美国以外的地方（华森，1997：3）。

全球广告公司对于跨文化化、杂态共生和本土化的机遇与局限已经变得相当警觉。它们采用三个基本的策略使利润最大化。它们可以“采用”（通过吸收一种市场观点，并不加改变地运用于其他市场）、“适应”（通过吸收一种市场观点，在原来观点保留核心价值观念和可行性因素的同时，将它用于另一市场）、“发明”（当研究表明采用与适应均不起作用时，将新观念引入市场）。由复杂的推销与广告策略构成的全球化世界，我

们必须不断追问:使用谁的术语,为了什么目的,而文化杂交的发展又为谁带来利益?

文化的本土化与全球化也同样在一个国家内部发生。丰富多彩、让人入迷的巴西文化传统“狂欢节”,现在每次都由国家电视台“全球电视”现场直播。但是,整个巴西的人民并没有模仿全球电视著名的里约版本,而是对“电视刺激”进行修正(不仅仅是狂欢节,而是所有巴西的电视节目)。这种修正是首先对它消解分散,然后让它与本土文化的偏好和传统融为一体(科塔克,1990:174)。不仅如此,巴西观众,特别是中下阶层——工人阶层和社会底层——的观众,格外喜欢巴西自己的节目,而不是进口的节目。这种情况在拉美的其他国家也是一 253
样(斯特劳哈,1989 辛克来,1999)。如果进口的电视节目要能在世界的任何地方都获得成功,那么,它必须通常能与当地的文化趣味产生和谐共鸣,或者其表达的是普世性的题材如大众喜剧或打斗戏。当然,这样做是为了他们的遥远的赞助者赚钱。

结域化和放逐

通过现代性和全球地方化的解域化,人们试图重新建立一个他们可以去的文化“家园”(汤姆林森,1999:148)。这种文化抱负与活动构成了*结域化* 的过程。

将进口的传统融入新领地的资源,全世界的移民群体创造出遥远文化的地方版本。对那些共同努力保持传统的种族文化身份和生活方式的人来说,这些杂交的文化有时被称作“放逐”。与以前相比,放逐的文化在今天更容易形成和维持。由于全球进出口贸易交通发展和市场活力，文化商品如食物、服装和各种家用小商品更为迅捷地在全世界流动。

传播媒介、信息技术及文化相关的象征性形式如流行音乐、录像、报纸、杂志、书籍和电脑软件在结域化过程中极端重要，尤其在放逐文化的建立过程中很重要。在放逐的公共领域的形成过程中，文化、传播和联系是基本的要素（阿帕杜莱，1996：21）。例如，在美国分享移民合法权利与机会的信息方面，“种族化媒介”对放逐文化特别有用。满足放逐群体的信息、娱乐和文化需要已经成为一种现代新兴产业。解域化与结域化为各种企业家创造新的市场，但特别为那些媒介文化产业的企业家创造市场，他们“为使被解域化的人们保持与故土的联系”而获得利益（阿帕杜莱，1990；302）。在融入新地区的缓慢而痛苦的过程中，尤其在移民与放逐者聚集的特大城市里，来自“回归家园”的大众文化产品，以及以本地语言制作的、反映故乡核心文化价
254 值观的地方材料，对被解域化的人们营造心灵平静和种族孤独状态来说，是至关重要的。这些文化材料不在百货连锁店、“巨片”影碟商店，而是在“种族”杂货店和录像出租店出租销售。有一个正在兴起的市场，销售国外制作又贩卖回祖国的录像、流行音乐和软件制品。例如，加利福尼亚生产的越南文化制品在越南畅销，就像波斯文化产品从洛杉矶出口到伊朗一样（纳费西，1993）。

与传统的价值观、宗教、流行艺术和语言相联系，为了文化的放逐，传播媒介帮助维持、活化和转变文化生活。被解域化的人们中的长者，在新的社群经常使用传统的文化材料，强化他们偏爱的生活方式和社会地位。年轻成员也会在传统中发现快

乐,尽管他们只可能形成自己解域化的身份,至少为了反对外来的价值观、生活方式和文化产品,他们经常发现这些东西已经过时、不够酷或者引不起兴趣。例如,居住在伦敦的被解域化的印度锡克教移民社群中的孩子,发现他们父母对原教旨主义的政治义务与自己不相干——那是老一代的东西,而对他们却什么也不是。当一些年轻的印度男性滥用锡克教风格建构大男子气概时,“绝大多数并不想使自己的民族群体结域化,而是将此风格传承下来”(吉勒斯派,1995:21)。

广泛的、随处可得的、定点的消费者传播技术促进了媒介化 255
的人际交流,而这又用来在新的地域构建杂交卫星文化并保持和
文化母体的连接。住在千里之外的人用电子邮件和电话来保持
与家人朋友的关系,发展和扩大他们在新地方的文化领域。通过
促进不受地域限制的社会合作,传播技术大大地维持和扩展了文
化领域的属性。换一种说法,因为传播技术促进超越物理距离的
社会合作的能力,文化能够主动地在新的物理空间里结域化。

重新结域化的移民文化的一个极大的优势是,有关“祖国”
的人们想象中的好事物能够在新的地方保留下来,不用直接遭
遇国内典型的令人压抑的政治经济现实。深深的怀旧情绪——
一种高度选择的、对遥远文化的记忆——对于重新结域化的人 256
们,在新的土地上寻求心灵安逸时,是极为普遍的。居支配地位
的文化价值观和熟悉的行为,封存在记忆里,成为想象的碎片。
移民们在他们新的土地上,往往面对同一的文化地位或次文化
地位,一种难以接受的被降低了的角色。

适应是关键。例如,过去两个世纪以来,从中国大陆、台湾、香港和其他地方移民到旧金山、洛杉矶、伦敦、纽约、悉尼及其他

世界城市的中国人,圈出土地修建唐人街,每一个都有自己的政治文化结构和等级。他们这样做的部分原因是他们遭受的歧视。唐人街成了经济文化活动的枢纽。与故乡的联系通过家庭活动和商业活动维持。确实,“华侨”将要享有的任何繁盛,取决于被解域化群体的成员能否发展一种国际的“家庭与人际关系和普遍文化的竹子网络”(亨廷顿,1996:170)。

然而,更为最近的亚洲移民不得不到唐人街、韩国城、日本城和其他亚洲城以外的地方去,寻找生活工作空间。在加利福尼亚,一种新的文化含义等待着他们去使用——购物城。[5]民族的购物城已经成为加利福尼亚移民们见面的新场所,它提供文化上熟悉的商品和食物,可用自己的语言讨价还价,而最重要的是,那是认识朋友的地方。民族城已经成为一个社会支持系统和自足中心——很像原始的城市领地——它帮助移民们过渡到美国式生活中去。但这也随着时间在变化。例如,一个到硅谷的移民告诉《圣何塞水星新闻》的一名记者说,第一代移民85%的闲暇时光花在民族城里,第二代花50%的时间,第三代花25%的时间,其余的时间花在麦当劳店和比萨饼店中。

循环的迁移

258 迁移不必是单向的、永久的状态,在此媒介化的文化形式成为与原初文化保持联系的惟一途径。有些人在不同民族文化之间来回移动,游刃有余,经常以相当不同的方式。这被称作循环的迁移。

学会如何在多重时空生存是一种全球化时代的文化能力。

甚至保守的政府也正在接受这样的观点，他们的人民不可挽回地处于移动之中。例如，1999 年印度引进一种“印度原籍公民”卡，鼓励居住在英国、美国及其他国家的移民到印度旅游投资，而只经历最小的法律或官僚机构的难关。

每年，一些波多黎各人、牙买加人和墨西哥人都往返于南北美洲几次。拉丁美洲人在纽约、迈阿密和洛杉矶比邻而居，互相来往，相互影响。美国的西班牙语电视台、电台、电影院和舞厅将拉美人从身心两方面聚集在一起。父母在美国工作的墨西哥儿童可以半年在美国上学，另外半年在墨西哥上学，最终获得两国共同颁发的文凭。结域化文化熔铸成的积极的综合，以及美国竞争性的社会文化空间中涌现的冲突，作为文化产品（尤其是流行音乐）和拉美人的“他者”的观念，又被传输回加勒比海地区、墨西哥和中南美洲。循环的迁移也极大地影响了原籍国的地区身份（根德洛和伊巴拉，1999）。

唱出墨西哥的心声

> 我们的双语、双文化、双国籍的经历是一种精神分裂的形式，穷与富、太阳与阴影、现实与超现实。生活在边界就是活在中心，身居入口就是在出口；居住在两重世界、两种文化，然后都加以接受。
>
> 伯西亚加，1993：66

> 假如你想我们回来，那就雇佣一名墨西哥选手。
>
> 在一次圣何塞职业足球比赛上，移民到北加利福尼亚的墨西哥人所举旗帜上的标语

在时空上与故乡熟悉的日常生活相隔离，美国的墨西哥移民很大程度上依赖于他们想象中的与故土生活的象征性联系。墨西哥决不只是一个地理领域。它首先是一个文化领域。人们在建构他们的新文化领域时，都到此领域经历怀旧之旅。

259 当胡安·加布里尔——墨西哥最伟大的流行音乐作曲家和演唱家——在加利福尼亚举行音乐会时，人们强烈地感受到那些与浪漫化的墨西哥的象征性联系。主要由墨西哥移民构成的加州大型拉美社区，与胡安·加布里尔激发的文化情感保持着紧密联系。

加布里尔演唱的歌曲，比如“离开我们的墨西哥”（El Mexico que se nos fue），特别动情地刻画了墨西哥与美国在政治和文化之间的紧张对立。这首歌哀叹移民后紧随而至的墨西哥城乡的变迁，随着比索贬值墨西哥经济的凋敝，半球贸易协定加
260 速的乡村工业化及污染，以及生活总体上的现代化与商业化。胡安·加布里尔忧伤地描述了以下情景：墨西哥的水泥建筑代替温暖的家，核心家庭的打破，甚至还有墨西哥村庄娱乐形式的改变，人们更喜爱电视而不再喜爱当地乐队。

胡安·加布里尔展现了一幅现代化与全球化下的墨西哥的全景图。他创造了一幅生动怀旧的老墨西哥的图画，它也许不会加快墨西哥的经济发展，但却触及了墨西哥移民的心灵——那些有或没有合法居住权的人——他们居住在加利福尼亚，艰难挣扎在这片土地上。听他的音乐会的仅有墨西哥裔美国人和住在美国的墨西哥人。没有英语媒体的广告，他却吸引了大批人群。像在加州的越南人和其他文化群体一样，墨西哥裔美国人主要通过不同的媒体和非正式的社会网络来了解他们的文化

事件。他们的期望真正不多。

胡安·加布里尔给予在美国的同胞们的是，获得他们自己的文化优越感，对未来的希望，以及享受流行愉悦的潜力。像他那样的表演者是具有重要意义的整合资源。对于世界各个国家的成千上万的移民来说，与传统的政治、经济和强权相比，象征性文化表征如音乐是更能得到的、更民主的，因为它们帮助各行各业的个人实施他们对其经验与情感的真实影响。

因为文化是建构性的、变动的，因此，它也是综合的、多样化的。大量有力而舒适的现代通讯技术给结域化的人们以机会，使他们的种族身份永存。生活在北加利福尼亚的墨西哥移民正是如此，他们观看海湾地区的三家西班牙语电视台的节目，收听许多西班牙语广播电台的节目，租借与墨西哥家人朋友在国内观赏的一样的经典录像，购买胡安·加布里尔、朱丽塔·维那格丝、卡非·塔库巴或阿勒桑德罗·菲尔南德兹的最新专辑。由于美国市场的活力与效率，与墨西哥相比较，许多墨西哥文化材料更容易在美国买到，并且更便宜。

在整个加利福尼亚，墨西哥城镇社区建立起来了。这些定居点与特定的墨西哥地区有着深刻的联系。他们来回穿梭于美
国与墨西哥的家之间。米克堪（墨西哥）的阿瑰里拉和加利福 261
尼亚的红木城，就是这样的成对的社区。阿瑰里拉被称为墨西哥的"小红木城"，而红木城又是加利福尼亚的"小阿瑰里拉"。墨西哥的国家经济依赖在美国工作的劳动者赚回的美元。因为在墨西哥举行大选时，生活在国外的墨西哥人有选举权，墨西哥的政客来到加利福尼亚州和得克萨斯州，就为了拉选票。

通讯技术与文化材料的跨国流动，帮助墨西哥人感觉更具

有墨西哥的气息。例如,当流行乐队,如拉斯·泰格斯·德·诺特、布洛克,或者拉斯·图卡内斯·德·迪举那等,在墨西哥的室外体育场演奏流行音乐时,他们依靠日本、德国和美国的音响技术,以最小的失真放大他们的音量。其效果是高亢纯净的乐音将墨西哥人的情绪、情感、语言——墨西哥文化——深深植入音乐会听众的骨髓。进口的设备远没有毁灭墨西哥的文化,反而是促进了纯墨西哥式的文化经验。

在现代后期及后现代世界中,文化领域的场所和风格已经变化。但是,人们仍然在文化上组织起来,为了界定自己的身份,并且感到有安全保障。毫无疑问,“社会关系脱位于地方互动语境与超越不定的时空界限的重构”可能是导向错误的,威胁性的(吉登斯,1990:21)。但是,在新的语境下,通过发展新的文化领域和“重新嵌入(插进)社会关系”,人们能够克服破碎的后现代生活的非人性化倾向,找到心境的轻松与安宁(141—2)。这样,形成时间、空间和文化新概念的方式,为重造稳定的社会关系提供基础(吉登斯 1991:17)。文化重新结域化,并不是人们无法控制的。

通向后现代性

结域化是一个对熟悉事物和新生事物的积极文化选择与综合的过程。今天的文化环境的构成成分有:媒介化的与非媒介
262 化的,自以为高级的和通俗的,个人的与大众的,公众的与私人的,此处的与别处的,熟悉的与陌生的,昨天、今天与明天等等。

人们大胆地从各种可以获得的材料与象征符号,社会化地构建他们的文化世界。

文化从来就处于运动之中;它始终如一地被后来者重新创造。但是,今天的文化形式与环境,与以往相比,正以空前的方式与规模改变着。现代性需要这种瓦解与变动。安东尼·吉登斯将现代性描述为一种"重型货车……像一台马力巨大的脱轨的引擎,我们人类作为一个整体,在某种程度上可以驱使它,但有的时候我们无法控制它"(吉登斯,1990:139)。

但是,社会成员对现代性的物质舒适与便利的追求大部分得到满足后,这个社会会发生什么情况?一种流行的学术理论认为,生活在这个社会中的人们遭受一种完全被刺激起来的、令人迷惑的、最终无法完成的生存状态。这种社会的混乱状况已经被描述为后现代性。在一个后现代社会里,社会稳定的传统支柱消失了。简单性让位于复杂性。确定性有局限。记忆是短暂的。现实是模拟的。羞耻感消失了。一时的满足代替长期的目标。表象打败了实质。商业化爆炸。感性化盛行。

这种变化的社会后果是真实的。更多的婚姻以离婚告终。更多的孩子成为非婚生子。工作长度缩短。公司撕毁文件。中学生相互射杀。病毒感染电脑。电视上在进行战争。热带雨林遭受破坏。音乐没有旋律。为了引起注意,各种声音大声尖叫。生活中的任何集体目标变得不再清晰。文化的类型、语境、假设、忠诚和关联疯狂地变化着。从社会关系到音乐和建筑,不再有任何意义。这种后果已经在全球范围内被感受到了。一种新的世界混乱形成了。

然而,我们必须正视现实,世界的许多地方还不是现代社会，当然更不是后现代社会。关于后现代性和现代性的学术讨论苦苦担心社会困境或社会内部的社会群体的困境，而这就足够人们讨论关于现代性与其后果带来的“问题”。现代与后现代发展确实影响，至少是间接地影响了世界各地的人们，但许多人还没从现状中获利。另外，世界上许多最严峻、最令人费解的
263 困惑，如南斯拉夫、印度、印度尼西亚和非洲点燃的民族宗教战争，都深深根植于过去的意识形态和文化传统，而较少与无法处理现代性以后生活的迷失与绝望所造成的集体恐惧症发生联系。

但是，对于我们大家来说，世界正在迅速改变。人们怎样阐释变化中的世界，让它们变得有意义，提高他们个人的、社会的和文化的利益？为了以与我们生活其中的世界相适应的方式，系统地重新思考这些问题，我们将继续在下一章即最后一章，努力解释文化这个难以说清的概念。

第十章

文化、超文化、感觉

将文化说成平常的生活，在这样一个非凡的世界没 264
有多大意义。尽管传统的文化理解和实践还不失其有用性——不为建构共同生活方式的人们，也不为试图说清世界正在发生什么的理论家——文化仍然需要适合时代的严肃的再思考。文化的当代重要性与多样化的表现构成这最后一章的中心。

在文化冲突中幸存

人们在文化上斗争，尤其当文化明确地与种族、民族或社会阶级的政治性相连时，或者当文化受制于地理争端时。全球化在很多方面改变了文化，而文化的传统形式在展望和组织社会生活上，在完成严肃的政治目标上以及在改变个人与社会身份上，仍然有重要意义。

然而，最近的历史发展真正标志着文化与文化分析的新纪元。交通与传播领域的技术进步，导致的后现代性与全球化彻底地扩展了时空观及其用途，同时，也极大地影响了全球政治经
济活动与关系。时代的不确定与迷惑，有时候被说成消解了意 265

义与身份。但真实的情况是，后现代性与全球化主要地延伸、扩大和加速了业已存在很久的文化倾向。是今天变化的速度真正抓住了每个人的注意力。

在一个共同拥有的价值观、语言、宗教、社会机构和生活方式被打破甚至相互敌对的世界里，在一个文化群体成员“入侵”他者的空间而同时感到自己也被入侵的世界里，文化——隐含着重要的协调、连贯和一致——怎样能幸存下来？在一个每一天都更碎片化、快捷化、象征化、综合化、互相对立与冲突的世界里，人们怎样获得感觉？怎样结交朋友？这些听起来像是一个疯狂的、分离的而绝望的形势。

恰恰因为当代象征性形式广泛而容易地传播，它们吸引了如此众多的阐释意义与用途，在一个后现代性与全球化的时代里，人们以刺激、满足与愉悦自己的方式，创造和组织自身社会的能力事实上增强了。当代传播因为人们使用新技术和象征性材料的方式不同而产生了不同的后果。这种文化功能的核心恰好在于这种现象自身的本质——丰富的象征性。今天，多样化的技术和象征性环境为创造性的文化活动激发了丰富的资源储备。

更进一步，一种严峻的文化无政府状态正在发挥作用。正如戴维·查尼所说的，“似乎区别后现代文化实践的，是广泛的文化形象能够被不加区别地掠夺”（查尼，1994：183）。各种类型的象征性形式是有丰富内涵的。当它们进入业已建立的文化环境，与之产生共鸣或对之加以改变时，他们最终刺激没有约束的阐释、变动与活动。

为了总结本书对媒介、传播和文化的论述，我将继续强调大量存在于新千年开端的文化的积极潜力。今天，象征性资源被人们用来发挥作用，因为同样的理由并以同样的方式，即文化活动已经被建构。同时，正在形成新文化联盟。尽管人们需要掌握新的文化能力与读写能力，但是，当代象征性资源的激励品质同时扩展了思想行为的范围，并实际上减少了由于后现代性与全球化带来的一些困惑。

新的传播技巧与文化个性化

世界各国的中产阶级青少年在收看电视、收听音乐及做家 266
庭作业时，可以毫无问题地上网冲浪。他们的父母通过手机做生意，同时监管家庭、听收音机、驾车上班。

多功能通讯已经成为全世界中产阶级的许多人很自然的事情。同时应付多种技术的能力、处理多重媒介化的信息情感交流的能力以及对付当地杂乱无章的非媒介化的人和事的能力，构成了当今生活所要求的复杂的传播技巧。因此，今天已经扩大了的传播环境，使文化集成与代码转换的复杂能力成为必要之物。人们航行在无休止的文化表征的海洋中，将新鲜的象征形式融入熟悉的、地方文化常规与活动之中，创造出对文化的新的形态、新的理解和新的活动。发展这些技巧不仅仅是获得新的传播工具和读写能力的事情；它也要求开发一种适合不断变化、多支流的文化潮流的心理状态与生活方式。

由于受到因特网与媒介技术的微型化和私人化的极大影响，伟大的新世界的文化之旅正在变成不拘一格的、独自的冒险。对顾客友好的通讯与信息技术——连同它们传递的充满活力、负载着文化的象征性表征——在一种个体的“使用者/消费者”的基础上，相互阐释，建立意义与经验的新平台和入口。

工业和消费通讯技术迅速发展与传播，象征形式充满活力的流传，以及通讯互动性的广度、频率与多样化，都改变了人类基本经验的一些主要方面。构建当代意义与经验，要求人们调节他们的利益、偏见、需要与要求，并使它们与动态地展现在面前的象征性全景相适应。对文化的各种选择进行分类、综合、编辑和包装，使之成为习俗化的母体与活动，这可以帮助人们感受新环境、享受新环境。在由交叉的经验构成的动态网络中，同时创造与生存的能力——本地的与遥远的，物质的与象征性——已经成为基本的文化实践。[①]

267 连接碎片，将文化冲动重新定位于新的语境，把象征性要素与物质环境联系起来，遭遇完全的陌生人并与之交谈，等等。通过这些方式，学会怎样完全加入如今这个全球化的超级传播的时代，和以往相比，已经较少地与地理学意义的地点和“真实的”时间相联系。远处的东西可以立刻变得很近。而近在眼前的东西往往被忽略。喧嚣的象征性领域的流动性与伸缩性鼓励，促进极端地具有创造力和个人化的活动。这种疯狂刺激各种新的人类联系方式，其后果改变了文化环境，同时改变并扩大了个人参与者的经验与期待。

因此，今天我们不能只说“文化的社会建构”，而且还要说“文化多样性的富有创造力和高度个人化的发明”。我们已经进入象征性文化“富裕点”的一个全球竞技场（阿加尔，1994：230—1），人们用它来扩展他们的世界、建构他们的社会文化身份以及从日常经验中获得快乐。

超　文　化

> 文化是多国集成活动的过程，是各个部分的灵活传播，是任何国家、任何宗教、任何意识形态的任何公民都能阅读和使用的特写剪辑。
>
> 加西亚·坎克里尼，1995:16

> 给予选择，在有的情形下，许多人不选择看起来像“他们”文化的东西，他们也许压根就不会全心全意的支持它。
>
> 汉内兹，1996:58

图表 10.1　超文化

超文化
- 广泛的价值观念
- 国际资源
- 文明
- 国家文化
- 地区文化
- 日常生活

现在，我要引进一个文化的新概念，它成长于我们生活其中 268
的复杂历史。“超文化”传承传统的范畴，反映目前两个主要的文化趋势：全球化与个人化。超文化是象征性资源、非媒介化的日常生活场景以及所有其他可以获得的文化表征和文化活动的特殊母体;人们模仿、评价、改变、连缀这些文化表征文化活动,以便扩展他们的视野,共享感伤的情感,创建社会网络,形成生活方式,并以有意义的愉快方式组织生活。

因为*今天的文化试验性地流动于地方与全球之间,集体与个体之间,非媒介化经验与媒介化经验之间*,所以,超文化就必然是一个此处与别处之间、社会与个人之间、物质与象征性之间的两个面孔、转瞬即逝的空间。

当今的诡计在我们的脚下更具文化色彩。我们生活的世界不是由明确的社会文化影响构成,而是由不断变化的文化冲动构成,它不断要求我们分类、综合与创造。我们将复杂的文本用于复杂的社会文化语境。随着媒介信息技术变得更加容易获得、更具活力,文化的可能性也同时扩大了。真实与非真实、真与假、实质与表象之间的传统对立,在当代文化活动中已经丧失了其原有的意义。

今天,人们已经获得文化活动与文化表征的六个基础范畴(参见图表10.1)。随着人们扩展他们的文化活动范围,他们的文化经验就变得较少具有地方性,较少局限于社区。通过吸取来自其他各种文化范畴的资源,集合成文化综合体,这样人们就建构起他们的超文化。超文化是文化碎片的融会,在构成个人暂时文化概况的认知模式、交际互动和社会实践的制度化建构过程中,文化碎片对于个人和他人变得清晰可见。就这种个人的杂合帮助形成文化身份的程度而言,这种身份和忠诚不一定是我们传统意义上与语言、血缘和种族相联系的、永久不变的那种身份和忠诚。

文 化 范 畴

这些范畴是事先消化了的文化资源宝库，它们被文化制作者——普通人群——阐释，综合进相关成分的群组。这种文化工作生产的特殊结构就是超文化。

这六个文化范畴从最遥远的全球性场所，到最紧密最传统 269
的地点统统包括在内。那么，究竟什么是这些文化用途的具体范畴？

首先，人们广泛吸取*普遍*的价值观——那些生活和社会行为原则，尽管它们决没有一致的阐释意义，但是它们出现在多样化的文化群体中，指代相当普遍的东西。这些原则包括镶嵌在世界主要宗教里的基本道德法则，以及全球性组织如联合国、国际红十字会和国际红新月会表现的普遍人权的乌托邦意念。其他领域的共同意识还包括，体现在消费中的符号和行为中的人类拥有的普遍的物质欲望，审美标准和身体美，性爱需求和生存需求以及情感经验与表达的各种变体。

其次，世界各地大众媒介和信息技术的使用者能够得到的大量*国际的*象征性文化资源。正如本书中我们所看到的那样，卫星电视、闭路电视、音乐产业、电脑硬件和软件以及因特网传播无数的各种各样的象征性内容。人们从这些资源能够创造出的杂交文化是没有限制的。此处起作用的还有商标用语、时尚、国际贸易商业交易、旅游业的跨文化影响、教育与文化交流项目、政治条约和协定，等等。

第三，最具包容性的传统文化范畴——*文明*。许多人包括塞缪尔·P. 亨廷顿(1996)指出,世界可划分成八个或九个基本的文化群体——文明——这种划分区别基本稳定而相互不同的生活方式。文明的差异是中心问题,非常重要,人们甚至因它而发动战争。20 世纪 90 年代晚期,塞尔维亚人和阿尔巴尼亚人的血腥冲突——来自不同文明的文化群体占据着相同的领土——仅是其中一例。墨西哥与美国之间的边境压力,也反映了同时并存的不同文明之间滋生的紧张形势。在圣地发生的以色列人与巴勒斯坦人之间的斗争,是具有传奇色彩的文明冲突。

世界的伟大文明沿着三个不同的历史轨迹进化而来:有些文明以基于宗教(伊斯兰教、佛教、印度教、东正教、中国宗教)的共同世界观为基础;其他文明由殖民扩张主义创造(西方文明,拉丁美洲);第三种文明发展的源头是地缘(日本文明,非洲
270 文明)。当然,生活在不同文明中的人们不都具有相同的文化取向和偏见。文明理论已经受到一些学者严厉的批判,他们认为,文明理论粗暴而错误地使人们本质化。另外,作为一个过于宏大的理论框架,文明理论在一个后现代性与全球化的时代,可能过分简化文化。但是,当人们组织他们的文化母体时,他们确实部分地吸取构成其文明的熟悉的语言、宗教、食物、礼仪和习俗。今天,这样做的能力很大程度上被强大的经济文化纽带所强化——特别是电信硬件与软件的交换——这种纽带在具有相同文明的国家之间发展,经受考验。

第四,主流的*国家*意识形态与文化继续成为渗透性的有活力的资源。国家范畴承载所有方式的符号化、法律化与权威。组织集体意识与日常生活在很大程度上是通过由主流国家意识形态和文化所要求和暗示的话语、需要和常规来完成的。

通过统一物质和象征性形式如宪法、国旗、国歌、学校课程、军事力量、媒介和广告业，建立起法律、规章、习俗、语言、宗教、商业体系、教育等等，这些使国家成为一个大多数人无法超越的文化资源，不管人们是否喜欢这些观点（普赖斯，1995：40—59）。

第五，国家内部的*地区*扮演着重要的角色，因为它们提供不同口音和选择时——有时与国家意识形态和文化相对立——人们用来改变他们的文化偏好、习惯和身份。将自己想象成某个地区的一部分——例如，一位北加利福尼亚人，中西部人，南方人或新英格兰人——是在美国的文化身份的一个标记。具有区别意义的地方主义影响，有时以重要的政治含义适用于所有国家。例如，在西班牙，卡塔洛尼亚分裂分子在北部为政治独立而斗争，而在南方，新兴的文化产业则促进地区传统与风格——如安达鲁西亚的弗拉门戈音乐舞蹈——为这片长久被忽略的土地激发起活生生的各种集体文化资本样态。

最后，我们将*日常生活*当作一种文化资源。当然，日常生活受影响于广泛的价值观、国际象征性形式、文明、国家意识形态和文化以及地区性的定位。日常生活极大地来自这些源泉，但却不是它们之中任意一个。因为日常生活不只是已知价值观、规章和实践的综合，最微小的环境和活动也有助于群 271
体与个体文化。这样，超文化将文化的重要人种学概念称作日常生活，而今天的日常生活存在，与极有吸引力和强大的外部文化势力有着复杂关系。因此，我们不能把日常生活的地方常规实践理解为自足，并进而将它作为当今时代文化构成的满意的阐释。

文化现实化

消费与时尚戏剧中,日常生活的实际演员形成自己的文化多样性的版本。

查尼,1994:82

当人们从可以获得资源范畴选择组合物质时,文化在这样充满活力的材料和象征性环境中现实化了。基本的文化工作是综合的过程和产品——可得到符号的一种混成过程,它能产生意义、舒适或快乐。多维度的超文化——远近各地文化要素的集合——对于人的良好状态非常重要。正如加西亚·坎克里尼所指出的那样:

> 如果要在技术上、审美上跟上时代,在迁移、交流和交叉的多重文化性时代提出丰富的象征性描述,拥有国际信息是必不可少的。但远不止此,有时候我们需要重新展示在属于自己的场景中,无论是国家的还是种族的特殊场景,无论是国内空间的人际交往还是在个人朴实的追寻之中(加西亚·坎克里尼,1995:189)。

超文化的要素互为依存。我们并不是简单地从枯燥的物质与象征性领域选取材料,构建我们的文化形象。尽管超文化隐含深刻的文化多元性,它也反映跨文化性、互文化性和文化杂态共生。加西亚·坎克里尼(1989;1995)也这样说过。因此,超文化是一个动态的、跨文本的、相互离题的多边会谈,会谈由可得的材料、符号和故事构成，它们被日常生活扮演者在梦中、戏剧中所评价与利用。它由资源的可扩展的交叉部分构成，从文明、国家和地区的集体意识深处，到不太为人所知的其他文化迷人的轮廓。超文化展现在自我了解、安乐和探索的功能性途径之 272
中，当人们集合来自异常广阔范围的资源时，这种途径能结出果实。在拉美有一个惊人事例，一些村民依靠传统的治疗方法与古老的手工艺农业生产技术，而“同时，他们又使用国际信用卡和电脑”(加西亚·坎克里尼，1995:135)。在英国、欧洲其他国家、美国及几乎世界各地，人们把信息技术传递过来的远处数字化现实，与近处的身体定位的文化要素——如体育运动、舞蹈、事物和时尚联合起来——熔铸成有创造力的超文化协同机制。

灵活性是基本的东西。象征性文化形式——尤其那些远方的——与相对固定和长久的地方文化要素相比，常常能够更容易操纵。这是因为，远距离的资源能为创造性的文化工作提供有吸引力的机会，而这些工作需要地方文化权威机构的管理。文化权威所熟悉的制度化的源泉——学校、国家媒介系统、教堂、主流大众媒介等等——在文化建构中心和方式的转换中，已经丧失了一些权力。随着个人与小团体拥有更多的文化权力，权威从社会的命令、规章、制度变成了与个人、小团体的政治、生活方式和娱乐更为相连的现代与后现代的风格。这样，超文化现象不啻一场文化革命，在这里，当个体与团体从文化范畴盗用能够获得的新资源时，制度化的社会权力的基本规则受到了质疑。

感　　觉

完全一致的、全球化的世界决不会出现——不为个体，不为群体，也不仅仅因为有时相对立相冲突的文化范畴的拉动作用。大众媒介与信息技术传播的象征性形式，比文化杂合与统一能激发更多的东西。人类也许是有组织的动物，但是，他们也被身心的愉悦所吸引，而它与稳定性的文化影响没有多大关系。脱离文化工作的倾向能与追求或强化社会文化联系的倾向一样强烈。有时候，人们使用传播媒介和大众文化刺激他们自己的感官，仅为快乐而已。

以美国恐怖电影为例。当恐怖电影中故事情节逗引时，观
273 众真正想要的是一种有保障的、后工业力量驱动的乘坐过山车似的情感体验。或者，想一想电视剧引起的普遍欢迎，如《世界最迷人的录像》、《当动物进攻时》。这时，一个接一个的灾难保持着观众的兴趣达几个小时。各个国家都有这类体裁的本地版本。例如，在西班牙，《动感电视》连续每周都能看见的斗牛运动的糟糕场面，以及摔下马背的场面。美国电视谈话节目过剩——尤其是那些杰瑞·斯皮林格变体的节目——都以震惊与感性为基础。许多电视新闻的吸引力——尤其是媒介丑闻——依赖于感官的刺激。极端的体育运动、职业摔跤以及武术使人们受到震撼。体育频道通过反复播放感性化高潮保持观众的兴趣——扣篮、本垒打、持球触地得分以及射门得分！媒介色情内容——杂志、电影、录像及色情网站——依靠象征性形式的能力刺激文化非语境化的生理反应。甚至表面上促进信息交换的电

子邮件，在很大程度上已经被改做情感目的服务的工具，并且激发色情幻想。我们确实已经进入“一个由表征的感性化驱使的梦幻（噩梦）世界”（查尼，1996：53）。

但是表征不涵盖所有的一切。形式与内容驱使同样多的媒介感性。媒介技术自己刺激身心活动与反应。媒介产品的技术变得太复杂，以致媒介内容主要依靠形象与声音的技巧性处理。例如，最新的《星球大战》电影影迷们说，他们喜爱这部电影的理由是他们欣赏它的特技效果——他们喜欢沉浸于特技效果激发的情感之中。这个故事恰到好处地连缀起了各种感受。当《黑客帝国》这部电影在1999年上映时，所有谈论的话题都涉及它的迷人的无法超越的视觉效果，仅此一点就能够吸引世界各地的大量观众进电影院。科幻故事、灾难、恐怖以及动作影片依靠特技效果，通过感性刺激，讲述故事征服观众。

然而，当代媒介经验的感性吸引力不单单依赖操纵故事内容或技术内容。复杂的传播技术本身激发感觉。例如，音乐会、影剧院、甚至在家里，音响系统制作出相当高水平音质的能力，能大大地煽动感情。年轻人听流行音乐时，喜欢很高的音量。音量传递感受——创造、改变或提高听众的情绪（克里斯滕森 274
和罗伯茨，1998；劳尔1992a）。对于音量本身，人们甚至变得在生理上上了瘾。

媒介技术的数字化已经极大地增强了以视听觉为基础的媒介样式的情感效果。数字技术生产出质量相当高的形象与声音，这些将媒介化经验的亲密性和情感影响提升到前所未有的水平。通过极大地提高信号—声音速率（需要的—不需要的视听“信息”），周围干扰被降低，让数字媒介的使用者以完全的个人参与方式听歌曲和故事。例如，调高数字化电影录像的音量，观众能够以一种“现实”世界里无法得到的贴近感听见并感受到情感的声音——哭泣、欢笑、快乐的大叫、害怕或狂喜。

通过消除传统的时空观限制，数字技术也将符号象征性宝库转变成可以获得的资源，并且创造出完全由陌生人组成的友好邻里。

但是，我们不应将媒介内容与形式当成独立的感性溪流。内容与形式的结合使各种感受达到其最高的地步。例如，观看《泰坦尼克号》时，观众们坐在座位上不愿离开，因为，当电影的高亢清晰的数字化的“环绕声音”充满影院、互相作用、互相增强时，观众沉浸于激情的故事和几近发狂的行为之中了。这种媒介化的超级经验，几乎能够在其过程中征服感觉，取悦观众。这种经验煽动强烈的身心反应——大笑、大哭、尖叫、狂吼、移动身体、激起与他人接触的欲望。因此，一些象征性经验的重要性来自媒介的能力，媒介能够穿透我们的心灵和身体，惊吓我们，鼓励我们，激动我们，点燃我们情感的火焰，让我们失去控制。这不是媒介为我们所做的。我们寻求这样的经验，为它付钱，享受它，心甘情愿地重复它。有些人进一步地抬高感性媒介经验的效果，将饮酒吸毒作为追求愉悦和消费仪式的一部分。

没有文化的经验

媒介感受不要求太多的阐释就能有效。例如，人们不必过分集中注意力在一家影院以感受危险的情景，那种滴血的、三个
275 脑袋的怪兽，震耳欲聋的声音以及恐惧的尖叫声充斥的银幕。

被数字化媒介驱使到更加极端的感受，它代表一种人类经验，但不必以任何理性方式与文化或超文化的结构和假设相连。事实上，感受能够超越许多文化参与带有的理性。感性刺激本身是一种有吸引力的、却不一定是有文化色彩或意义的经验。另外，今天流行媒介的全球性能确保感性经验可以分享，但是能分享并不一定意味有文化定位或者文化意义。

因此，有些媒介感受促进脱离文化的经验，并且创造缺乏亲密感和解释性的社会化。媒介化的符号不必与所指物相连，而所指物本身也不必有意义。例如，对于许多人来说，里约热内卢不是一座巴西城市。它是一座性感的、沐浴在阳光里的感性愉悦的城市。它就是里约。让人快乐。是一个空间，并非是一个地方。

感受是身体的情感的刺激，是它本身带来的愉悦——一种快乐的自我感觉。

当代感性经验的人性后果还没有被很好地理解，而且也许永远不能。因为感觉是开放的、不确定的，奇妙的，一切都有可能。感受能促使文化与意识之间的破裂，产生组合得不好的认知结构。对此现象担忧的心理学家们求助于一种“人类分离”，但由于暴力事件它已经受到指责，比如1999年美国科罗拉多州一所高中的群体谋杀案，以及自那以来的其他各种悲剧。

结　　论

民间社会越来越不像国家社会那样，被理解为统一的领土、语言和政治制度。相反，它们表现为具有阐释意义的

> 消费者社区——那就是说，分享愉悦的一群人……这给了他们共同的身份。
>
> 加西亚·坎克里尼，1995：196

> 后现代社会的公民的任务就是过一种快乐的生活。
>
> 鲍曼，1996：34

上个世纪的最重要发展所围绕的相同动力，在下一个百年
276 将会推动生活——交通与传播进步带来的时空压缩，人类迁移与技术交叉引发的社会群体的重组，媒介及其传播的象征性形式所刺激的经验的多样化与强化。

这种发展的后果在上个世纪没法预测，而在下个世纪更不确定。国家、阶层、宗教与种族将会进一步相对化。文化将继续分裂成个人的超文化。人类经验将不断地成为暂时关联与感受的扩张性的网络。通过所有这些，有些人会有更多机会，生活将会更舒适。

我们确实生活在一种象征性文化活动的“全球掠夺”大战之中，但——正如本书开头时我们强调的——世界人民并不都是以相同的资源、能力、兴趣或动机去面对目前时代的挑战与机遇。技术与符号的复杂性、现代性、后现代性以及全球化的后果，无论如何想象，都不能使一个标准适用于60亿之世界人口。尽管我们从头到尾已经考察了当代媒介、传播与文化，但是，当今时代的所有后果决不会对穷人和没有权利的人带来不利影响。当跨国中产阶级在21世纪已经开始一种无法想象的冒险时，世界上的许多人仍然会从老式电视机观看正在发生的一切，

或者从朋友那里了解到所发生的一切。虽然在科学知识与技术领域有了各种形式的令人敬畏的进步,但人们之间的差距似乎会不幸地加大,结果在很多方面,看起来我们甚至不是生活在一个星球上。

目前,时代的潜在危机不局限于人们之间的差距与差异。我们正在创造一个什么样的世界?我们是否都正在自私地追求个人利益、奢华消费和及时满足带来的转瞬即逝的愉悦?这个世界是否像保罗·威利斯(1990)认为的那样,以一些相对民主的方式从"市场的无政府状态"获得利益?或者像皮埃尔·布尔迪厄(1998)辩解的那样,这个世界由于"市场的独裁状态"而遭受系统的全球性贫富悬殊?与以往一样,经过慎重思考,回答这种深奥复杂问题的答案实在不容易找到。最后,必须指出,无论布尔迪厄还是任何人都没能够找到其他切实有用的说法,巧妙的应对如下观点,即今天的文化活动的基础仍然建立在的动态的、有时甚至是变化莫测的、总是变异的形象与消费游戏上,而它又受制于全球化市场的逻辑与力量的驱使。那不是一个我们正在迈向的世界,而是一个我们已经达到了的地方。

注　释

277 第一章　引言

① 诺基亚是芬兰货，而非日货。

② 然而，也必须指出，过去若干年芬兰实行一种相当有限制性的移民政策，这事实上使国内的社会经济差异最小化。

③ 此处讨论的统计数据与趋势，由巴黎经济合作与发展组织提供。

第四章　社会规则与权力

① 这次事件所达到的深度包括他们相互起的绰号。克林顿称莱温斯基为“好朋友”，她说这让她认为，克林顿经常记不住她的名字。作为回报，在与林达特里普的电话录音谈话中，莱温斯基称这位前任总统为“大头”。

② 我必须指出，这种社会颠倒直接涉及较低社会经济阶级的人们。中产阶级与上层阶级的绝大多数人并不参与这种仪式，许多人憎恶整个事情。在狂欢节期间，里约热内卢的许多家庭逃出城市。那些待在家中的人们有可能通过电视，观看部分庆祝活动，尤其是桑巴学校的游行。对今天的许多巴西人来说，狂欢节已经变成了一种电视仪式。

第五章　媒介受众

① 美国的一些教育家与研究者在教室里试验“电视教育”，但是，目
278 前为止，这种方法没有激发起太多的兴趣，并且充斥着很多的法律、技术和官僚机构的问题。英国和北欧国家在此领域做得更多，拉美研究者在此项工作中也颇为积极（例如，参见奥洛兹科·戈梅斯 1990、1991、1996 年有关墨西哥的论述，以及芬杂利达 1997 年有关智利的论述）。

②马修斯富有启发性的概念“错误需求”同样受制于批评主义，尤其因为它的精英主义。马修斯是否比谁都有资格告诉我们，我们需要什么？约翰·汤姆林森（1991）在这场辩论中，已经广泛而尖锐地撰文讨论过马修斯的论调。

③ 在用途与满足框架内，涉及大众媒介的方法（认知计划与相关活动）通常命名为“用途”。术语“用途”将认知与行为联系起来，从而简化了用途与满足研究和理论的解释过程。

④ 要进一步了解“生活方式”的分析，请参阅查尼（1996）。

⑤ 美国及其他国家主要商业电视网的特征，仍然是大明星与大笔预算：“由目前可以获得的数据看，很明显，广大的有吸引力的电视仍然支配着美国的传媒消费”（韦布斯特和法伦，1997：114）。

第六章　文化

① 人类学家也从他们的与文化相关的学科历史中遭受痛苦。对于“域外的、第三世界文化”的人种研究，与英国、北欧国家以及美国的帝国主义殖民化功绩挂钩。

② 然而国家作为一个政体继续在一些主要方面发挥作用。这是组织社会生活的一种方式，并且提供一个重要的象征性家园，即使那些已经从故土移民到其他国家的人也如此。这个重要的话题将在第九章和第十章更加详细地讨论。

③ 英语将会变化成具有更多方言的、一种世界标准的口头英语（克里斯托尔，1997）。中国正在上升的经济文化实力标志着向长期以来英语的支配地位发起挑战。

④ 《华尔街日报》文章说，美国政府已经试图隐藏争议，因为在目前的多元文化主义时代有太多的政治热点问题。

⑤ 为了适应美国迅速飙升的多种族人口现状，美国政府允许被调查者在2000年人口普查时，在不止一个种族栏内打钩，却没有一个“多种族”栏。这就给人口普查局带来了巨大的麻烦，很难准确计算单个人数。另外，非洲裔美国人和拉丁裔美国人政治组织反对任何识别多种族人口
的变化，因为这样的变动减少了这些组织想要代表的黑人和拉丁语族人 279
的数量，结果削弱了这些组织的政治协商力量。

第七章　象征性权力与大众文化

① “受众”是一个不容想当然的产业化表达。要了解有关商业与公众广播系统怎样为自身利益，而将“受众”概念化所引发的长篇累牍的讨论，请参阅昂(1999)。

② 芝加哥的一位中学教师找到一种行之有效的方法，用来惩罚那些学校里的捣蛋鬼。他建立了一个“弗兰克·辛纳特拉留置俱乐部”。被要求放学后留下的学生在那几个小时里什么事也不做，只需坐在座位上收听弗兰克·辛纳特拉的老唱片。不顺从的情绪急剧下降。加利福尼亚州萨克拉门托市的一家便利商店经理，也有效地利用了音乐的文化差距。他以前没有办法阻止店外游荡的青年。这位经理用笛子吹奏古典音乐，借以吓跑那些城市青年，这些人以往甚至不怕全副武装的保安。这位经理开玩笑说，这种办法潜在的惟一难题是，“你们知道的下一件事情就是，我们将看到在外面游荡的老年人!”

③ 印度尼西亚工人生产鞋子每天挣2.20美元，而乔丹做广告吹嘘产品却能挣两千万美元。

④ 警告消费者！别管广告的吹嘘，获奖的罗林·希尔专辑确实是曾经制作的最乏味的专辑之一。

⑤ 但是，请参阅格兰德斯塔夫(1997)撰写的批评文章，讨论电视谈话节目制作者如何操纵人们，以产生自己的悲哀场面。

第八章　变化中的意义

① 以下几段我所做的比较分析受了一次演讲—讨论的启发，这次演讲由加利福尼亚—圣巴巴拉大学的美国社会学家斯坦尼·阿洛诺维茨所做。

② 大男子气概是一种复杂的文化特性。在墨西哥国内外，它常常被用来指代男人对女人的那种十分消极的傲慢主宰地位，甚至虐待。这个术语可以更直接地解释为“男权主义”，而在此意义上，大男子气概有它的积极内涵，比如男人对于家庭所承担的责任。

③ 由于容易得到盒式录音机，侵犯著作权的行为十分猖獗，根据弗里斯(1992:72)统计，侵权行为在亚洲销售的所有流行音乐中占三分之

二,在非洲占30%,在拉丁美洲占21%,在加拿大和美国占11%,而其他方面的估计甚至更高。

④ VCD播放机是在加利福尼亚州的硅谷开发的,这进一步表明“全球性的霸权控制”是不可能的。这项技术已经伤害了美国电影业的潜在利润,因为它促使中国及其他地方的盗版行为。 280

⑤ 以顽固的阿基帮克人物“摩茨基”为依据的德国电视连续剧,在柏林墙倒塌后不久就拍摄完毕。领衔人物辛辣地嘲弄了东德人和他们的国家文化。这个节目在20世纪90年代早期德国不愉快的统一过程中,激起了德国人强烈的反响。《所有家人》与《摩茨基》原来都以20世纪60、70年代英国电视连续剧《到死不分离》为依据。

⑥ 这一点必须得到证实。正如我早先指出的那样,有关媒介暴力问题的大量试验性与调查研究已经展开。大量研究的主要发现之一是,因某种方式(普遍的攻击性性格、虐待行为的受害者、作为试验的先决条件而受挫折的人)有暴力倾向的孩子,与他们那些心境比较平和的同龄人相比,对于电视、电影中的暴力描写能做出更具攻击性的反应。然而,许多研究也有同样情况,较少有暴力倾向的孩子对于暴力节目的反应仍然具有攻击性,尽管效果要轻微一些。在此我想强调的是,至少暴力电视/电影和孩子(尤其是男孩)中的攻击性行为的案例中,媒介能够刺激多种反应,但却不一定反映观众一方的暴力倾向。

第九章 全球化与文化领域

① 有关魁北克简短分析的背景取自罗伯特·怀特(1995)撰写、发表在《新共和》上的文章。

② 要了解有关解域化复杂性的全面讨论,请参阅汤姆林森(1999)。

③ 1997年国际透明—腐败观念指数评定。

④ 当然,通常的文化矛盾随处可见。当毛利人以土著人民拥有的权利为依据要求土地时,与英国人一样,他们也不是新西兰的原始定居者。根据毛利人的传说,大约公元950年左右,早期的一群波利尼西亚人被毛利人取代了,1350年左右,最大的一批移民到达这里;这只比荷兰人和英国人来到这里早几个世纪。

⑤ 要了解有关建构文化身份过程中,美国购物城的角色的讨论,请

参阅鲍曼(1996)。

281 第十章　文化,超文化,感受

①要了解有关文化亲近性的更好的讨论,请参阅汤普森(1995:229)、汤姆林森(1997:71—5)和汤姆林森(1999)。

术 语 汇 编

可解释性:一种观点,认为媒介与信息技术使社会中有权力的人们可 282
以为自己的行为做出解释。

主动受众:一种理论观点,宣称受众成员不是被动地接受电视或其他媒介或成为其牺牲品,而是从另一种能使自己从中获益的方式来诠释并利用媒介。

施动:一个概念,宣称人是社会行为的有知识的、有能力的施者,尤其指人能把其志向、智力和创造性用于其日常生活实践。

议程设定:一个社会科学术语,意指大众媒介通过提供一些特定的信息(如新闻、娱乐、文化主题等)给社会话语设置议事程序(也就是确定主题),从而避免其他主题。

擅用:指为自己需要而挪用别人的一些东西,有时却与其原意大相径庭。

表达:当一种意识形态或文化观点或主题与其他观点或主题相联系,并产生影响。

资本主义:一种经济/意识形态系统,基于市场调节(相对自由地买卖商品)而不基于国家计划,而后者正是共产主义的特点。

循环迁移:人们从故土迁移到第二个地点(通常在另一个国家),然后
又回到故土的过程。常常与已经适应的家乡的职业机会相关,这个过程 283
典型地以循环的方式重复。

阶层/社会阶层:主要据经济和社会等级差异而划分的不同组别的群体(即,上等阶级、中产阶级、工人阶级、下等阶级)。

代码:一套从文化角度理解的系统符号,语言就为其中之一。

认知:强调精神活动中理性的、思考的维度(而不是感性方面)。"习得"知识。

商品:任何被制造出来供于销售的东西。这些物品和服务通常都有其意识方面的起因和结果。

交际:可以从许多角度理解。其中两种最常见的基本定义是:(1)跨越时空的信息传递;(2)通过符号形式切换而构建意义。

交际研究:一个发源于美国的学科研究。它强调研究大众话语、语言以及言语和人际间、组织间和文化间的互动。

意识:个人或团体所持者的态度、观念和感情的精髓或总体,是社会中特定理念传播所产生的。

建设性:一种社会理论,它基于这样的思想,即人们通过社会实践和交流而创建他们的世界,不同于另一种指意识和文化是被接收而非创造的观点。

习俗:以规则支配的一种社会行为方式。习俗包含和反映文化倾向。它把社会行为规定为"准则"。

批判理论:社会理论的不同分支,目的在于唤起对存在于资本主义经济和政治结构及其进程中的固有问题的注意。这一理论传统特别与马克思主义批判理论,尤其是二战前德国的"法兰克福派"发展后的马克思主义,及其在哲学和政治方面发展起来的理论联系在一起。

文化资本:文化知识和风格,是个人品格形成和社会影响作用的资源。

文化身份(认同):一个或多个群体的人们用以相互联系的文化价值观、生活方式、实践、形象以及其他特征。然后,人们往往被别人认同为那个文化群体的成员。

284 **文化帝国主义**:这个批判的观点认为,现在弥漫全世界的各种现代文化产品、意象和风格(包括从占主导地位语言和流行音乐到电视机和电脑硬件)的传播是文化压迫或"帝国主义"在当代的一种表现形式。这些传播过程符合世界超级大国,例如美、英、德、日等在经济、政治和文化方面的利益。

文化媒介:传播技术,其信息内容含有文化信息和文化偏见。

文化领域:通过人类交际而创造文化的地理和象征空间。

文化:以我们的目的而定义的一个极其复杂的概念,如人们的共同价值观、预设、规则和社会实践,所有这一切都构成并促进了个人和集体的身份和安全性,文化是一个动态的观点,尤其在今天,因为它不仅受区域的影响而构成,而且也受那些大众/文化媒介塑造的象征表征影响而形成。也请参见"超文化"。

决定论:一种理论上的因—果关系,例如经济决定主义(社会阶层地位依据其物质关系的等级性),意识决定主义(主导意识理所当然地支配与其对立的思想)和科技决定主义(媒介,如电视的社会影响是线性的、可预见的);关于其对立观点,参见“协商论”。

解域化:文化结构、关系、背景和表征等的分裂。

海外移民:生活在出生地以外的有种族或文化联系的一群人。

直接影响:电子媒介对社会的影响的早期理论,该理论认为媒介的影响是有力的、直接的、负面的并且不受其他因素的影响。

话语: 最通常的说法,公开谈论事物或意见观点的方式,而这样又能引起独特的广泛理解。参见“议程背景”。

转折:文化中的差异、矛盾和反趋向,它有可能解构处于主导地位的政治、经济权力的集中和强力。

主导意识形态:一套思想体系。它确认、巩固并提高一个社会的精英社会——经济群体的利益。

精英:通常指资本主义社会中处在最顶层的社会经济阶层。 285

增势:参与能够为个体或团体带来价值意识、信心或能力的各种活动。使人有能力。

人种学:一种定性的经验研究方法,建立在人类学基础上,在进行文化分析时,其主要依据为参与者的个人观察,深层次采访和利用咨询人。

人种方法论:人们用来构建日常生活的社会行为和制造意义的策略,通常人们习以为常、视而不见。

构成法:物体、形象或观点表达的方式,由此影响阐释它们的方式。也请参见有“偏好的阐释”。

功能主义:一套有争论的理论,它坚定地认为,社会能像一套系统一样良好“运行”,是由于各种不同机构(如学校、政党、大众传媒)帮助维持了社会稳定。

体裁:一种媒体的分类,例如“连续剧”,“Tejano 音乐”和“宽银幕”。

全球化:人、意象、商品、钱、思想和信息全球性流动,有些理论家指出这是在创造一种同一的全球文化。

全球地方化:“全球的”文化影响与“地方的”文化语境的融合,通常带来严峻的经济后果。也请参见“本土化”。

满足:体验深刻的个人满足/快感,或极大地减少生理和心理上的不适。

习性:一套从社会经历获得的文化倾向和行为,它使人因品味和生活方式区分彼此。

硬件:技术形式、媒介或传播设备如电视台、电视机、电话、电脑、光盘唱机、报社等。

霸权:一个传播主导意识形态,形成意识和实施社会权力的过程。一个社会集团凌驾于其他集团之上的权力。霸权不是直接控制人民的利
286 益,而是让社会角色将其弱势地位接受并习以为常。意识形态的传播机构诸如学校、政府、企业和大众媒介等通过维持现状来相互强化。

杂态共生:指不同文化形式的融合,大众媒体传播的形象流动有助于这一过程。

观念形象系统:意识形态表达的系统形式。它把一些特定的形象、信息结构和认可的意义融合编织成一个有机整体。

身份:在强调文化方面上,这个术语指一个人作为一个建立在共同价值观和生活方式的社群中的一员所能感受到的归属感、安全感、认同感和成就感。

思想体系:在交际中表达出来的一套观念系统。

意象:一个客观事物的或一种概念的展示或表征,通常是象征性的、虚幻的。

形象系统:一个意识形态的构架。观念的表征和形成的方式,及其通过技术的和人际间传播的方式,决定形象系统的影响。

帝国主义:原本指一个国家在政治、经济和文化方面凌驾于他国之上的霸权。据当代批判理论,通常指"文化帝国主义"和"媒介帝国主义"。这反映出对世界超级大国如何使用传媒硬件和软件来把他们的政治、经济和文化方面的价值观和其他附属品强加在那些不太发达的国家和弱势文化之上的担心。

本土化:使包括从食品到建筑风格,再到流行音乐之类的引进文化物质改变以适应本地文化的过程。

信息技术:包括从个人电脑到因特网的数据转换,储存以及检索系统。

机构:社会组织如学校、政党、监狱和大众传媒产业等,它们能帮助规范人们的行为,并以此为基础巩固主导意识形态和文化系统。

阐释:从象征的表征中构建意义。

阐释群体:相互之间也许在人口统计学上非常不同的一群人,也可能
从没见过面,但是有共同的文化经验、偏好、身份和话语。这种群体感通 287
常被大众媒介与信息技术所强化。

有限的影响:媒介研究与大众传播的一种重要的理论发展,宣称人们不是媒介经验的牺牲品。根据这种观点,媒介影响受各种干预性的心理、社会和文化因素的限制。

宏观社会性:大规模的社会机构、结构、系统、语境、集体行动和文化趋势。

主流: 常规的主导社会文化模式。

边缘/边缘的:在政治、经济和文化权力方面相对弱小的个人、团体、国家和文化。

马克思主义:一种社会主义的经济学和政治学理论,以卡尔·马克思和弗里德里希·恩格斯 在18世纪(应为19世纪。——译者)中叶的著作为基础。马克思主义批评在经济上占统治地位的阶级残酷剥削劳动工人的资本主义制度是一套天生就不公平的制度。马克思揭示出经济力量是行使社会管理权力的核心所在。但到了后来,马克思主义的后期著作强调意识形态和文化影响。

大众受众:大众媒介的读者、听众或观众被当作一个匿名的群体,而非个体。

大众传播:通过诸如报纸、杂志、无线电、电视和电影之类的媒介技术传播和接收信息和文娱节目。一个传播过程的特征是:少量的信息源,大量的接收者和有限的反馈。

大众媒介:包括报纸、杂志、无线电、电视和电影等的传播产业和技术。“大众”一词指通讯技术跨越时空将信息传送给许多人的能力。

大众社会:在受压迫的工作环境下劳动的人们,与世隔绝,无权无势,孤立无助,最后依靠大众媒介获取信息、娱乐和陪伴。在20世纪早期的批评理论中,这个概念非常重要。

意义:某事物对某人的所指和能指。意义并不是与生俱来就存在于符号形式,而是通过人们基于自己的趋向、利益和能力对结构性符号环境的阐释而构建起来的。

媒介帝国主义:参见“帝国主义”。 288

媒介的形象系统:指意识形态是如何被技术发明和人际间交流所表达和阐述的。

信息:交际内容。是通常创建来代表发送者意图的象征形式,但允许许多不同的理解。

信息系统:把一种媒介全部的内容概念化从而形成一个意识形态整体的方法。

方法:本术语在本书中有两种不同的用法。从人种方法学的社会学传统来看,"方法"一词指人们构造、意义化和理性化他们日常生活中最基本行动的特定途径;但从第五章中讨论的关于受众"使用和满足"的观点来看,"方法"指人们用来满足他们需要的媒介—关联策略。

方法学:社会科学家用来进行他们的研究的策略和步骤。

微观社会性:指小规模的、局部的、亲近的、技术—非媒介化的社会背景和关系。它与宏观社会性的遍及全部的、结构的特征形成对照。

现代化:通常从国家的角度来讨论的经济、科技、政治和文化发展状态。现代性特指后工业化的、以消费者为中心的经济实践,高水平的科技发展阶段,某种形式的民主政治和社会影响的整体优势等的复合体。"现代性"这一术语,和"后现代化"一样,通常用来指世界历史中的一个阶段。但这个术语的应用常常问题百出,毕竟,现在世界上很多地方还不现代化。参见"后现代化"。

动机:激励人们行动的冲动或动力。

多元含意:指所有的符号形式不仅对不同的人来说有许多不同的含意,而就某一个人来说也可能有多种意义。

需求:根据许多心理学专家的观点,需求是给人们行为指出方向的生理的、认知的和感情的要求;通过满足要求,人们保持其生理和心理的稳定。

协商论:这个概念是指象征表征和文化模式的意义并非先定的或不
289 言自明的,而是能有多种可能的阐释和使用的。在符号学和文化研究中,"协商"通常指受众阐释和利用诸如电视节目、流行音乐或电影之类媒介文本的方式途径。"协商"总是居于一个文本显性的期望意指(代表了媒介源的政治、经济和文化利益)和接收者或阐释者作为自身利益的代理而构建的意义之间。想要得到相反的观点,参见"决定论"。

规范:一种有结构、有模型、有规则的思考和行事方式,它期望社会的皈依。

父权:男人对女人的社会统治。

政治的经济:一种批判理论。源于马克思主义,它宣称,在社会经济上精英阶层通过对强大实在的政治和经济影响来控制全球的交际和文化。

多义性:源自符号学的一个概念,认为符号(字符和形象)能有多种可能的意义或阐释。

大众文化:特别地指商业上成功的,主流的和经大众传播的文化制成品及其特征,通常同"高雅文化"相对。在本书中,此术语指诸如创立者、阐释者和不同符号资源使用者等平常人所呈现的文化经历。

大众文化资本:在社会互动中,能使流行的符号资源像珍贵货币一样使用的方法。

后现代主义:一个颇为时髦,但又有些含糊不清且易误导人的术语,用来描述混乱不堪的、破碎的、无依无据的社会状态,包括人际关系到艺术和建筑学等事物中显现出来的社会事物状态。据说一个社会在实现现代化后,其后现代主义中的无方向性和倦怠,就会悄然滋生。

优先解读:指一个社会的主导意识形态的、社会的和文化的权力要求受众阐释源自社会主要机构,特别是大众传媒的象征性传播,目的是为了让精英维护其统治特权。

接受理论/研究:一种主要是在欧洲用来分析受众的方法,其焦点在于人们是如何在同媒介文本的互相作用中创造意义和经验。

表征:对反映意识形态立场的象征形式进行编码和展示。

结域化:动态地重新界定文化领域——通常是在大众传媒的影响 290
下——这会改变传统文化的边界和特点。

规则:组成和规范社会行为的言明和未言明的符号代码,它确认什么是正常的、可接受的或优先的,以及社会互动是怎样进行的。

选择性:心理过程,包含人们如何选择、回避、感觉、阐释、回忆和遗忘象征形象。

语义学/符号学:关于怎样阐释象征形式(符号)的学科。对意义生成的科学研究。

感受:对于媒介的基本的身心反应。

址:关于意义和权力的争执产生的地方(物理的或理论的)。

社会媒介化:大众传播的意识形态被散播、强化以及通过人际间的交际而改变的方式。

社会实践:日常的、未有媒介传播的社会互动,包括言语和非言语的人际交流。

社会规则:参见“规则”。

传媒的社会利用:大众传媒的形式和内容是如何为了具体的目的作为一种资源利用,以期望构建理想的微观社会关系。

软件:技术地传播的交际内容(如电视节目、广播中的新闻、电脑程序等)。

空间意识:指如何感觉物理距离和空间的,范围从全球规模的电子通讯媒介的影响到国内和其他当地背景的意义。

结构:能指(1)位于社会中的互相关联的机构复合或,(2)那些机构所提出的主导意识形态主旨。

结构化:英国社会学家安·吉登斯所提出的一种社会理论,它试图把“结构”显然的限制力量和“施动”的增势的力量综合成一体。

潜意识:意识的下层或外层。

291 **亚文化**:具有与主导和主流文化不同的价值观和生活方式的一类人,他们组织起来并为其成员创造出一种同一特性。亚文化能包括全部或一部分生活方式,并且能同主流文化相对立或作为一种主流文化的补充,无反抗性的他种选择而存在。

主观性:人们拥有的独特性或个体性。我们的目的是,当一个人阐释媒介文本或从事其他交际活动时,他特有的生活史、地位、情感和偏好如何发挥作用。

潜意识劝导:试图通过运用存在于意识感觉之下的媒介形象来影响人们的思想和行动。诉诸潜意识的欲望。

超文化:象征性形式、非中介化的日常场景以及其他所有可获得的文化表征与文化活动的个人化的母体。

象征:在本书中,指任何一个能代表其他事物的意象或表征的普通术语。

象征性形式:通过复制和传输的印刷、摄影、电影、听觉、电视或数字技术调节的人类交际内容。

象征性权力:运用象征形式,尤指媒介意象,来影响社会行为和事件的进程。

品味文化:一个社会学的概念,部分地依靠社会地位论,它描述如何根据人们的文化喜好或"品味",将他们划分成不同组别。

技术的媒体化:传媒技术对社会互动的介入,特别是大众传媒对意识形态传播的影响。

时间意识:时间是如何被感觉的。在本书指大众媒介如何改变了时间的概念。

文本:象征传播的内容,通常指大众传媒(不仅是印刷媒介)所呈现的东西。这样,一个文本就可以是电视节目、电影、光碟或是摇滚歌曲等。

第三世界:世界上还不太发达的地方,尤指非洲、拉美和亚洲的一部分。

跨文化化:一种文化形式(如语言、食品、音乐)从一个物理位置移到 292
另外一个物理位置,在那里,同当地的本土文化形式相互作用并影响它,进而产生出一种新文化混合体的过程。

利用和满足:一个传播研究的理论成果,与媒体受众有其主动性这一观点相联系。根据这一观点,人们利用媒体与其他社会文化资源来满足其基本要求。

价值观:一套根深蒂固的、持久的态度、信仰和倾向体系,它能反映个人或团体意识形态和文化定位。

可视性:一种观点,认为媒介与信息技术向更广大的公众揭露(使得可以看见)有着政治、经济和文化权力的个人或机构的行为。

需要:与"需求"相左,纯粹是生理和心理状态,据说能激发人类行为,属于人们拥有的不太重要的欲望。

参考文献

293 Adorno, T. (1989). Perennial fashion-jazz. In S. E. Bonner and D. M. Kellner (eds), *Critical Theory and Society*: Areader. New York: Routledge.

Adorno, T. (1991). *Culture Industry*: *Selected Essays on Mass Culture.* London: Albert Britnell.

Adorno, T. and Korkheimer, M. (1972). *Dialectic Entertainment.* New York: Herder and Nerder.

Agar, M. (1994). *Language Shock*: *The Culture of Conversation.* New York: William Morrow and Company.

Anderson, B. (1991). *Imagined Communities.* London: Verso.

Ang, I. (1985), *Watching Dallas*: *Soap Opera and the Melodramatic Imagination.* London: Routledge.

Ang, I. (1991). *Desperately Seeking the Audience.* London: Routledge.

Appadurai. A. (1990). Disjuncture and difference in the global cultural economy. In M. Featherstone (ed.), *Global Culture*: *Nationalism, Globalization, and Modernity.* London: Sage.

Appadurai. A. (1996). *Modernity at large.* Minneapolis: University of Minnesota Press.

Bagdikian. B. (1997). *The Media Monopoly.* Boston: Beacon Press.

Barrios, L. (1988). Television, *telenovelas*, and family life in Venezuela. In J. Lull (ed.), *World Families Watch Television.* Newbury Park, CA: Sage.

Bauman, Z. (1989). *Legislators and Interpreters.* Cambridge, UK: Polity Press.

Bauman, Z. (1996). From pilgrim to tourist-or a short history of identity. In S. Hall and P. duGay (eds), *Questions of Cultural Identity.* London: Sage.

Bauman, Z. (1998). *Globalization: The Human Consequences.* Cambridge, UK: Polity Press; New York: Columbia University Press.

Bausinger, H. (1984). Media, technology, and everyday life. *Media, Culture and Society*, 6, 340 – 52.

Behl, N. (1988). Equalizing status: television and tradition in an Indian vil- 294
lage. In J. Lull (ed.), *World Families Watch Television.* Newbury Park, CA: Sage.

Berelson, B. (1949). What "missing the newspaper" means. In P. F. Lazarsfeld and F. N. Stanton (eds), *Communications Research*, 1948 – 49. New York: Duell, Sloan, and Pearce.

Bird, S. E. (1997). What a story! Understanding the audience for scandal. In J. Lull and S. Hinerman (eds), *Media scandals: Morality and Desire in the Popular Culture Marketplace.* Cambridge, UK: Polity Press; New York: Columbia University Press.

Blumler, J. G. and Katz, E. (1974). *The Uses of Mass Communication: Current Perspectives on Gratifications Research.* Beverly Hills, CA: Sage.

Boggs, C. (1976). *Gramsci's Marxism.* London: Pluto Press.

Boorstin, D. J. (1961). *The Image: A Guide to Pseudo Events in America.* New York: Harper.

Bouissac, P. (1976). *Circus and Culture: A Semiotic Approach.* Bloomington, IN: Indiana University Press.

Bourdieu, P. (1984). *Distinction: A Social Critique of the Judgement of Taste.* Cambridge, MA: Harvard University Press.

Bourdieu, P. (1990a). *In Other Words: Essays Toward a Reflexive Sociology.* Cambridge, UK: Polity Press.

Bourdieu, P. (1990b). *The Logic of Practice. Cambridge*, UK: Polity Press.

Bourdieu, P. (1993). *The Field of Cultural Production. Cambridge*, UK: Polity Press.

Bourdieu, P. (1998). Acts of Resistance: Against the Tyranny of the Market. Cambridge, UK: Polity Press; New York: New Press.

Burciaga, J. A. (1993). *Drink Cultura*: Chicanismo. Santa Barbara, CA: Joshua Odell Editions.

Cavalli - Sforza, L., Menozzi, P., and Piazza, A. (1996). *The History and Geography of Human Genes.* Princeton, NJ: Princeton University Press.

Chaney, D. (1994). *The Cultural Turn.* London: Routledge.

Chaney, D. (1996). *Lifestyles.* London: Routledge.

Chomsky, N. (1972). *Language and Mind.* New York: Harcourt, Brace, Jovanovich.

Christensen, P. and Roberts, D. (1998). *It's Not Only Rock &Roll: Popular Music in the Lives of Adolescents.* Cresskill, NJ: Hampton Press.

Collett, P. (1977). The rules of conduct. In P. Collett (ed.), *Social Rules and Social Behavior.* Totowa, NJ: Rowman and Littlefield.

Condit, C. (1989). The rhetorical limits of polysemy. *Critical Studies in Mass Communication*, 6, 103—22.

Cooper, E. and Jahoda, M. (1947). The evasion of propaganda. *Journal of Psychology*, 23, 15—25.

Crystal, D. (1997). *English as a Global Language.* Cambridge, UK: Cambridge University Press.

DaMatta, R. (1991). *Carnivals, Rogues, and Heroes: An Interpretation of the Brazilian Dilemma.* Notre Dame, IN: University of Notre Dame Press.

295 Degler, C. N. (1971). *Neither Black nor White: Slavery and Race Relations in Brazil and the United States.* Madison: University of Wisconsin Press.

Dorfman, A. and Mattelart, A. (1972). *Para Leer al Pato Donald: Comunicacion de Masa y Colonialismo.* Mexico City: Siglo XXI.

Edgerton, R. B. (1985). *Rules, Exceptions, and Social Order.* Berkeley, CA: University of California Press.

Elliott, P. (1974). Uses and gratifications research: a critique and a sociological alternative. In J. G. Blumler and E. Katz (eds), *The Uses of Mass Communications: Current Perspectives on Gratifications Research.* Beverly Hills, CA: Sage.

Erikson, E. (1982). *The Life Cycle Completed.* New York: Norton.

Fiske, J. (1989). *Understanding Popular Culture.* Boston: Unwin Hyman.

Fiske, J. (1993). *Power Plays, Power Works.* London: Verso.

Fiske, J. (1994). Audiencing: cultural practice and cultural studies: In N.

Denzin and Y. Lincoln (eds), *The Handbook of Qualitative Research.* Thousand Oaks, CA: Sage.

Fiske, J. (1996). *Media Matters: Everyday Culture and Political Change.* Minneapolis: University of Minnesota Press.

Foucault, M. (1997). *Discipline and Punish: The Birth of the Prison.* Harmondsworth, UK: Penguin.

Frank, T. (1998). *The Conquest of Cool: Business Culture, Counterculture, and the Rise of Hip Consumerism.* Chicago: University of Chicago Press.

Friedman, J. (1994). *Cultural Identity and Global process.* London: Sage.

Frith, S. (1992). The industrialization of popular music. In J. Lull (ed.), *Popular Music and Communication.* Newbury Park, CA: Sage.

Fuenzalida, V. (1997). *Television y Cultura Cotidiana.* Santiago, Chile: La Corporacion de Promocion Universitaria.

Gandy, O. (1993). The panoptic Sort: A Political Economy of Personal Information. Boulder, CO: westview Press.

Gans, H. (1962). *The Urban Villagers.* New York: Free Press.

Gans, H. (1974). *Popular Culture and High Culture.* New York: Basic Books.

Garcia Canclini, N. (1989). *Culturas Hibridas: Estrategias para Entrary Salir de la Modernidad.* Mexico City: Grijalbo.

Garcia Canclini, N. (1995). Consumidores y Ciudadanos. Mexico City: Grijalbo.

Garfinkel. H. (1967). *Studies in Ethnomethodology.* Englewood Cliffs, NJ: Prentice – Hall. (1984) Cambridge, UK: Polity Press.

Gendreau, M. and Ibarra, M. (1999). Atlixco: Proceso migratorio e identidad regional. Presented to the Fifth Congress of the Asociacion Mexicana de Ciencias para ei Desarollo Regional, Hermosillo, Snora, Mexico.

Gerbner, G. (1973). Cultural indicators: the third voice. In G. Gerbner, L. Gross, and W. Melody (eds), *Communications Technology and Social Policy.* New Yorks: Wiley.

Gerbner, G. and Gross, L. (1976). Living with television: the violence profile. *Journal of Communication*, 26, 173 – 99.

296 Gerbner, G. , Gross, L. , Morgan, M. , and Signorelli, N. (1986). Living with television: the dinamics of the cultivation process. In J. Bryant and D. Zillman (eds), *Perspectives on Media Effects*. Hillsdale, NJ: Lawrence Erlbaum.

Giddens, A. (1984). *The Constitution of Society*. Cambridge, UK: Polity Press.

Giddens, A. (1990). *The Consequences of Modernity*. Stanford, CA: Stanford University Press. (1991) Cambridge, UK: Polity Press.

Giddens, A. (1991). *Modernity and Self-Identity: Self and Society in the Late Modern Age*. Cambridge, UK: Polity Press.

Gillespie, M. (1995). *Television, Ethnicity, and Cultural Change*. London: Routledge.

Gitlin, T. (1979). Prime-time ideology: the hegemonic process in television entertainment. *Social Problems*, 26, 251 –66.

Goffman, E. (1959). *The Presentation of the Self in Everyday Life*. New York: Doubleday.

Goffman, E. (1963). *Behavior in Public Places*. New York: Free Press.

Goffman, E. (1967). *Interaction Ritual*. New York: Anchor.

Goffman, E. (1969). *Strategic Interaction*. Philadelphia: University of Pennsylvania Press.

Goldman, R. and Papson, S. (1999). Nike Culture: The Sign of the Swoosh. Thousand Oaks, CA: Sage.

Gonzalez, J. (ed.)(1998). *La Cofradia de las Emociones (In) terminables*. Guadalajara: University of Guadalajara Press.

Gramsci, A. (1973). *Letters from Prison*. New York: Harper and Row.

Gramsci, A. (1978). *Selections from Cultural Writings*. Cambridge, MA: Harvard University Press.

Grindstaff, L. (1997). Producing trash, class, and the money shot: A behind-the-scenes account of daytime TV talk shows. In J. Lull and S. Hinnerman (eds), *Media Scandals: Morality and Desire in the Popular Culture Marketplace*. Cambridge, UK: Polity Press; New York: Columbia University Press.

Grisprud, J. (1995). *The Dynasty Years: Hollywood Television and Critical Media Studies.* London: routledge.

Grisprud, J. (ed.) (1999). *Television and Common Knowledge.* London: routledge.

Gronbeck, B. E. (1997). Character, celebrity, and sexual innuendo in the mass-mediated presidency. In J. lull and Stephen Hinerman (eds), *Media Scandals: Morality and Desire in the Popular Culture Marketplace.* Cambridge, UK: Polity Press; New York: Columbia University Press.

Grossberg, L., Wartella, E., and Whitney, D. C. (1998). *Media Making: Mass Media in a Popular Culture.* Thousand Oaks, CA: Sage.

Habermas, J. (1989). *The Structural Transformation of the Public Sphere.* Cambridge, UK: Polity Press.

Hall, S. (1977). Culture, media, and the "ideological effect." In J. Cur-
ran, M. Gurevitch, and J. Woollacott (eds), *Mass Communication and So-* 297
ciety. London: Edward Arnold.

Hall, S. (1985). Master's session. International Communication Association. Honolulu, Hawaii.

Halualani, R. (in press). *By, For, and in the Name of Hawaiians: Identitie and Articulation*: Minneapolis: University of Minnesota Press.

Hamm, C. (1983). *Music in the New World.* New York: Norton.

Hannerz, U. (1969). *Soulside: Inquiries into Gbetto Culture and Community.* New York: Columbia university Press.

Hannerz, U. (1990). Cosmopolitans and locals in world culture. In M. Featherstone (ed.), *Global Culture: Nationalism, Globalization, and Modernity.* London: Sage.

Hannerz, U. (1992). *Cultural Complexity: Studies in the Social Organization of Meaning*. New York: Columbia University Press.

Hannerz, U. (1996). *Transnational Connections.* London: Routledge.

Harre, R., Clarke, D., and De Carlo, N. (1985). *Motives and Mechanisms: An Introduction to the Psychology of Action.* London: Routledge.

Hastorf, A. and Cantril, H. (1954). They saw a game: a case study. *Journal of Abnormal and Social Psychology*, 49, 129–34.

Hebdige, D. (1979). *Subculture: The Meaning of Style.* London: Methuen.

Herzog, H. (1944). What do we really know about daytime serial listeners? In P. F. Lazarsfeld and F. N. Stanton (eds), *Radio Research*, 1942 – 43. New York: Duell, Sloan, and Pearce.

Horkheimer, M. (1972). *Critical Theory.* New York: Herder and Herder.

Horton, D. and Wohl, R. (1956). Mass communication and para-social interaction. *Pasychiatry*, 19, 215—29.

Hungtington, S. P. (1996). *The Clash of Civilizations and the Remaking of World Order.* New York: Simon and Schuster.

Huyler, S. P. (1999). *Meeting God: Elements of Hindu Devotion.* New Haven, CT: Yale University Press.

Innis, H. (1950). *Empire and Communication.* Oxford: Oxford University Press.

Innis, H. (1951). *The Bias of Communication.* Toronto: University of Toronto Press.

Innis, H. (1952). *Changing Concepts of Time.* Toronto: University of Toronto Press.

Jensen, J. (1990). *Redeeming Modernity: Contradictions in Media Criticism.* Newbury Park, CA: Sage.

Johnson, S. (1997). *Interface Culture: How New Technology Transforms the Way We Create and Communicate.* San Francisco: Harper.

Katz, E. (1997). Looking for trouble: social research on broadcasting. Presentation made to British Broadcasting Corporation, London.

Kay, R., Cartmill, M. and Barlow, M. (1998). *Proceedings of the National Academy of Sciences.* Washington, DC: National Academy of Sciences.

Key, W. B. (1973). *Subliminal Seduction.* New York: Signet.

Key, W. B. (1976). *Media Sexploitation.* Englewood Cliffs, NJ: Prentice – Hall.

Key, W. B. (1980). *The Clam Plate Orgy and Other Subliminals the Media use to Manipulate Your Behavior.* Englewood Cliffs, NJ: Prentice-Hall.

298 Klapper, J. (1960). *The Effects of Mass Communication.* New York: Free Press.

Kottak, C. (1990). *Prime-Time Society: An Anthropological Analysis of Television and Culture.* Belmont, CA: Wadsworth.

Kratochwil, F. (1989). *Rules, Norms, and Decisions.* Cambridge, UK: Cambridge University Press.

Laswell, H. D. (1948). The structure and function of communication in society. In L. Bryson (ed.), *The Communication of Ideas.* New York: Harper.

Lathman, K. (2000). Between markets and mandarins: media production in South China. In B. Moeran and L. Skove (eds), *Asian Media Productions.* London: Curzon.

Lewis, G. (1992). Who do you love? The dimensions of musical taste. In J. Lull (ed.), *Popular Music and Communication.* Newbury Park, CA: Sage.

Lull, J. (1980). Girls' favorite Tvfemales. *Journalism Quarterly*, 57, 146—50.

Lull, J. (ed.) (1988). *World Families Watch Television.* Newbury Park, CA: Sage.

Lull, J. (1990). *Inside Family Viewing: Ethnographic Research on Television's Audiences.* London: Routledge.

Lull, J. (1991). *China Turned On: Television, Reform, and Resistance.* London: Routledge.

Lull, J. (ed.) (1992a). *Popular Music and Communication.* Newbury Park, CA: Sage.

Lull, J. (1992b). La estructuracion de las audiencias masivas. *Dia Logos*, 32, 50—7

Lull, J. and Hinerman, S. (eds) (1997). *Media Scandals: Morality and Desire in the Popular Culture Marketplace.* Cambridge, UK: Polity Press; New York: Columbia University Press.

Maffesoli, M. (1996). *The Time of the Tribes.* London: Sage.

Marcuse, H. (1964). *One Dimensional Man.* Boston: Beacon Press.

Martin-Barbero, J. (1993). *Communication, Culture and Hegemony.* Newbury Park, CA: Sage.

Marx, K. (1867,1885,1894). *Capital.* London: Lawrence & Wishart1970.

Marx, K. (1975). *Early Writings*, ed. Q. Hoare. New York: Vintage.

Marx, K. (1977). *Capital, Volume I.* New York: Vintage.

Marx, K. and Engels, F. (1845). *The German Ideology.* London: Lawrence & Wishart 1965.

Marx, K. and Engels, F. (1848). Manifesto of the Communist Party. In K. Marx and F. Engels, Selected Works. London: Lawrence & Wishart 1968.

Marx, K. and Engels, F. (1970). *The German Ideology.* New York. International Publishers.

Maslow, A. H. (1954). *Motivation and Personality.* New York: Harper.

Maslow, A. H. (1962). *Toward a Psychology of Being.* Princeton, NJ: Van Nostrand.

McCracken, G. (1990). *Culture and Consumption: New Approaches to the Symbolic Character of Consumer Goods and Activities.* Bloomington, IN: Indiana University Press.

299 McDonagh, E. C. (1950). Television and the family. *Sociology and Social Research*, 35, 113—22.

McLuhan, M. (1962). *The Gutenberg Galaxy: The making of Typographic Man.* Toronto: Toronto University Press.

McLuhan, M. (1964). *Understanding media: The Extensions of Man.* New York: McGraw-Hill.

McLuhan, M. and Fiore, Q. (1967). *The Medium is the Massage.* New York: Bantam.

McQuail, D. (1997). *Audience Analysis.* Thousand Oaks: CA: Sage.

Mendelsohn, H. (1964). Listening to radio. In L. A. Dexter and D. M. White (eds), *People, Society and mass Communications.* Glencoe, IL: Free Press.

Merton, R. (1957). *Social Theory and Social Structure.* New York: Free Press.

Meyrowitz, J. (1985). *No Sense of Place: The Impact of Electronic Media on Social Behavior.* New York: Oxford University Press.

Mitchell, T. (1996). *Popular Music and Local Identity.* London: Leicester University Press.

Moores, S. (1993). *Interpreting Audiences: The Ethnography of Mass Consumption.* London: Sage.

Morley, D. (1986). *Family Television: Cultural Power and Domestic Leisure.*

London: Routledge.

Morley, D. (1988). Domestic relations. The framework of family viewing in Great Britain. In J. Lull (ed.), *World Families Watch Television.* Newbury Park, CA: Sage.

Morley, D. (1992). *Television, Audiences, and Cultural Studies.* London: Routledge.

Murray, J., Rubinstein, E., and Comstock, G. (eds) (1994). *Violence and Youth: Psychology's Response.* Washington, DC: American Psychological Association.

Naficy, H. (1993). *The Making of Exile Cultures.* Minneapolis: University of Minnesota Press.

National Institute of Mental health (1982). *Television and Behavior: Ten Years of Scientific Progress and Implications for the Eighties.* Washington, DC: US Government Printing Office.

National Television Violence Study: Volume 2. (1997). Newburry Park, CA: Sage.

Neiva. E. (2000). Rethinking the foundations of culture. In J. Lull (ed.), *Culture in the Communication Age*. London: Routledge.

Newcomb, H. and Hirsch, P. (1987). Television as a cultural forum. In H. Newcomb (ed.), *Television: The Critical View.* New York: Oxford University Press.

Orozco Gomez, G. (ed.) (1990). *La Comunicacion desde las Practicas Sociales: Reflexiones en Torno a su Investigacion.* Mexico City: Universidad Iberoamericana.

Orozco Gomez, G. (1991). La audiencia en frente de la pantalla. *Dia Logos*, 30, 55—63.

Orozco Gomez, G. (ed.) (1996). *Miradas Latinoamericanas a la Television.* 300
Mexico City: Universidad Iberoamericana.

O'Sullivan, T., Hartley, J. Saunders, D., Montgomery, M. and Fiske, J. (1994). *Key Concepts in Communication and Cultural Studies.* London:

Routledge.

Pearson, G. (1983). Hooligan: *A History of Respectavle Fears.* London: Macmillan.

Press, A. (1991). *Women Watching Television.* Philadelphia: University of Pennsylvania Press.

Price, M. (1994). The market for loyalties: electronic media and the global competition for allegiances. *Yale Law Journal*, 104, 667—705.

Price, M. (1995). *Television, the Public Sphere, and National Identity.* Oxford, UK: Oxford University Press.

Rantanen, T. (1994). Howard interviews Stalin: how the AP, UP and TASS smashed the international mews cartel. *Roy W. Howard Monographs in Journalism and Mass Communication Research.* Bloomington, IN: School of Journalism, University of Indiana.

Real, M. (1989). *Super Media: A Cultural Studies Approach.* Newbury Park, CA: Sage.

Reeves, B. and Nass, C. (1996). *The Media Equation: How People Treat Computers, Television, and New Media Like Real People and Places.* Cambridge, UK: University of Cambridge.

Reimer, B. (1994). *The Most Common of Practices: On Mass Media Use in Late Modernity.* Stockholm: Almquist and Wiksell International.

Rickford, J. (2000). www. stanford. edu/ ~ Rickford/ebonics/EbonicsExamples. html.

Riding, A. (1984). *Distant Neighbors: A Portrait of the Mexicans.* New York: Alfred A. Knopf.

Riley, M. W. and Riley, J. W. (1951). A sociological approach to communication research. *Public Opinion Quarterly*, 15, 444—60.

Ritzer, G. (1993). *The McDonaldization of Society.* Thousand Oaks, CA: Pine Forge Press.

Robertson, R. (1995). Glocalization: time-space and homodeneity-heterogeneity. In M. Featherstone and S. Lash (eds), *Global Modernities.* London: Sage.

Rogge, J. – U. and Jensen, K. (1988). Everyday life and television in Germany: an empathic-interpretative perspective on the family as a system. In J. Lull (ed.), *World Families Watch Television.* Newbury Park, CA: Sage.

Rosengren, K. E., Wenner, L. A., and Palmgreen, P. (1985). *Media Gratifications Research.* Thousand Oaks, CA: Sage.

Rothschild, M. (1995). *Bionomics: Economy as Ecosystem.* New York: Henry Holt.

Rowe, W. and Schelling. V. (1991). *Memory and Modernity; Popular Culture in Latin America.* London: Verso.

Samuels, F. (1984). *Human Needs and Behavior.* Cambridge, MA: Schnenkman.

Santiago-Lucerna, J. (1997). Pushin' it to the limit: scandals and pop mu-
sic. In J. Lull and S. Hinnerman (eds), *Media Scandals: Morality and* 301
Desire in the Popular Culture Marketplace. Cambridge, UK: Polity Press; New York: Columbia University Press.

Sassoon, A. S. (1980). *Gramsci's Politics.* New York: St Martin's Press.

Schiller, H. I. (1969). *Mass Communications and American Empire.* Boston: Beacon Press.

Schiller, H. I. (1973). *The Mind Managers.* Boston: Beacon Press.

Schiller, H. I. (1976). *Communication and Cultural domination.* White plains, NY: International Arts and Sciences Press.

Schiller, H. I. (1989). *Culture, Inc.: The Corporate Takeover of Public Expression.* New York: Oxford University Press.

Schiller, H. I. (1991). Not yet the post-imperialist era. *Critical Studies in Mass Communication*, 8, 13—28.

Schiller, H. I. (1996). *Information Inequality.* New York: Routledge.

Schramm, W., Lyle, J., and Parker, E. B. (1961). *Television in the Lives of Our Children.* Stanford, CA: Stanford University Press.

Schwichtenberg, C. (1993). *The Madonna Connection.* Boulder, CO: Westview Press.

Shimanoff, S. (1980). *Communication Rules.* Beverly Hills, CA: Sage.

Simon, R. (1982). *Gramsci's Political Thought.* London: Lawrence and

Wishart.

Sinclair, J. (1999). *Latin American Television: A Global View.* Oxford, UK: Oxford University Press.

Smith, A. (1980). *The Geopolitics of Information.* New York: Oxford University Press.

Smith, A. (1990). Towards a global culture? In M. Featherstone (ed.), *Global Culture: Nationalism, Globalization, and Modernity.* London: Sage.

Sowell, T. (1994). *Race and Culture*: A World View. New York: Basic Books.

Stewart, E. C. (2000). Culture of the mind. In J. Lull (ed.), *Culture in the Communication Age.* London: Routledge.

Stewart, E. C. and Bennet, M. J. (1991). *American Cultural Patterns.* Yarmouth, ME: International Press.

Straubhaar, J. (1989). Mass communication and the elites. In M. L. Conniff and F. D. *McCann (eds), Modern Brazil: Elites and masses in Historical Perspective.* Lincoln, NE: University of Nebraska Press.

Suchman, E. (1942). An invitation to music. In P. F. Lasarsfeld and F. N. Stanton (eds), *Radio Research*, 1941. New York: Duell, Sloan, and Pearce.

Szemere, A. (1985). Pop music in Hungary. *Communication Research*, 12, 401—11.

Tester, K. (1994). *Media, Culture, and Morality.* London: Routledge.

Thompson, J. B. (1990). *Ideology and Modern Culture.* Cambridge, UK: Polity Press.

Thompson, J. B. (1994). Social theory and the media. In D. Crowley and D. Mitchell (eds), *Communication Theory Today.* Cambridge, UK: Polity Press.

Thompson, J. B. (1995). *The Media and Modernity.* Cambridge, UK: Polity Press; Stanford, CA: Stanford University Press.

302 Thompson, J. B. (1997). Scandal and social theory. In J. Lull and S. Hinerman (eds), *Media Scandals: Morality and Desire in the Popular Culture Marketplace.* Cambridge, UK: Polity Press; New York: Columbia Universi-

ty Press.

Tomlinson, J. (1991). *Cultural Imperialism.* Baltimore: The Johns Hopkins University Press.

Tomlinson, J. (1997). "And besides, the wench is dead:" media scandals and the globalization of communication. In J. Lull and S. Hinerman (eds), Media Scandals: Morality and Desire in the Popular Culture Marketplace. Cambridge, UK: Polity Press; New York: Columbia University Press.

Tomlinson, J. (1999). *Globalization and Culture.* Cambridge, UK: Polity Press.

Tufte, T. (2000). *Living with the Rubbish Queen: Telenovelas, Culture, and Modernity in Brazil.* London: Luton Press.

Turow, J. (1997). Breaking Up America: Advertisers and the New Media World. Chicago: University of Chicago Press.

Uribe, A. (1995). Entre a autoridade e as gargalhadas. Uma leitura exploratoria da constucao da imagem televisiva de Silvio Santos. Unpublished master's thesis, Methodist University, Sao Paulo, Brazil.

Vidmar, N. and Rokeach, M. (1974). Archie Bunker's bigotry: a study in selective perception and exposure. *Journal of Communication*, 24, 36—47.

Wallerstein, I. (1974). *The Modern World-System I.* London: Academic Press.

Wallerstein, I. (1980). *The Modern World-System II.* London: Academic Press.

Wallerstein, I. (1990). Culture as the ideological battleground of the modern world-system. *Theory, Culture, and Society*, 7,31—55.

Watson, J. L. (ed.) (1997). *Golden Arches East: McDonald's in East Asia.* Stanford, CA:Stanford University Press.

Webster, J. G. and Phalen, P. (1997). *The Mass Audience: Rediscovering the Dominant Model.* Mahwah, NJ; Lawrence Erlbaum.

Wicke, P. (1992). The role of rock music in the political disintegration of East Germany. In J. Lull (ed.), *Popular Music and Communication.* Newbury Park, CA: Sage.

Williams, R. (1962). *The Long Revolution.* New York: Columbia University Press.

Williams, R. (1975). *Television: Technology and Cultural Form.* New York: Schocken.

Williams, R. (1976). *Key Words: A Vocabulary of Culture and Society.* New York: Oxford University press.

Willis, P. (1990). *Common Culture: Symbolic Work at Play in the Everyday Cultures of the Young.* Boulder, CO: Westview Press.

Wright, C. R. (1975). *Mass Communication: A Sociological Perspective.* New York: Random House.

303 Yi, W. (1997). From revolutionary culture to popular culture. Unpublished docteral dissertation. Murdoch University, Australia.

Zermeno, A. (1998). Ya se lo que va a pasar! Anticipacion y telenovela. In J. Gonzalez (ed.), *La Cofradia de las emociones (In) terminables.* Guadalajara; University of Guadalajara Press.

索　　引

（索引页码为原书页码，即本书边码）

译后记

本来这本书应该在一年多以前就出版的，若是这样，就不用“译后记”之类的啰嗦了。但既然没有按其“本来”的情况发展，有的事情就应作些交代。

我从南京大学周宪教授那里收到这本书是1999年。在2000年底译完后就按计划寄到了商务印书馆，译稿寄出后，心里感到一种特别的轻松。但十分不幸，应该说是十分有幸，在书稿还未付印之前，美国已经出版了罗尔新的修订本。商务印书馆的徐奕春老师电话告诉我需要重新翻译，并很快将罗尔的原著挂号邮寄给我。时值我正在攻博的最后阶段，博士论文我必须高度集中，同时我也非常希望罗尔的这部有价值的理论著作早日翻译出版。我的好友王方路先生“雪中送炭”，放下他手头的所有工作，替我补译了大部分的修订部分。最后我通读并校订了全部译文。

子曰：逝者如斯夫！一晃又去近三个秋冬。在本书即将付梓之际，我想特别感谢周宪先生在本书翻译过程中给予的多方指导和无私帮助，他为我惠寄材料，又多次电话与我交流，让我获益匪浅。我的研究生王庆同学不辞辛劳为我查证了大量的资料，令我感动。我还应感谢商务印书馆的徐奕春先生和李悦先生，他们对我的工作给予了大量的支持和鼓励。

参考书目条目，考虑到翻译成中文意义不大，因为懂英文的读者不需要翻译，而其中绝大部分书又还没有中文版，所以，保持原样，更能方便能阅读英文的读者查阅。

罗尔的这部著作，不敢说理论上有多深刻和体系上有多完备，但在通篇字里行间却充满了对当下人类生存困境的关注和焦虑，充满了作者对我们这个星球富有哲理的沉思。这，最令人难忘。

翻译本辛苦，翻译包罗万象的文化理论著作更是如此。

这些交待，算是个纪念吧！

董洪川

2002年10月于四川大学博士楼

图书在版编目(CIP)数据

媒介、传播、文化:一个全球性的途径/(美)罗尔著;董洪川译.—北京:商务印书馆,2012(2018.11重印)
(文化和传播译丛)
ISBN 978-7-100-09532-7

I.①媒… II.①罗…②董… III.①传播媒介—文化—研究 IV.①G206.2

中国版本图书馆CIP数据核字(2012)第229719号

文化和传播译丛

媒介、传播、文化

——一个全球性的途径

〔美〕詹姆斯·罗尔 著

董洪川 译

商 务 印 书 馆 出 版
(北京王府井大街36号 邮政编码 100710)
商 务 印 书 馆 发 行
北 京 冠 中 印 刷 厂 印 刷
ISBN 978-7-100-09532-7

2012年12月第1版 开本880×1260 1/32
2018年11月北京第3次印刷 印张11⅜

定价:32.00元